» fortement, que l'année de mon noviciat fe-
» melle étant entiérement révolue, il m'est im-
» possible de passer à la profession.

» La dépense est trop forte, & mon revenu
» est trop mince pour moi dans cet état. Je ne
» puis être utile ni au service du roi, ni à ma
» famille, & la vie trop sédentaire ruine l'élas-
» ticité de mon corps & de mon esprit. Depuis
» ma jeunesse j'ai toujours mené une vie agitée,
» soit dans le militaire, soit dans la politique.
» Le repos me tue totalement.

» Je vous renouvelle cette année mes instan-
» ces, Monseigneur, pour que vous me fassiez
» accorder par le roi la permission de continuer
» mon service militaire, & comme il n'y a point
» de guerre de terre, d'aller comme volontaire
» servir sur la flotte de M. le comte d'Orvilliers.

» J'ai bien pu par obéissance aux ordres du roi
» & de ses ministres, rester en jupe en temps
» de paix; mais en temps de guerre cela m'est
» impossible. Je suis honteuse & malade de cha-
» grin de me montrer en cette posture, lorsque
» je puis servir mon roi & ma patrie avec zele,
» & l'expérience que Dieu & mon travail m'ont
» donnés.

» Je suis aussi confuse & désolée de manger
» paisiblement à Paris pendant cette guerre la
» pension que le feu roi a daigné m'accorder.
» Je suis toujours prête à consacrer au service
» de son auguste petit fils & ma pension & ma
» vie. Aidez-moi, Monseigneur, à sortir de mon
» état léthargique où l'on m'a plongée, qui a
» été l'unique cause de mon mal, & qui afflige
» tous mes amis & protecteurs guerriers & po-

,, litiques. Je dois encore vous obferver, qu'il
,, importe infiniment à la gloire de toute la mai-
,, fon de M. le comte de Guerchy de me laiffer
,, continuer mon fervice militaire ; du moins
,, c'eft la façon de penfer de toute l'armée & de
,, toute la France, & j'ofe dire de toute l'Europe
,, inftruite. Une conduite contraire fait le fujet
,, des interprétations les plus fâcheufes, & donne
,, matiere à la malice des converfations du public.
,, J'ai toujours penfé & agi comme Achille ; *je*
,, *n'ai point fait la guerre aux morts, & je ne*
,, *tue les vivants que lorfqu'ils m'attaquent les*
,, *premiers.* Vous pouvez prendre à cet égard par
,, écrit ma parole d'honneur fur ma conduite pré-
,, fente & future.

,, Vos grandes occupations vous ont fait ou-
,, blier, Monfeigneur, qu'il y a plus de quinze mois
,, que vous avez bien voulu me donner votre
,, parole que je ferois heureufe & contente quand
,, j'aurois obéi à mon roi en reprenant mes ha-
,, bits de fille. J'ai obéi complétement. Je dois
,, efpérer d'un miniftre auffi bon & auffi grand
,, que M. le comte de Maurepas, qu'il daigne
,, tenir fa parole & me remettre *in ftatu quo*. Il
,, ignore que c'eft moi qui foutiens ma mere &
,, ma fœur, & de plus, mon beau-frere & trois
,, neveux au fervice du roi ; que j'ai encore à
,, Londres une partie de mes dettes, ma biblio-
,, theque entiere & mon appartement qui me
,, coûte vingt - quatre livres de loyer par fe-
,, maine ; qu'après avoir fervi le feu roi en
,, guerre & en politique, depuis ma jeuneffe
,, jufqu'à fa mort, je ne fuis pas encore en état
,, de meubler ma maifon paternelle en Bour-

MÉMOIRES
SECRETS
POUR SERVIR A L'HISTOIRE
DE LA
RÉPUBLIQUE DES LETTRES
EN FRANCE,
DEPUIS MDCCLXII JUSQU'A NOS JOURS;
OU
JOURNAL
D'UN OBSERVATEUR,

CONTENANT les Analyses des Pieces de Théatre qui ont paru durant cet intervalle ; les Relations des Assemblées Littéraires ; les notices des Livres nouveaux, clandestins, prohibés ; les Pieces fugitives, rares ou manuscrites, en prose ou en vers ; les Vaudevilles sur la Cour ; les Anecdotes & Bons Mots ; les Eloges des Savants, des Artistes, des Hommes de Lettres morts, &c. &c. &c.

TOME QUATORZIEME.

. . . . huc propius me,
. . . . . . vos ordine adite,
Hor. L. II. Sat. 3. v. 81 & 82.

A LONDRES,
Chez JOHN ADAMSON.

M. DCC. LXXXIV.

MÉMOIRES
SECRETS

Pour servir a l'Histoire de la République des Lettres en France, depuis MDCCLXII jusqu'a nos jours.

ANNÉE M. DCC. LXXIX.

1 *Avril. Copie de la Lettre de la Chevaliere d'Eon à M. le Comte de Maurepas.*

Versailles, le 8 février 1778.

Monseigneur,

« Je desirerois ne pas interrompre un instant
» les moments que vous consacrez au bonheur
» & à la gloire du roi & de la France; mais
» animée du desir d'y contribuer moi-même
» dans ma foible position, je suis forcée de
» vous représenter très-humblement & très-

» gogne pour l'aller habiter. M. le comte de
» Maurepas doit fentir que mon obéiffance
» filencieufe doit avoir un grand mérite à fes
» yeux ; que dans ma pofition femelle je fuis
» dans la mifere avec les bienfaits du feu roi,
» qui fuffiroient pour un capitaine de dragons,
» mais qui font infuffifants pour l'état qu'on m'a
» forcée de prendre. Il doit fur-tout compren-
» dre que le plus fot des rôles à jouer eft celui
» de pucelle à la cour, tandis que je puis en-
» core jouer celui de lion à l'armée. Je fuis re-
» venue en France fous vos aufpices, Monfei-
» gneur ; ainfi je recommande avec confiance
» mon fort préfent & à venir à votre généreufe
» protection, & je ferai toute ma vie, avec la
» plus refpectueufe reconnoiffance,

» Votre dévouée fervante
LA CHEVALIERE D'EON. »

*Copie de la Lettre d'envoi de la chevaliere d'Eon
à plufieurs dames de la cour.*

MADAME,

« Je vous fupplie inftamment de protéger
» auprès des miniftres du roi le fuccès de mes
» demandes, énoncées en la copie de ma lettre
» ci-jointe, à M. le comte de Maurepas, pour
» aller fervir comme volontaire fur la flotte de
» M. le comte d'Orvilliers, prévoyant qu'il y
» aura encore moins de guerre fur terre cette
» année que la derniere. Vous portez, Madame,
» un nom familiarifé avec la gloire militaire ;
» comme femme, vous aimez celle de notre
» fexe. J'ai tâché de la foutenir pendant la
» derniere guerre en Allemagne & dans les

,, négociations en diverses cours de l'Europe pen-
,, dant vingt-cinq ans. Il ne me reste plus qu'à
,, combattre sur mer avec la flotte royale. J'es-
,, pere m'en acquitter d'une façon que vous n'au-
,, rez nul regret de protéger celle qui a l'honneur
,, d'être avec un profond respect.

MADAME,

,, Votre dévouée servante
LA CHEVALIERE D'EON. ,,

A Versailles, le 17 février
1779, rue de Noailles,
au pavillon Mayon.

DE PAR LE ROI.

Il est ordonné à la demoiselle d'Eon de se retirer à Tonnerre dans trois jours, après la réception du présent ordre, d'y rester dans les habits de son sexe jusqu'à nouvel ordre de sa majesté, sans pouvoir habiter aucun autre lieu, à peine de désobéissance. Fait à Versailles, le 19 février 1779. [Signé] LOUIS, & plus bas AMELOT.

,, Je soussigné, certifie que M. de Vierville,
,, major des gardes du roi en la prévôté de
,, son hôtel, m'a notifié & remis l'ordre du
,, roi, dont copie ci-dessus. Je promets d'y
,, obéir avec la soumission due à sa majesté, en
,, lui représentant très-respectueusement, ainsi
,, qu'à ses ministres, que je suis présentement
,, dans mon lit, malade, & absolument sans ar-
,, gent, sans meubles & sans lit dans ma mai-
,, son de Tonnerre, que j'ai quittée il y a plus

,, de vingt-cinq ans pour le service public &
,, secret du feu roi, mon bon maître *Louis XV.*
,, Fait dans mon lit, à Paris, ce 2 mars 1779.
,, (*Signé*) La Chevaliere d'Eon. ,,

1 *Avril* 1779. L'humeur des partisans de l'ancienne musique contre la révolution opérée en ce genre, n'est pas finie, & l'un d'eux l'a témoignée dans l'épigramme suivante, une des plus jolies choses qu'ait enfantées la querelle élevée à ce sujet ; elle est intitulée *l'Opéra champêtre*.

>Qu'ils me sont doux ces champêtres concerts,
>Où rossignols, pinçons, merles, fauvettes,
>Sur leur théatre, entre des rameaux verts,
>Viennent gratis m'offrir leurs chansonnettes !
>Quels opéra me seroient aussi chers !
>Là n'est point d'art, d'ennui scientifique ;
>Gluck, Piccini, n'ont point noté les airs ;
>Nature seule en a fait la musique,
>Et Marmontel n'en a point fait les vers.

2 *Avril* 1779. Le spectacle qui attire le plus le public dans ce moment-ci, c'est un trône destiné pour le roi, lors de la réception des chevaliers du St. Esprit; on le dit ajusté & composé avec autant de noblesse que de magnificence ; tous les ornemens en sont exécutés en broderie, & la dépense est de 300,000 liv. C'est la premiere fois qu'on a renouvellé ce trône depuis la fondation de l'ordre par Henri III. C'est monsieur Rocher, brodeur, qui a présidé au travail. Bien des gens pensent qu'on auroit pu

prendre un autre temps pour faire une pareille acquisition : on s'excuse sur environ 300 ouvrieres que cela a mis en œuvre.

2 *Avril* 1779. Le grand procès pour la discussion des créanciers de M. de Brunoi a été terminé lundi. Le notaire Arnoux, après avoir essuyé un traitement infamant qui sembloit l'annoncer comme très - coupable, a été déchargé de l'accusation & est sorti blanc comme neige. Toute la cour s'est intéressée pour lui, & le corps des notaires a remué ciel & terre afin d'épargner à un confrere une punition qui auroit rejailli sur les autres. Tous les créanciers ne s'en sont pas tirés aussi favorablement que le sieur Arnoux ; & l'un d'eux sur-tout ayant été blâmé, a été si sensible à cet affront, que dès la nuit il est allé chez Poitevin demander un bain, s'est mis dedans, s'est ouvert les veines avec un rasoir ; & craignant que cette mort ne fût pas assez sûre, s'est achevé avec un pistolet. On est accouru au bruit ; il avoit gardé son fiacre, qui heureusement a indiqué quel il étoit.

2 *Avril* 1779. Le particulier qui s'est tué de désespoir, de l'arrêt dans l'affaire de Brunoi, est M. Pidansat de Mairobert, secretaire du roi, secretaire des commandemens de M. le duc de Chartres & censeur royal. Il faut qu'une trop grande facilité à se prêter aux vues de prodigalité de ce fou, l'ait déterminé à accepter un billet d'une somme considérable qu'il lui a souscrit sans en avoir reçu la valeur, & qu'excité par l'espoir d'être payé d'une pareille créance, il se soit refusé aux déclarations convenables & exigées par la justice.

Quoi qu'il en soit, cet événement fait un

bruit de diable à raison du personnage qui avoit successivement eu la confiance de M. de Malesherbes, lorsqu'il étoit chef de la librairie, puis l'oreille de M. de Sartines, de M. Albert, de M. le Noir, & enfin de M. le Camus de Néville. Ce qui sembloit devoir le faire mettre dans une autre classe que celle des gredins, des gytons, des crocs & escrocs de toute espece dont étoit entouré M. de Brunoi.

3 Avril 1779. Sous prétexte d'ordre & d'utilité plus grande, le gouvernement continue à se mettre insensiblement à la tête de tous les corps, ordres, états & corporations. Par des lettres-patentes du 23 janvier, enrégistrées au parlement le 12 mars, en portant confirmation des statuts pour la communauté des maîtres écrivains, on en établit un bureau particulier, composé de vingt-quatre maîtres de la communauté, lesquels s'occuperont de la perfection des arts & des sciences dépendants de leur profession, & notamment de la vérification des écritures & signatures.

Le lieutenant-général de police & le procureur du roi du châtelet seront présidents nés de ce bureau, lequel sera composé en outre d'un directeur, d'un secretaire & de quatre professeurs, dont un d'écriture, un de calcul, un de vérifications d'écriture & un de grammaire Françoise, tous pris dans les membres du bureau, qui choisiront parmi les autres maîtres de la communauté vingt-quatre agrégés destinés à les remplacer en cas de vacances.

Ces maîtres & leurs successeurs seront aux termes de l'article IV des lettres-patentes, les souls experts en justice.

3 *Avril* 1779. On continue à s'enttretenir de M. de Mairobert. Le curé de Saint Eustache, sur la paroisse duquel il demeuroit, ayant fait difficulté de l'enterrer, vu la publicité de sa catastrophe, il a fallu que M. le duc de Chartres ait obtenu un ordre du roi, qui enjoint qu'on lui accordât la sépulture chrétienne, mais avec le moins de publicité possible.

Un des amis du défunt lui a fait l'épitaphe ci-jointe, qui caractérise à merveille & le personnage & sa fin sinistre.

Ci gît qui de l'honneur partisan assidu,
De ses sentiers étroits s'écarta par ivresse,
Mais qui cherchant la mort pour punir sa foiblesse,
En a plus recouvré qu'il n'en avoit perdu.

M. de Mairobert étoit un homme de lettres, auteur de quelques opuscules, mais sur-tout grand amateur ; il ne manquoit aucune piece de théatre dans sa primeur, & se faisoit entourer dans les foyers : il avoit aussi toutes les nouveautés, & sa bibliotheque étoit en ce genre une des plus curieuses de Paris. Elevé dès son enfance chez madame Doublet, il y avoit puisé ce goût, ainsi que celui des nouvelles ; c'étoit un des rédacteurs : il conservoit le journal qui se composoit chez cette dame, & le continuoit : il avoit eu différentes prises avec la police relativement à ce manuscrit, qu'il donnoit à ses amis de paris & de province ; mais on n'avoit pu le priver de cet amusement instructif & agréable, d'autant qu'il étoit fort circonspect. Il avoit la fureur de faire parler de lui ; il ne connoissoit pas la sage maxime de ce philosophe qui disoit :

« pour être heureux, cache ta vie. » Il mettoit son bonheur dans l'éclat & le bruit, & malheureusement il en a fait jusqu'à sa mort & après.

Avant de mettre les scellés chez lui, on a enlevé, par ordre du roi, tous ses manuscrits, & même beaucoup de livres.

4 *Avril* 1779. On connoît depuis long-temps un ouvrage de M. Dorat, intitulé *les Baisers*, imprimé avec un luxe typographique admirable, sur-tout avec des estampes charmantes. On sait l'épigramme sanglante qu'affecta de faire en action contre l'auteur présent un particulier entrant chez son libraire, demandant le livre, l'achetant, puis, sans sortir, le découpant, enlevant les vignettes, & laissant tout le reste comme inutile. Un caustique vient de répandre une autre épigramme écrite, non moins piquante, avec ce titre :

Sur un insipide ouvrage : intitulé LES BAISERS.

Vous, qui lisant les vers faits pour Lesbie,
Avez d'amour trop senti l'aiguillon,
Si voulez voir sa flamme refroidie,
Et de Vénus pâlir le vermillon,
Ja n'est besoin que nonain vous indique
Du nénuphar le breuvage pudique :
Prenez, prenez vers refrigératifs,
Que Dorilas ses *Baisers* intitule,
Et calmerez, tant fussent-ils rétifs,
Les feux malins dont vous brûloit Catulle.

5 *Avril.* Il n'est que trop vrai que Mlle. d'Éon a été conduite au château de Dijon &

même avec beaucoup d'éclat; voici comme elle a été arrêtée. On a vu qu'elle éludoit d'obéir à l'ordre du roi, en paroissant le respecter beaucoup. Elle se doutoit qu'on voudroit l'enlever, elle s'étoit munie en conséquence de toutes les armes propres à sa défense; & au cas qu'on lui ôtât tout moyen de le faire personnellement, elle avoit un baril de poudre tout prêt, auquel elle comptoit mettre le feu dès qu'on voudroit user de violence pour entrer dans sa chambre, & se faire ainsi sauter avec la maison. Elle avoit confié son dessein à un ami intime. Celui-ci connoissant sa violence & sa résolution, a imaginé de la sauver d'une catastrophe aussi extrême, ainsi que ceux qui auroient été dans la maison & peut-être le voisinage. Il s'est présenté à sa porte, qu'elle n'ouvroit qu'après avoir demandé qui? Elle a reconnu la voix de son ami, elle lui a ouvert; il étoit escorté d'alguasils, qui soudain l'ont enveloppée & empêchée de se défendre. Il y avoit une chaise de poste prête, où l'on l'a conduite, maudissant, avec raison, le perfide auquel elle s'étoit confiée.

6 Avril 1779. On parle beaucoup d'une dénonciation faite au parlement, concernant M. le Camus de Néville, directeur de la librairie; dénonciation qui roule vraisemblablement sur ses opérations dans ce département.

6 Avril 1779. Le trône du roi, qu'on va voir rue Ferou, mérite une description détaillée. Sur deux marches couvertes d'un tapis de velours vert, brodé en or & en argent, on voit le fauteuil de S. M. Deux coqs servent de pieds de devant, & le dossier est un bouclier orné d'une tête de soleil. Le fonds de ce bouclier, travaillé

en paillettes pressées les unes contre les autres, rend un éclat à peu près semblable à celui du métal poli. Le baldaquin, qui est suspendu au dessus du fauteuil, a la forme d'une tente ouverte. Dans le jour, on voit un Saint-Esprit en argent, qui jette de grands rayons, interrompus par quelques légers nuages. Pour donner un effet plus pittoresque, les rayons qui partent du St. Esprit sont à leur naissance travaillés en argent, & se terminent en or. Cette espece de tableau a pour bordure deux faisseaux de piques élevées sur deux socles, & auxquels sont attachées des peaux de lion & des armes grouppées en trophée. Le baldaquin, qui, comme on l'a dit, a la forme d'une tente, dont les rideaux retroussés aux faisseaux retombent majestueusement jusqu'au bas, est orné de carquois attachés à chaque pan, & sur lesquels on a posé des casques, tous variés de forme. Le haut est couronné par un corcelet de guerrier, accompagné d'armes & d'étendarts, d'où sort une massue, qui soutient un casque plus grand que les autres, à fond d'azur, orné de trois fleurs de lis. Tous ces casques chargés de leurs plumes, amenent naturellement & motivent les panaches dont on décore toujours ces sortes de dais. Les colliers de l'ordre font la bordure des grands rideaux de la tente. Le tout ensemble a beaucoup de majesté, & a bien le caractere d'un ordre militaire.

6 *Avril* 1779. Les virtuoses qui se sont distingués au concert spirituel cette année, sont messieurs Wounderlich pour la flûte ; mal apprécié à son début, il a mérité ensuite les plus grands applaudissements ; Piettain pour le vio-

lon ; cet éleve de Jarnowick, chaque jour se montre plus digne de remplacer son maître : Antoni, qui a su tirer du basson, instrument sec & lugubre, les sons les plus moëlleux & les plus agréables ; mais son exécution sans plan est trop vague, son air de guinguette est ce qu'il a offert de plus caractérisé.

Mademoiselle Dantzi, entre les voix, a reparu ; elle est aujourd'hui madame le Brun : elle a lutté contre un hautbois avec le plus grand succès. Le sieur Amantini a une voix pareille en homme, & n'a pas moins étonné ceux qui aiment ce genre de chant rapide, bruyant & mortellé.

6 *Avril* 1779. M. d'Alembert, dans l'*Eloge de Destouches* ayant avancé que ce poëte avoit été quelque temps comédien, sa famille a réclamé contre une pareille anecdote & le panégyriste a été obligé de la désavouer par une lettre du 29 mars ; ce qui prouve que les philosophes sont sujets, comme d'autres, à adopter le faux, lorsqu'il donne lieu à des contrastes piquants. M. d'Alembert doit changer cette portion de la vie de son héros à la premiere édition qu'il fera de son livre.

7 *Avril* 1776. *L'éloge de Voltaire, lu à l'académie royale des sciences & belles-lettres de Berlin, dans une assemblée publique extraordinairement convoquée pour cet objet le 26 novembre 1778, par sa M... le R... de P...* devient moins rare. Ce qu'il offre de plus extraordinaire, sans doute, c'est son auteur, c'est un monarque faisant le panégyrique d'un particulier : cependant le roi de Prusse avoit deja accordé cet honneur à la Mettrie, qui

n'étoit pas un homme à comparer à celui dont il s'agit aujourd'hui.

Cet éloge-ci, comme littéraire, est le meilleur qui ait encore paru sur ce sujet ; les faits y sont liés avec l'historique des ouvrages, entremêlés d'anecdotes ; il suppose dans l'auteur une grande connoissance de l'histoire, il annonce une étude réfléchie de notre langue ; il y a très-peu de taches, quelques expressions néologues, quelques-unes peu nobles, quelques incorrections : voilà tout ce qu'on peut lui reprocher. La narration du reste est rapide, le style clair : la tirade sur les prêtres est le seul endroit qui doive déplaire dans ce pays-ci & mériter à cet imprimé la proscription sévère dont on use. Les gens de lettres, les savants, les philosophes doivent une véritable reconnoissance au souverain éclairé qui sait les apprécier, & reconnoître de quelle utilité ils sont, quel lustre ils répandent sur les états.

8 *Avril* 1779. M. Linguet, après avoir séjourné trois semaines dans cette capitale, est reparti & va reprendre son journal interrompu par son voyage. Il paroît que, sentant la difficulté de substituer un autre correspondant à *l'honnête M. le Quesne,* comme il l'appelle lui-même, & pour éviter d'ailleurs le mauvais effet qui résulteroit dans le public d'un nouveau procès avec lui, il s'est arrangé, & que leur querelle n'aura pas de suites.

9 *Avril* 1779. On a profité de ce temps de vacances pour chercher à ramener les mutins de l'opéra, & l'on espere que tout sera pacifié pour la rentrée, que les démissions & congés

seront annullés, qu'ils seront tous bons amis, & que le Sr. de Vismes jouira enfin de l'autorité que S. M lui a confiée.

10 *Avril* 1779. Les acteurs de la comédie françoise se sont assemblés mercredi dernier pour le repertoire de la semaine prochaine : ils se sont déterminés en faveur du succès de la petite piece de M. de la Harpe, de lui faire l'inestimable honneur de jouer pour l'ouverture sa tragédie de *Warwick*, dans laquelle le nouvel acteur, ci-devant Roselli, aujourd'hui Grammont, remplira le rôle du personnage principal.

Les pieces en ce moment à l'étude sont une comédie en un acte & en prose, intitulée *le Militaire François* : c'est la même de M. Rochon, qu'on a déja annoncée sous un autre titre, & *Agatocle*, tragédie de Voltaire, qui n'a encore été ni représentée, ni imprimée : il l'avoit apportée avec *Irene*. On la dit inférieure, & c'est par respect pour la mémoire d'un des peres du théâtre françois que les comédiens ont consenti à a jouer.

Il n'est plus question de *Médée*, & l'on croit qu'on a cherché à amuser M. Clément, afin d'avoir le temps de l'éconduire doucement pendant les trois semaines de vacances.

Les comédiens se proposent aussi de remettre incessamment trois anciennes tragédies, le *Mahomet II*, de la Noue ; l'*Ino & Mélicerte*, de la Grange ; & la *Rome sauvée*, de Voltaire ; mais voilà bien du travail pour ces messieurs & ces dames ; & l'on doute qu'ils exécutent ces belles résolutions.

Aucun des anciens acteurs ne s'est retiré

cette année ; mais on vient de recevoir quelques-uns de pensionnaires : on nomme parmi ceux-ci les sieurs Vanove & Florence. Le sieur Bellemont est chargé du compliment d'ouverture.

10 Avril 1779. On a parlé d'une lettre circulaire, écrite par le ministre de la marine à toutes les chambres de commerce. Celle de la Rochelle, en réponse à cette lettre, en a adressé une à M. de Sartines, dont il a été très-mécontent ; il l'a mise sous les yeux du roi, & l'on croit que cette chambre pourroit bien être interdite.

11 Avril 1779. On a annoncé les défenses du jeune comte de Solar, qui consistent jusqu'à présent : 1°. dans un *mémoire à consulter pour le sieur Bouvalet*, avocat au parlement, tuteur du jeune comte de Solar, sourd & muet, trouvé sur le chemin de Peronne le 1 août 1773. Ce mémoire très-court n'a que 8 pages. 2°. Dans une *lettre de monsieur l'abbé de l'Epée, à monsieur Elie de Beaumont*. Elle est datée du premier février dernier, & a soixante & douze pages, petit caractere. 3°. Dans une *consultation*, sans date, souscrite de trois jurisconsultes, messieurs Boudet, Aubry, Cadet de Saineville : elle a trente-quatre pages. Ces trois pieces sont très-propres à établir le fait, à en développer les preuves & à offrir aux lecteurs des lumieres pour se décider dans cette question aussi épineuse qu'intéressante.

12 Avril 1779. Les changements survenus à la comédie Italienne au sujet de ce renouvellement d'année dramatique, sous la retraite du sieur la Ruette & celle de la Dlle. Desglands

Le premier avoit débuté à l'opéra comique en 1752 & suivi sa troupe lors de la réunion des deux spectacles. Il a composé la musique de plusieurs pieces ; il avoit du talent pour certains rôles de charge, mais trop de monotonie ; sa voix étoit très-vilaine : il réparoit ce défaut par un certain goût, un grande vérité & une profonde connoissance de la note. La demoiselle Gontier, les sieurs Dorsonville & Rosiere ont été reçus. On paroît se disposer à remettre sérieusement à ce théatre les anciennes pieces Françoises. On y répete maintenant une nouveauté, qui a pour titre *la Rose d'Amour*.

12 *Avril* 1779. Le sieur Bouvalet, dans son mémoire, demande, 1°. si les preuves d'identité entre le mineur Joseph & le comte de Solar, présentées par monsieur l'abbé de l'Epée, dans sa lettre, sont suffisantes pour établir l'existence du jeune comte de Solar, & détruire en même temps la prétendue preuve résultante contre son existence de l'acte mortuaire qu'on lui oppose ?

2°. Si persistant dans la conduite qu'il a tenue jusqu'ici, il attendra l'événement de la procédure criminelle commencée à la requête du ministere public, ou s'il poursuivra en ce moment l'audience sur la demande civile qu'il a formée.

M. l'abbé de l'Epée divise sa lettre en trois parties. Dans la premiere, il rend compte à Me. Elie de Beaumont de tout ce qui s'est passé dans cette affaire. Dans la seconde, il prouve l'identité du jeune Joseph avec le jeune Solar. La troisieme contient les réponses aux objections contre les dépositions des témoins qui ont été entendus.

Les jurisconsultes consultés, après la lecture de ces deux pieces, établissent d'abord la véritable question, qu'ils appellent une *question d'existence & d'identité de personne*. Ils examinent ensuite, d'un côté, les témoignages produits par le jeune Solar pour autoriser sa réclamation, & d'un autre, les objections qu'on lui oppose.

Ils en concluent, 1°. que l'existence & l'identité du jeune Joseph avec le comte de Solar sont justifiées, & que le prétendu extrait mortuaire qu'on lui oppose, ne peut porter atteinte aux preuves qu'il produit : 2°. que si le réclamant poursuivoit actuellement l'audience, il auroit tout sujet d'espérer un jugement favorable; mais ils estiment que le sieur Cazeaux ayant conclu expressément, dans sa cause pendante au parlement, à ce que le jeune Joseph fût envoyé à Toulouse à l'effet d'y subir différentes confrontations, le tuteur doit suspendre ses poursuites jusqu'après le jugement de cette contestation.

Dans ces trois pieces, aucun morceau d'éloquence, quelque susceptible qu'en soit la cause, mais par-tout une logique lumineuse, hérissée de preuves, serrée, pressante jusqu'à la conviction.

12 *Avril* 1779. Le sieur l'Ecluse ayant été obligé d'abandonner son théatre nouveau par sa banqueroute, ce sont les deux freres Malter, de l'opéra qui le remplacent dans cette propriété. Par leur arrangement avec lui, ils se sont chargés, 1°. d'acquitter ses dettes, dont

l'état a été fixé ; 2°. de lui faire une pension très-honnête ; enfin de lui donner une gratification particuliere toutes les fois qu'on jouera une piece de lui intitulée *le Postillon*, dans laquelle il représente & excelle comme acteur.

12 *Avril* 1779. On vient de traduire en prose françoise une ode italienne sur la mort de Voltaire ; elle a été insérée au journal de Paris N°. 109. Ce qui rend l'anecdote précieuse, c'est qu'on l'attribue à un pere Bertola. Il n'est pas peu singulier de voir dans le pays du fanatisme, de la superstition, sous les yeux du tribunal inquisitorial, un moine répandre une piece à la gloire d'un poëte, à qui le clergé de France a refusé la sépulture, & y louer à outrance un prince hérétique, le roi de Prusse. Du reste, à en juger par cette foible copie, l'ode est très-lyrique, pleine de mouvement, d'élans & de sensibilité. Le parti philosophique ne manque pas de se prévaloir beaucoup de cette piece, & d'agréger parmi ses membres le cénobite ultramontain.

13 *Avril* 1779. On sait combien les femmes ont besoin d'indulgence aujourd'hui où les sociétés sont pleines d'arrangements particuliers, & où il n'y a pas de mari qui n'ait au moins un coadjuteur. Ces jours-ci une prude censuroit le déréglement général, & blâmoit la facilité avec laquelle on s'y prête ; un poëte a fait sur le champ cette épigramme contre le prédicateur en cornette.

La Tolérance.

Qu'en son faux zele une prude est amere !
Damner le monde est un plaisir d'élus :

Mais le Sauveur à la femme adultere,
Dit sans courroux : " allez, ne péchez plus. „
Telle est du ciel la sublime indulgence !
Il plaint l'erreur, il pardonne à l'offense ;
Il n'arme point ni le fer ni le feu.
La pécherefse eut sa grace accordée :
Mais qu'on suppose, à la place de Dieu,
Prude ou docteur, elle étoit lapidée.

13 *Avril* 1779. L'esprit de changement qui fait appeller depuis quelques années nos ministres des marchands de modes, regne sur-tout aujourd'hui dans le département de la guerre, où l'on vient de rétablir huit régiments de grenadiers-royaux ; ce qui fait une augmentation de dépense & d'états-majors à payer. Entre les nouveaux colonels on distingue M. Mesnil Durand, l'auteur d'une tactique nouvelle que le maréchal de Broglio a voulu mettre en œuvre au camp de Bayeux, mais qui n'a pas plu généralement. La faveur accordée à ce militaire sembleroit faire croire qu'on goûteroit ses principes, & que l'ordre profond seroit préféré à l'ordre mince.

M. de Villepatour, qui plaisante sur tout, disoit que cet ordre profond est bon à tout recevoir & à ne rien rendre. C'est par ce sarcasme en faire la plus cruelle critique.

14 *Avril* 1775. Demain on doit donner sur le théâtre lyrique la premiere représentation de la *Buona Figliola maritata*, ou la *bonne Fille mariée*, opéra bouffon en trois actes de monsieur Piccini, avec des avertissements analogues à la noce de la *bonne fille*. Il y aura des acteurs

nouveaux qui débuteront dans cette piece ; il signor Poggy, dans le rôle du *colonel*, & la signora, sa femme, dans celui de la *bonne fille*.

On attend à ce théatre en outre pour nouveautés, *le Devin de village*, avec une musique nouvelle de Jean-Jacques Rousseau, & l'*Iphigénie en Tauride* du chevalier Gluck.

15 *Avril* 1779. Dans l'assemblée publique de l'académie des sciences tenue hier, il n'y a eu de remarquable que l'*éloge de Linneus*, par monsieur de Condorcet. Mais il ne faut point omettre deux anecdotes précieuses ; l'une est un mémoire sur l'*aurore boréale* de monsieur Franklin. M. le Roi, qui en a fait lecture en présence de ce grand homme, a observé préalablement la singularité de voir le ministre d'une nouvelle république occupé des plus grands intérêts, trouvant encore le loisir de s'amuser à la physique. Ce mémoire clair, simple, méthodique, est écrit parfaitement bien en François ; il est vrai que l'académicien a prévenu que monsieur Franklin avoit consulté & pris les avis d'un second pour le style.

L'autre anecdote est relative à un mémoire assez curieux sur la population de Paris & du royaume depuis 1771, par le docteur Morand ; mémoire qui, ayant été commencé le dernier, n'a pu être achevé, au grand regret des auditeurs. Dans le cours de ce qu'en a lu l'auteur, il a cité parmi ses autorités l'abbé de Caveyrac. On sait que cet abbé est l'apologiste de la St. Barthelemi. A l'instant, plusieurs académiciens ont murmuré qu'on osât le nommer dans une pareille assemblée, & se prévaloir du suffrage d'un écrivain, l'objet de l'exécration nationale & de l'humanité entiere; M. d'Alembert a élevé la voix plus hautement & a inculpé M. Amelot, le président, qui en cette qualité avoit dû avoir communication du mémoire & ne pas tolérer ce passage. Il en a résulté une telle rumeur, que M. Amelot a rompu la séance.

16 *Avril* 1779. L'enthousiasme des partisans de M. de Voltaire ne finit point; il n'est aucune occasion de l'exalter qu'ils laissent passer sous silence. Un artiste en bronze, nommé Hauré, a exécuté dans son attelier pour encadrement & ornement d'une pendule, le couronnement de ce grand poëte à la comédie françoise. Il prétend qu'il étoit présent à cette fête & qu'il en fut si frappé, qu'à son retour il jeta les premiers traits de son dessin. Voltaire y est représenté dans sa loge, à côté de madame Denis; l'auteur a saisi le moment où le héros, attendri jusqu'aux larmes, & se courbant sous la couronne que Brizard lui posoit sur la tête, s'écria avec une émotion prophétique : *ils veulent donc me faire mourir* ! Tous les détails, tels que les deux colonnes sur lesquelles la loge est assise & figurant les deux muses dramatiques, *Thalie* & *Melpomene*, sont allégoriques & analogues à la scene qu'il s'agit de rendre, ou au principal personnage.

M. Hauré est un sculpteur, éleve de le Moine.

16 *Avril.* Suivant une lettre de Poitiers, du 9 de ce mois, on a découvert dans un village de cette province une mine d'argent & de plomb. On en a envoyé des échantillons

à

à Paris pour en faire l'essai & l'on a demandé permission au gouvernement de l'exploiter, si l'on y reconnoît des avantages réels. On a déja trouvé en Poitou des mines de marbre, d'antimoine, de porphyre, de charbon de terre & des ochres.

17 Avril 1779. Le compliment des comédiens Italiens à leur rentrée, malgré la fadeur de cette cérémonie qui se répete tous les ans, a eu beaucoup de succès, & a paru acquérir un air de nouveauté par la tournure de l'auteur. C'est le sieur Anseaume, le souffleur, qui depuis plusieurs années est en possession de remplir cette tâche. Celui-ci étoit dialogué & chanté, suivant l'usage le mieux reçu sur cette scene. Le fond consiste en bouquets que préparent de jeunes personnes; leurs amoureux surviennent & les croient destinés pour eux; ils apprennent qu'ils sont pour le public; ce qui amene des couplets de la part de chacune, où il y a sous un air de nouveauté des polissonneries assez adroites, qui ont pris le mieux du monde & reçu beaucoup d'applaudissements.

17 Avril. Depuis que la reine est rétablie de ses couches & de sa rougeole, le joaillier de S. M. est venu lui faire sa cour : elle lui a demandé comment il menoit le commerce ? Il lui a répondu qu'il alloit fort mal, depuis que S. M. ne portoit plus de diamants : elle l'a consolé, en lui disant qu'elle comptoit les reprendre, & lui a commandé en conséquence une paire de girandoles d'un million.

En effet, sur la fin de la grossesse de la

reine, une dame présentée s'étant montrée chez elle avec beaucoup de diamants, la reine lui demanda qu'est-ce qu'il y avoit de nouveau pour qu'elle fût ainsi parée comme une châsse? Les femmes de la cour jugerent que S. M. n'aimoit pas les diamants & s'y conformerent. Ils étoient passés de mode, & il n'y avoit plus guere que les filles & les bourgeoises qui en portassent. Mais ce genre de luxe va reprendre faveur, au moyen de cet auguste exemple.

18 Avril 1779. Comme le poëme de la *bonne fille mariée*, jouée jeudi à l'opéra, est du sieur Goldoni, on se flattoit qu'il seroit supérieur aux autres dont on s'est toujours plaint; mais quoiqu'il y ait dans les détails quelques scenes d'un comique plus vrai que dans les autres pieces dans ce genre, déja données, l'ensemble n'a pas plus d'intérêt & les incidents n'ont pas plus de vérité. Il paroît décidé que le poëte absolument subordonné au musicien, doit s'y sacrifier en entier. La musique a produit le plus grand effet sur les oreilles des amateurs. Les applaudissements ont été très-vifs, on a même redemandé la finale du second acte. Les deux débutants, la signora Clementina Poggy & il signor Poggy, son frere, & non son mari, ont été accueillis très-favorablement, & applaudis l'un & l'autre avec transport.

19 Avril 1779. M. Linguet annonce qu'il fait maintenant réimprimer toutes les pieces de son incroyable affaire, c'est-à-dire, toutes les défenses qu'il a été obligé de publier dans le temps contre ce *délire robinesque* (ce sont ses termes). Il ajoute qu'elles composeront un volume de

la grosseur & du format de ceux de ses annales, & qu'il le fera distribuer gratuitement à ses souscripteurs, avec le portrait de l'auteur. On est dans l'attente de ce cadeau, dans la persuasion qu'il aura encore renforcé l'ouvrage d'injures nouvelles & d'anecdotes plus scandaleuses.

19 *Avril* 1779. Le sieur Boncert, si renommé sous M. Turgot, l'auteur de ce pamphlet sur les droits féodaux, qui a causé tant de scandale & une procédure violente contre son auteur au parlement, dont l'autorité seule ministérielle a arrêté les suites, se rend fameux aujourd'hui par une contestation d'un autre genre ; il s'est emparé de la confiance de M. le prince de Conti, & jette l'alarme, le trouble & la consternation parmi quatre cents pauvres familles, auxquelles il a enlevé un communal propre au séjour & à la pâture de leurs bestiaux.

Il s'agit d'un marais de plus de 760 arpents, qu'il veut dessécher & mettre en culture pour s'en appliquer les fruits, sous prétexte d'une concession de ce terrein faite à lui & consorts, comme faisant partie du domaine du comté de Chaumont, appartenant au prince de Conti.

Indépendamment des habitants de six villages que concerne plus particuliérement cette grande contestation, elle intéresse une foule de seigneurs voisins, & presque toute la province.

19 *Avril*. La petite comédie de l'*Amour François*, en un acte & en prose, de M. Rochon de Chabannes, a parfaitement répondu à la bonne opinion que le public a de cet auteur, dont c'est la sixieme piece jouée à ce théatre sans aucun éclat. Celle-ci a été singu-

liérement bien accueillie, sauf le dénouement; ce qu'il est aisé de changer. Elle est pleine de mœurs, il y regne une gaieté douce; il y a plusieurs vers nouveaux & de caractere : il faut attendre la seconde représentation pour en mieux juger encore.

20 *Avril* 1779. La société royale de médecine vient de donner au public le premier volume de ses mémoires : cette collection est précédée d'une histoire de la société par le secretaire Vicq d'Azir. La faculté trouvant qu'il y avoit des faits faux, altérés, omis, a cru y devoir suppléer par une petite brochure intitulée : *Précis historique de l'établissement de la société-royale de médecine, de sa conduite, & de ce qui s'est fait à ce sujet dans la faculté de médecine de Paris.*

Elle a en outre fait imprimer : *Très-humbles & très-respectueuses représentations de la faculté de médecine en l'université de Paris au roi, contre la société royale de médecine.*

Quoique ces deux pamphlets n'aient pas une authenticité avouée par la faculté même, on est cependant fondé à croire qu'ils sont très-exacts sur les faits & n'en seront pas désavoués.

On y trouve tout le sang froid, toute la sagesse, toute la modération qu'on a droit d'attendre d'un semblable corps.

21 *Avril* 1779. Le gouvernement songe sérieusement à tirer parti de la culture de la pomme de terre en France. Différents intendants de province ont envoyé des hommes intelligents aux invalides, pour suivre sous le Sr. Parmentier, le nouvel auteur de la transformation de de ce farineux en pain, les divers détails de

cette manipulation. Tout récemment encore il en a été fait une nouvelle expérience devant M. Bertin le ministre, M. le directeur-général des finances, le lieutenant-général de police, & autres grands seigneurs & divers magistrats. Mais il paroît qu'on n'a pas été aussi content cette fois, que le pain ne s'est pas trouvé d'une aussi bonne & belle qualité; enfin on n'est pas d'accord sur le prix, qui seroit médiocre suivant le Sr. Parmentier, & très-cher suivant ses critiques.

Cette manie a tellement gagné nos intendants avides de nouveautés, ainsi que le ministere, que plusieurs, pour se mettre mieux au fait, font actuellement un cours de boulangerie.

22 *Avril* 1779. La morale de la petite piece de M. Rochon de Chabannes, sous un air de frivolité est exquise, puisque son objet est d'apprendre aux jeunes gens combien l'attachement à une femme honnête est susceptible de les conduire à la gloire. Un jeune officier de dix-neuf ans est amoureux d'une veuve de vingt-deux, & pour se livrer plus facilement à sa passion obtient un congé; elle lui fait des reproches de préférer son plaisir à son devoir; & sur la nouvelle de la guerre déclarée, le détermine à partir sans avoir sa main; alors bien sûre de sa façon de penser, elle ne peut s'empêcher de lui témoigner tout ce qu'elle sent pour lui, & consent à le prendre sur le champ pour époux.

Cette comédie, dont le dénouement plus long n'étoit pas aussi bien amené la premiere fois, a produit plus d'effet à la seconde, & autoit encore mieux réussi si le défaut de mémoire des acteurs, & sur-tout du Sr. Prévile, n'eût refroidi le spectateur.

Le style en est naturel, vif & agréable; il y a des morceaux de détails piquants : celui concernant le *marquis de la Fayette* a été parfaitement senti & applaudi; on cite quantité de vers de cet ouvrage, qui feront proverbe.

23 *Avril* 1779. On a remis mardi *le Devin de Village* avec une nouvelle musique, qui ne consiste cependant que dans quelques ariettes refaites par l'auteur. Le public n'a pas été content de ces changements. On a même sifflé en quelques endroits. En général, les ouvrages de génie ne peuvent se remanier sans en souffrir, parce que fondus d'un seul jet, les imperfections même y tiennent aux beautés, & qu'on ne peut toucher aux unes sans affoiblir les autres.

23 *Avril*. M. l'avocat-général d'Aguesseau a porté la parole mardi dans l'affaire de l'enfant sourd & muet, cru comte de Solar. La séance a duré jusqu'à cinq heures & demie, avec une affluence de monde prodigieuse, & de femmes sur-tout.

Ordonné provisoirement que Cazeaux sera élargi, à la charge de se représenter toutes & quantes fois qu'il en sera requis; défenses à lui de se rendre à Toulouse & autres endroits dénommés, avant que l'enfant accompagné de son interprete y ait été pour subir les examens, interrogatoires & confrontations prescrites.

Ordonné que deux conseillers au châtelet iront sur les lieux, comme commissaires, présider à ces vérifications, & que S. M. sera suppliée d'expédier toutes lettres-patentes néceſſaires à ce ſujet.

23 *Avril* 1779. La faculté, dans ſes *repréſentations* très-bien faites, commence par proteſter qu'elle ne réclame point directement contre une commiſſion de médecine, livrée d'une maniere ſpéciale à l'étude, au traitement des maladies épidémiques & épizootiques, & prête à ſe tranſporter ſur les ordres des miniſtres dans les provinces où ſa préſence ſera jugée néceſſaire. Elle ne réclame point contre l'attribution que S. M. jugera à propos de faire de l'inſpection des eaux minérales, ainſi que d'accorder des brevets aux poſſeſſeurs uniques des remedes jugés efficaces ; elle s'en rapporte ſur cet objet aux reſpectueuſes remontrances qu'elle a faites en 1770, ſur les abus infinis réſultants de ces brevets.

Les occupations attribuées à la ſociété, la quantité des membres dont elle eſt compoſée, la reſtriction des fonctions des facultés de médecine prononcées par les lettres-patentes, lui inſpirent les plus juſtes alarmes, & ne laiſſent entrevoir que le renverſement de l'ordre établi par tous les prédéceſſeurs de S. M., la deſtruction d'un corps légal exiſtant avec gloire depuis ſix cents ans, & la dégradation des médecins : tels ſont les objets ſur leſquels la faculté porte ſes gémiſſements & ſes réclamations au pied du trône.

24 *Avril* 1779. Les comédiens Italiens doivent donner aujourd'hui une piece, d'abord intitulée *Roſe d'amour*, & aujourd'hui *Roſe & Carloman*. Elle eſt en trois actes & en vers, mêlée d'ariettes & en ſtyle gaulois. Le poëme eſt

d'un M. Dubreuil, & la musique d'un M. Cambini. Le sujet est imité d'un fabliau inséré dans le conte de *Sargines*, des *épreuves du sentiment* de M. d'Arnaud. L'auteur a cru donner plus de mérite à l'ouvrage, en y conservant le style naïf de nos ancêtres; mais on doute que cela puisse passer.

25 *Avril* 1779. M. le duc de Chartres, colonel-général des troupes légeres, que les persifleurs qualifient de *colonel-général des têtes légeres*, doit faire incessamment la revue de ses quatre régiments. Quel changement depuis un an! On ne peut revenir de voir ce prince se laisser dégrader à ce point, & le peu de soin qu'il a lui-même de sa propre réputation, force ses partisans à l'abandonner, & à croire vrai tout le mal qu'on en a dit.

25 *Avril*. M. Goldoni, très-fâché qu'on lui attribue le poëme de la *bonne fille mariée*, a écrit une lettre insérée au *Journal de Paris* n°. 113, pour dissuader le public. Il convient avoir fait *la buona figlivola*, son début en opéra-comiques à la cour de Parme, où il avoit été appellé. Il dit qu'il avoit tiré cette piece de sa *Pamela*, comédie en cinq actes, qui avoit eu en Italie le plus grand succès. Le Sr. Duni fit la musique & le tout réussit à merveille, ce qui lui valut le titre & la pension dont le duc voulut bien l'honorer.

Depuis, M. Piccini fit une autre musique sur le drame imprimé: pendant ce temps il avoit donné à Venise la suite de *Pamela*, sous le titre de *Pamela mariée*; mais à laquelle M. *Goldoni* n'a eu aucune part.

26 *Avril* 1779. La faculté de médecine, dans

les représentations, observe que le Sr. Hérouard, premier médecin de Louis XIII, ayant surpris des lettres-patentes qui lui attribuoient la surintendance de la médecine dans la capitale & le royaume, ces lettres-patentes furent rejetées par arrêt du conseil en 1711 sur les représentations de la faculté.

Le Sr. Dagüin, premier médecin de Louis XIV, ayant aussi obtenu l'établissement d'une *chambre de médecine*, composée de médecins étrangers à la faculté de Paris, cette chambre fut supprimée. Huit ans après il fit revivre cette association sous le titre de *chambre royale de médecine*, espèce d'académie, supprimée encore par une déclaration enrégistrée au parlement.

Le Sr. Chirac, premier médecin de Louis XV, avoit formé un projet d'académie de médecine expérimentale & pratique, qui ne différoit que par le nom de la nouvelle société : la faculté de médecine & l'université avoient supplié le cardinal de Fleuri d'entendre & de permettre de porter au pied du trône leurs respectueuses doléances; la mort du Sr. Chirac plongea le projet dans l'oubli.

Les mêmes causes qui ont fait supprimer ces établissements, tant de fois renouvellés & reproduits sous différentes formes, doivent empêcher celui de la société royale, qui ne cause pas moins de troubles & de dissentions : sa constitution, telle qu'elle est annoncée, ne peut que porter le coup le plus funeste, non-seulement à la faculté de Paris, mais en général à la médecine dans tout le royaume.

La faculté, au nombre de 150 membres,

supplie en conséquence S. M. de ne pas souffrir que la société royale la dépouille de la portion la plus honorable de ses droits, de ses fonctions, & la menace d'un avilissement funeste à l'art lui-même.

27 *Avril* 1779. Tout le monde connoît l'affection de la reine pour madame Jules de Polignac ; on sait que c'est d'elle que S. M. a gagné la rougeole, au moyen de quoi elles ne s'étoient pas vues depuis long-temps. Madame Jules a écrit ces jours-ci à la reine, de Clayes, où elle passoit la convalescence, qu'elle auroit l'honneur d'aller lui faire sa cour à Marli lundi, le lendemain de son arrivée ; S M. lui a répondu : *sans doute, la plus empressée de nous embrasser, c'est moi, puisque j'irai dès dimanche dîner avec vous à Paris.*

En effet, dimanche à une heure la reine s'est rendue rue de Bourbon chez sa favorite, y a dîné tête-à-tête avec elle, & est restée enfermée jusqu'à cinq heures qu'elle est repartie. Madame la princesse de Chimay, dame d'honneur de S. M., qui l'avoit accompagnée, n'a pas même assisté à l'entrevue ; & après avoir pris ses ordres pour le départ, a dû se retirer.

Pendant ce temps-là, M. Jules de Polignac a traité la suite de la reine & les courtisans ; il avoit trois tables. Tout Paris, instruit de l'arrivée de S. M. chez madame Jules, a inondé la rue pour attendre le moment de son départ.

On forme mille conjectures sur ce tête-à-tête & sur les augustes secrets que la souveraine y a déposés dans le sein de l'amitié.

28 *Avril* 1779. M. d'Alembert, qui depuis qu'il est secretaire de l'académie, a cru se re-

connoître le talent de l'éloge, a totalement adopté ce genre: il vient de faire celui de milord Maréchal, cet illustre Ecossois, victime de son zele pour la maison de Stuart & de sa haine pour la tyrannie. La vie de ce seigneur, à la fois guerrier, politique, philosophe, est une des plus curieuses qu'un écrivain puisse faire, & l'auteur l'a rendu extrêmement intéressante, en rassemblant les principaux traits qui pouvoient y contribuer. On y trouve le défaut commun à presque tous les éloges composés par M. d'Alembert, de courir trop après l'esprit, & de ramasser sans choix des plaisanteries qui ne sont pas toujours bien nobles: mais il y a quantité d'endroits remplis de sensibilité & d'onction.

On sait que milord Maréchal avoit été appellé par le roi de Prusse auprès de lui, & étoit frere du maréchal de Keith, général célebre péri au service de ce prince; il est lui-même mort à Berlin, plus que nonagénaire. Il paroît que le desir de plaire au roi de Prusse & de satisfaire au devoir de l'amitié, ont déterminé monsieur d'Alembert à entreprendre l'ouvrage en question. On trouve que profitant des augustes auspices sous lesquels il les produisoit, il a été beaucoup plus hardi que de coutume, tant contre la religion, que contre les souverains: il parle & s'égaie très-librement sur ces deux objets, & cette fois perd de vue la sage maxime qui ordonne d'y être bien réservé. Au reste, le pamphlet est imprimé à Berlin & l'académicien n'y a pas mis son nom.

M. d'Alembert, dans le récit de la vie de son héros, ne pouvoit guere se dispenser de rendre compte de quelques faits relatifs à *Rousseau de Geneve*; il prétend qu'il a eu des torts envers milord Maréchal; que celui-ci a eu la générosité de dissimuler; il laisse percer à cette occasion son propre ressentiment envers ce philosophe, &, sans le dénigrer ouvertement, comme M. Diderot, cherche à atténuer ce que ce véridique personnage auroit pu dire de lui dans ses *confessions* ou *mémoires*. Il y a à parier par ces insinuations, que cet ancien ami du Genevois craint de n'y être pas ménagé.

Cet éloge, au surplus, est encore moins celui de milord Maréchal que du roi de Prusse : ce monarque y est représenté non-seulement comme un héros, comme un roi, comme un philosophe, mais comme le protecteur le plus aimable, l'ami le plus généreux, le cœur le plus sensible, en un mot, comme joignant aux qualités les plus sublimes du trône, toutes celles de l'homme privé.

28 *Avril* 1779. Les comédiens Italiens avoient fait beaucoup de dépense pour *la Rose d'amour*; il y a de charmantes décorations, de beaux habits & tout le costume de l'ancienne chevalerie y est observé. Mais tant de préparatifs deviennent inutiles & l'attente du spectateur s'y trouve désagréablement trompée, au point qu'on a dit que c'étoit un poisson d'avril pour le public. Cela n'a pas réussi.

29 *Avril.* L'aréopage comique vante beaucoup une piece qu'il a derniérement écoutée & reçue avec transport; l'acquisition est d'autant plus importante, que c'est une comédie en cinq actes & en vers de la composition de M. Fontaine Malerbe. Elle a pour titre *les illusions*

du jeune âge, ou *le jeune homme détrompé*. Ce nouveau débutant dans la carriere comique est un des coopérateurs de la traduction qu'on fait actuellement de Shakespear.

Les sieurs Courville & Dorival ont aussi été reçus au nombre des comédiens du roi à cette rentrée de pâque.

30 *Avril* 1779. M. Tronçon du Coudray, qui a brillé au barreau dans l'affaire de l'enfant sourd & muet, où il plaidoit contre le comte de Solar prétendu, a sa fortune & sa réputation faite par cette seule cause; il ne peut suffire aux clients qui se présentent en foule. Les circonstances de son heureuse destinée sont singulieres.

Il étoit marchand de vin à Rheims; il eut un procès contre un particulier, où il se défendit lui-même; on trouva qu'il avoit un talent marqué; on l'invita à suivre le barreau & à venir à Paris, où la ville, sa patrie, lui fait 1200 liv. de pension.

Il est parent du fameux Tronçon du Coudray, mort chez les Insurgents, officier d'artillerie tres-distingué, & qui a même écrit sur sa patrie & dans l'affaire de M. de Bellegarde contre le marquis de St. Auban.

30 *Avril. Mémoires sur les finances de la France & leur administration, par M. Necker.* Tel est le titre d'un pamphlet qui se débite depuis peu sous le manteau; il ne se vend point & ne se donne qu'aux gens de confiance. Suivant l'avertissement de l'auteur, daté de Paris le 28 octobre 1778, ce mémoire a été composé dans le temps que l'administrateur-général des finances, par son opération contre les trésoriers, annonça la forme qu'il vouloit prendre, pour étendre

avec éclat par les changements le pouvoir qu'il alloit avoir sur tous les départements ; il vouloit le communiquer seulement aux ministres, mais l'ensemble des circonstances le détermina bientôt à rendre publiques ses idées, sur l'extrême danger pour la France, de confier ses finances à M. Necker. C'est là l'objet entier, le seul but de son écrit.

1 *Mai* 1779. La piece la plus curieuse du précis historique de la faculté, c'est le décret du 22 juin 1778, rendu en latin, & dont voici la traduction.

" La faculté de médecine a arrêté, d'une voix
" unanime, que ceux de ses membres qui le
" sont aussi d'une nouvelle commission de mé-
" decine établie pour tenir une correspondance
" avec les médecins régnicoles & étrangers sur
" les maladies épidémiques & épizootiques,
" seront avertis qu'ils se sont dénoncés eux-
" mêmes comme ayant pris des titres qui ne
" leur ont jamais été donnés, & faisant des
" fonctions qui ne leur sont point attribuées &
" contraires aux droits de la faculté : que, mal-
" gré la connoissanne certaine qu'il ont de la
" juste & indispensable réclamation de la fa-
" culté leur mere, contre leurs entreprises,
" ils osent annoncer qu'ils vont tenir une séance
" publique, dans laquelle ils s'occuperont d'ob-
" jets de médecine, & pour laquelle ils dis-
" tribuent des billets ; & qu'en conséquence ils
" seront privés des droits, privileges & honneurs
" académiques, si sous sept jours, fideles en-
" fin à leur serment, ils ne se rendent à la voix
" de la faculté, & ne renoncent à une com-
" mission qui, faussement & injustement, se

,, qualifié de société royale de médecine, & s'ils
,, ne certifient au doyen qu'ils sont rentrés dans
,, leur devoir avant les sept jours révolus ,,
,, c'est-à-dire, avant le 30 du présent mois de
,, juin. ,,

C'est ce décret qui a fait tant de bruit alors,
qui a fait accuser la faculté d'avoir attenté à
l'autorité du roi, en le rendant, & provoqué
contr'elle les anathêmes du gouvernement,
comme si elle eût été vraiment criminelle.

1 *Mai* 1779. M. de Saint-George est un mulâtre, c'est-à-dire fils d'une négresse : c'est un homme doué d'une foule de dons de la nature : il est très-adroit à tous les exercices du corps; il tire des armes d'une façon supérieure, il joue du violon de même, il est en outre un très-valeureux champion en amour, & recherché de toutes les femmes instruites de son talent merveilleux, malgré la laideur de sa figure. Comme un grand amateur de musique, il a été admis à en faire avec la reine. Madame de Montesson voulant se l'attacher pour ses spectacles, a fait créer par M. le duc d'Orléans une place pour lui dans ses chasses, avec toutes sortes d'agrémens & beaucoup d'utiles.

Derniérement, dans la nuit, il a été assailli par six hommes; il étoit avec un de ses amis; ils se sont défendus de leur mieux contre des bâtons dont les *quidams* vouloient les assommer; on parle même d'un coup de pistolet qui a été entendu : le guet est survenu & a prévenu les suites de cet assassinat; de sorte que M. de Saint-George en est quitte pour des contusions & blessures légeres; il se montre même déja dans le monde. Plusieurs des assassins ont été arrêtés,

M. le duc d'Orléans a écrit à M. le Noir, dès qu'il a été instruit du fait, pour lui recommander les recherches les plus exactes, & qu'il fût fait une justice éclatante des coupables. Au bout de 24 heures, M. le duc d'Orléans a été invité de ne pas se mêler de cette affaire là, & les prisonniers, qui ont été reconnus pour des gens de la police, parmi lesquels étoit un nommé Desbrugnieres, si renommé dans l'affaire du comte de Morangiès, ont été élargis; ce qui donne lieu à mille conjectures.

2 *Mai* 1779. Le petit spectacle du bois de Boulogne, dont on a parlé l'année derniere, continue : il s'est ouvert hier par un drame nouveau, intitulé *le Puits d'Amour*, ou *les Amours de Pierre le Long & de Blanche Bazu*.

2 *Mai*. Sur le décret de la faculté intervint l'arrêt du conseil du 26 juin, non moins curieux & non moins ignoré jusqu'à présent, puisque le sieur Vicq d'Azir ne fait que le citer dans son histoire de la société, sans le rapporter dans sa teneur, que voici :

Le roi ayant, par un arrêt rendu en son conseil le 29 avril 1776, établi une société de correspondance de médecins, pour s'occuper principalement de l'étude des épidémies & épizooties, se ménager des correspondances avec les meilleurs médecins des provinces & même des pays étrangers, recueillir & comparer leurs observations, les rassembler en un corps & réunir toutes les notions qui peuvent être utiles, pour prévenir ou arrêter les ravages que les maladies contagieuses font parmi les hommes & les bestiaux; & S. M. étant informée que les succès de cet établissement paroissent exiger qu'il fût plus particuliérement autorisé, & que même l'on étendît l'objet de ses travaux, il auroit été dressé en conséquence un projet de lettres-patentes qui a été communiqué à la faculté de médecine ; mais que la faculté, au lieu de délibérer sur ce projet, auroit, dans une assemblée tenue le 23 du présent mois, & convoquée seulement quelques heures auparavant, rendu un décret, portant que les membres de la société de correspondance, établie par l'arrêt susdit, seront dépouillés de tous leurs droits, privileges & honneurs, si dans sept jours ils ne renoncent à ladite société, & n'en certifient le doyen avant le mardi trente du présent mois ; & S. M. considérant qu'un pareil décret est tout à la fois une atteinte à l'arrêt qui a établi ladite société, une injure pour les membres qui la composent, & une entreprise d'autant plus indécente & inexcusable, que la faculté, par la communication qu'on a bien voulu lui donner du projet des lettres-patentes concernant cet établissement, se trouve à portée de faire telle observation qu'elle croira convenable.

Le roi, étant en son conseil, a ordonné & ordonne que la faculté de médecine sera tenue de donner incessamment ses observations sur le projet des lettres-patentes concernant la société royale de médecine, dans une assemblée qui sera convoquée au moins deux jours d'avance, à laquelle seront invités tous les membres de la faculté, & même ceux qui sont membres de ladite société. Entend S. M. que ladite assemblée soit tenue avec la décence & la tranquillité convenables, sans confusion ni tumulte, & que ses observations relatives audit projet dont on y conviendra, soient incessamment adressées à M. le garde-des-sceaux ; & S. M. a cassé & annullé ledit décret, fait défenses à la faculté d'y donner aucune suite, & d'en rendre à l'avenir de semblables.

Comme aussi, jusqu'à ce qu'il ait été statué par S. M. définitivement sur le projet de ses lettres-patentes & les observations de la faculté, lui fait défense de prendre aucune délibération ni conclusion, & faire directement ni indirectement aucune démarche ni acte de procédure tendants à troubler, suspendre ou empêcher les assemblées publiques ou particulieres de ladite société, à peine de désobéissance.

Ordonne S. M. que le présent arrêt sera signifié de son ordre exprès au doyen de la faculté, & qu'en sa présence l'huissier qui fera ladite signification, rayera & biffera du registre des délibérations ledit décret ; ce dont il dressera procès-verbal.

Enjoint S. M. audit doyen de se conformer au présent arrêt, & de tenir la main à son exécution, à peine d'être personnellement responsable des contraventions qui pourroient être commises, &c.

3 *Mai* 1779. *Instruction du procès entre les premiers sujets de l'académie royale de musique & de danse.*

Et le sieur de Vismes, entrepreneur, jadis public, aujourd'hui clandestin, & directeur de ce spectacle.

Pardevant la tournelle du public.

Extrait de quelques papiers qui n'ont pas cours en France.

Tel est le titre de cette facétie, dont il annonce assez le sujet. Elle fait une grande sensation parmi les amateurs & partisans du théatre lyrique, quoiqu'elle ne soit pas à beaucoup près aussi plaisante qu'elle pourroit l'être.

4 *Mai* 1779. La piece intitulée *le Puits d'Amour* ou *les Amours de Pierre le Long & de Blanche Bazu*, drame nouveau en langue romance est imitée du roman de M. de Sauvigny : l'auteur est M. Landris. Elle a été exécutée par les petits comédiens du bois de Boulogne, le premier mai, & fort goûtée, dit-on, ainsi que la musique, du Sr. Philidor. Mais comme ce sont des enfants qui jouent, que ce spectacle est une espece de spectacle de société, il faut être en garde contre ces applaudissements outrés.

5 *Mai* 1779. Il y a de bonnes choses dans le *Mémoire sur les finances de la France* annoncé ; mais l'auteur n'ayant ni méthode, ni clarté, il est fatigant à lire, ne peut être entendu que des gens très-instruits de cette partie : d'ailleurs, nuls faits, nulles anecdotes, nuls détails piquants pour les lecteurs, & un style sec & peu agréable conséquemment.

6 *Mai* 1779. Aux inculpations graves de l'arrêt du conseil du 26 juin, la faculté répond :

10. Que l'on a trompé le ministere en lui faisant donner dans cet arrêt la qualité de *société de correspondance de médecine*, non énoncée dans celui de création, & qu'on a affecté, soit de ne pas le présenter en sollicitant celui-ci, soit de le falsifier pour inculper la faculté de s'opposer à un établissement fait par le roi, lorsqu'elle reprochoit, au contraire, à ses instituteurs de le changer, de le dénaturer.

2°. Que lorſqu'elle a rendu ſon décret, elle n'avoit aucune connoiſſance du projet des lettres-patentes, ſur lequel elle ne pouvoit conſéquemment délibérer.

3°. Que par ſon décret elle n'enjoignoit pas à ſes membres de renoncer à la commiſſion établie par l'arrêt du 29 avril 1776, mais à une aſſemblée ſe qualifiant fauſſement de *ſociété royale de médecine*, & faiſant des fonctions qui ne lui avoient pas été attribuées.

4°. Qu'il n'y avoit point de ſociété royale de médecine établie légalement, dont le décret ne porte point atteinte aux volontés du roi.

5°. Que la faculté par cette correction uſoit de la diſcipline qu'elle a ſur ſes membres; que *les coupables pouvoient ſe pourvoir au parlement, ſuivant leur droit*, ſi le décret étoit injuſte.

6°. Que les menaces de l'arrêt lui ôteroient cette diſcipline, que le parlement a reconnue & confirmée par une foule d'arrêts.

Telles ſont les principales obſervations par où l'hiſtorien fait voir que cet arrêt obreptice & ſubreptice tendroit à la violation de tous les droits, loix & privileges, & enfin à la ſubverſion totale de la faculté.

7 *Mai* 1779. La facétie ſur la querelle de l'opéra contient d'abord une *lettre des premiers ſujets de l'académie royale de muſique & de danſe, à M. Duval, premier commis au café du caveau, département des glaces.*

Ce caveau eſt un lieu renommé pour les jeunes auteurs, qui s'y raſſemblent tous les ſoirs; il eſt dans le Palais-Royal: ce qui le rend très-fréquenté, ſur-tout dans la belle ſaiſon. Ce

Duval est le premier garçon du café, qui à force d'entendre parler de belles-lettres, croit être littérateur lui-même. On le prie par la lettre de vouloir bien faire part de la requête des sujets révoltés au public assemblé dans cet aréopage.

Suit la *très-humble requête des premiers sujets de l'académie royale de musique & de danse, à messieurs les amateurs, politiques, littérateurs, critiques & dégustateurs du caveau*. Elle tend à revenir contre le jugement porté avec trop de précipitation en faveur du sieur de Vismes, & l'on y appelle *du public mal informé au public mieux informé*. Elle est signée des sieurs l'Arrivée, le Gros, Gessin, Vestris, Gardel, d'Auberval, Noverre, acteurs & danseurs, & des demoiselles le Vasseur, Duplan, Beaumesnil, Durancy, Guimard, Heynel, Allard, Peslin, actrices & danseuses.

La requête est admise; le quinze mars commencent les séances; on entend les parties, & le dix-neuf intervient arrêt qui condamne le sieur de Vismes à quitter l'administration de l'opéra.

Quoique ce pamphlet peu piquant ne contienne rien de bien méchant, le Sr. de Vismes s'en est trouvé fort offensé, & M. Amelot a fait faire des recherches exactes & séveres.

8 *Mai* 1779. En attendant que le monument que M. l'abbé Mignot fait ériger à son oncle dans son abbaye de Scellieres, puisse fournir matiere à la gravure de s'exercer, on a imaginé une stampe allégorique relative à cet objet. On voit au milieu un tombeau simple, où l'on suppose que les cendres de Voltaire sont ren-

fermées. Les quatre parties du monde, désignées, l'*Europe*, par M. *d'Alembert* ; l'*Asie*, par l'impératrice de Russie ; l'*Afrique*, par un certain prince negre, nommé *Orenoko* ; enfin l'*Amérique*, par le docteur *Franklin*, tous dans le costume de leur nation, grouppés ensemble, viennent rendre hommage à ce grand homme, pleurer sur son tombeau & y déposer des palmes : le secretaire de l'académie assez ridiculement ouvre la marche, en donnant la main à l'impératrice des Russies : mais à la droite du tombeau, s'élance l'Ignorance, avec tous les attributs de l'Envie, du Fanatisme & de la Superstition, & semble s'y opposer & les repousser.

Dans le lointain on voit le tombeau élevé dans l'*Elysée*, ou l'*isle des Peupliers*, à *Ermenonville*, par monsieur le marquis de Girardin à Rousseau.

Cette idée de rassembler sous le même point de vue deux hommes si différents, & cependant également persécutés, auroit été fort heureuse, si on l'eût mieux exécutée. On a déja vu qu'une partie de la composition étoit pitoyable, l'autre est obscure & ne désigne pas assez les efforts du clergé & sa rage effrénée contre les manes du chef de la philosophie moderne. C'est sans doute ce qui a empêché d'en défendre la vente jusqu'à présent.

9 *Mai* 1779. C'est mardi prochain qu'a lieu la premiere représentation d'*Iphigénie en Tauride*, tragédie lyrique en quatre actes, paroles de M. Gaillard, musique du chevalier Gluck. On dit le troisieme acte de la plus grande beauté : le compositeur, en homme de génie tirant parti

de tout pour produire d'heureuses innovations, cette fois-ci a employé des sonnettes en certains endroits.

10 *Mai* 1779. Une autre piece intégrante de la querelle entre la faculté & la société de médecine, est la requête suivante, présentée au parlement le 23 juin : sa briéveté permet de la rapporter.

« Supplient humblement les doyen & docteurs régents de la faculté de médecine en l'université de Paris, disant qu'ils viennent d'être instruits, par des billets d'invitation imprimés & distribués, qu'une soi-disante société royale de médecine doit tenir le 30 du présent mois de juin une séance publique dans la salle du collége royal de France ; qu'il n'existe d'autre société royale de médecine dans cette capitale que la faculté de médecine, l'une des quatre facultés de l'université ; qu'il n'existe aucune loi qui ait supprimé la faculté, y ait substitué une assemblée quelconque de médecine ; qu'une telle entreprise est évidemment contraire aux loix qui ont établi la faculté de médecine, & aux droits dont elle jouit sous l'autorité de la cour. Ce considéré, nosseigneurs, il vous plaise.... faire défenses à aucun médecin, soit membre de la faculté, soit autre, de faire & tenir des assemblées publiques ailleurs que dans le lieu où se tiennent les assemblées de la faculté, & conformément à ses loix & usages, & de se dire société royale de médecine, n'y ayant aucun titre d'un semblable établissement. »

C'est ce qui détermina le procureur-général à défendre d'office la séance publique qui devoit avoir lieu en juin, & ne se tint que le 10 octobre suivant.

10 *Mai* 1779. L'affaire de la loge des neuf sœurs est toujours en train, sans avancer beaucoup ; cependant on attend incessamment un mémoire, dont est chargé le frere la Dixmerie. Il a été agité dans une délibération s'il seroit ostensible aux profanes : on est convenu que le délit prétendu ayant été commis dans une fête publique, tout Paris, étant imbu de ce procès, il falloit désabuser tout Paris, & conséquemment le composer de façon à pouvoir être lu de tout le monde. M. de la Lande, le vénérable, homme pusillanime & craintif, n'a pas voulu adhérer à cette délibération ; il s'en est retiré & fait schisme.

11 *Mai* 1779. Le jeune Freron marche sur les traces de son pere, en se tenant fermement attaché au parti des dévots ; il avoit fait un extrait des *Atlantides*, ou *histoire de l'astronomie ancienne*, nouvel ouvrage de M. Bailly, de l'académie royale des sciences. Il y avoit attaqué un système de cet écrivain, tendant à détruire la Genèse par ses conséquences, & son zele s'étoit porté jusqu'à s'enflammer contre l'auteur. L'astronome se pique d'être fort religieux, il a porté ses plaintes à M. le garde-des sceaux d'une inculpation aussi grave : le chef de la justice, indisposé déja contre le journaliste, l'a mandé & menacé de supprimer ses feuilles, s'il ne se rétractoit.

L'extrait étoit d'un abbé Royou, le frere de sa belle-mere, écrivain fougueux, très-lié avec M. Linguet : l'abbé a autorisé Freron à rejeter la faute sur lui. Le garde-des-sceaux n'en n'en a pas moins persisté dans son jugement & a même prescrit les paroles de sa rétractation dictées par M. Bailly, où il y avoit en propres termes que le journaliste avouoit sa sottise. M. Royou n'a point voulu accéder à cette phrase : cela a fait la matiere des négociations où sont intervenus les plus graves personnages; & enfin par arrangement il a été dit que le journaliste conviendroit avoir eu tort d'interpréter les intentions de M. Bailly. Ce qu'il a fait dans la derniere feuille, mais il s'en répent déja & rougit de sa pusillanimité.

Le singulier c'est que M. Bailly se trouve par-là, malgré lui, agrégé à la secte des encyclopédistes, dont il s'éloignoit.

12 *Mai* 1779. *Iphigénie en Tauride* n'a point eu lieu mardi par l'indisposition de Mlle. Rosalie; on avoit proposé une doublure, mais le chevalier Gluck s'y est opposé : il a fallu envoyer un courier à la reine, qui devoit honorer le spectacle de sa présence.

13 *Mai* 1779. Les ennemis de M. de Sartines recueillent avec soin toutes les petites anecdotes qui peuvent jeter du ridicule ou du discrédit sur son administration; ils racontent que le comte d'Orvilliers étant chez ce ministre à conférer des opérations avec d'autres gens du métier, il fit venir une carte, que M. de Sartines, préoccupé de la multitude des grandes affaires qu'il a en tête, se trompoit & mettoit le doigt sur Gibraltar, comptant montrer Portsmouth; que M. d'Orvilliers n'osant lui faire voir ouvertement sa méprise, & voulant cependant que les autres ne s'en apperçussent pas, en semblant pointer la carte avec lui, lui avoit

adroitement conduit la main au vrai Portsmouth, & alors avoit appuyé avec M. de Sartines : *oui, voila Portsmouth.*

13 *Mai* 1779. On a déja parlé plusieurs fois de l'impertinence du Sr. Dugazon : on peut se ressouvenir de son aventure vis-à-vis de monsieur Caze, maître des requêtes : l'impunité l'a enhardi & il vient de se faire une querelle moins plaisante & qui devroit avoir des suites très-sérieuses pour lui. Sa femme en est encore l'objet. Dans sa jalousie il lui a écrit une lettre où il lui rappelle ses déportements, & après lui avoir fait une longue énumération de ses infidélités, il lui reproche d'en être venue jusqu'à se livrer à un Langeac. Madame Dugazon a montré le doux billet à son amant. Celui-ci outré, étant chez un nommé la Salle, directeur du wauxhall d'hiver, où il y avoit beaucoup de monde, a parlé de cette lettre, & a dit qu'il donneroit des coups de bâton au Sr. Dugazon. Il est entré dans ce moment, & allant au marquis l'a prié de lui apprendre quel jour il se proposoit de lui donner des coups de bâton, afin de se mettre en état de les lui rendre. A quoi l'autre a riposté par un soufflet. Le comédien nerveux s'est jeté sur lui & lui en a appliqué deux ou trois : on les a séparés, & l'on dit que M. de Langeac mettra ces soufflets avec les coups de pied & coups de poing que lui a déja donnés Guerin, chirurgien du prince de Conti. En effet, on prétend que M. de Langeac, chevalier de Saint-Louis & ayant le brevet de colonel, ne peut se mesurer avec un histrion.

14 *Mai* 1779. Les partisans de M. de Voltaire

ne perdent point de vue sa gloire & cherchent tous les moyens de réparer par de nouveaux triomphes l'insulte que les prêtres lui ont faite. En conséquence on se propose de célébrer l'anniversaire de sa mort, en donnant au théatre son *Agathocle*. Les comédiens ont écrit une lettre circulaire aux auteurs qui ont des pieces sur le répertoire, pour les engager à ne point trouver mauvais qu'on les recule & qu'on satisfasse l'empressement de madame Denis.

14 *Mai* 1779. L'*Amour François* jouit enfin du plus grand succès. Le marquis de la Fayette est venu remercier M. Rochon de la tirade à sa gloire; c'est la premiere fois qu'un vivant se trouve loué en comédie. Le duc de Chartres est furieux & a fait tout ce qu'il a pu pour décréditer la piece. Il sent qu'il auroit dû y occuper une place, s'il se fût bien conduit; & cette omission est regardée comme une satire au Palais-Royal.

15 *Mai* 1779. Voici la copie de la lettre circulaire écrite par le Sr. Vanhove, semainier de la comédie françoise, aux auteurs des pieces reçues & non encore représentées à ce spectacle.

MONSIEUR,

„ La comédie françoise a entendu avec le
„ sentiment de l'admiration & de la reconnois-
„ sance une lettre de madame Denis, dans
„ laquelle elle leur annonce la tragédie d'*Aga-*
„ *thocle*, ouvrage posthume de M. de Voltaire.
„ Le desir de madame Denis seroit que cette
„ piece fût jouée pour l'anniversaire de la

» mort de ce grand homme. La comédie, pres-
» sée entre son zele si légitime & le respect
» qu'elle doit aux droits de messieurs les auteurs
» reçus, prend le parti de vous faire part,
» Monsieur, de cette circonstance, afin que vous
» puissiez faire valoir vos droits, si telle est votre
» intention, & pour épargner à messieurs les
» auteurs reçus la peine de lui écrire l'aveu
» qu'ils donneroient à la résolution de jouer
» *Agathocle* incessamment, elle croit plus simple
» de prendre pour un consentement le silence
» de ceux qui ne s'y seront point opposés d'ici
» à huit ou dix jours, temps auquel commen-
» ceront les répétitions, sauf l'approbation du
» magistrat.
» J'ai l'honneur d'être, &c. »

VANHOVE, *premier*
semainier.

15 *Mai* 1779. La répétition du samedi d'*Iphi-*
génie en Tauride avoit été pour les ministres
seuls & autres gens de la cour; en sorte que le
public n'avoit pu en juger. Celle de lundi a
eu un autre défaut; elle a été si nombreuse, si
tumultueuse, qu'il n'a pas été possible de l'entendre avec l'attention nécessaire. Cependant,
d'après un aveu assez général, le quatrieme &
dernier acte s'est trouvé très-inférieur aux autres
& sur-tout au troisieme, de la plus grande vigueur, & le chevalier Gluck n'a pas été fâché de
ce répit pour le refaire absolument.

15 *Mai.* M. de la Martiniere, premier
chirurgien du roi, très-zélé pour les progrès
& la splendeur de l'école pratique de chirurgie

établie sous ses auspices, où l'on enseigne pendant le cours de chaque année, l'anatomie & la pratique des opérations aux éleves distingués par leur application sous les professeurs du college & destinés à retourner dans leur province, vient de fonder à perpétuité dans cette école deux nouvelles places de professeurs, avec des honoraires de 500 livres pour chacun. Il y a nommé messieurs Chopart & Desault.

16 *Mai* 1779. On a parlé de poëme sur la musique de M. de Marmontel : il embrasse aussi la peinture. On sait que l'abbé Arnaud, le prôneur du chevalier Gluck, y est fort maltraité : voici deux épigrammes qu'il a enfantées à ce sujet :

Ce Marmontel si gros, si long, si lent, si lourd,
 Qui ne déclame pas, mais beugle,
 Juge de peinture en aveugle,
 Et de musique comme un sourd.

 Ce pédant à fâcheuse mine
 De ridicules tout bardé,
Dit qu'il a pour les vers le secret de Racine :
Jamais secret ne fut à coup sûr mieux gardé.

On ne connoissoit point le talent de M. l'abbé pour la poésie, & il peut dire comme Juvenal : *facit indignatio versum*.

16 *Mai*. Des lettres de l'Isle-de-France portent que les muscadiers ont commencé à donner des fruits, & qu'on espere que cette branche intéressante de commerce deviendra de la plus grande importance.

On apprend aussi par la corvette *l'Heureuse*, à son retour de Coromandel, que l'on a fait à Maurice l'expérience d'un mastic enduit, inventé par un habitant de l'Isle-de-France, pour préserver les bâtiments qui naviguent dans les mers chaudes, de la piquure des vers. Cette expérience a répondu à ce qu'avoit annoncé son auteur, qui avoit pris ce mastic à bord des bâtiments Malabares : les habitants de cette côte s'en servent depuis un temps immémorial, & c'est un des moyens qu'ils emploient pour faire durer leurs navires cinquante ou soixante ans.

16 Mai 1779. On sait que le journal de Trévoux, depuis la destruction des jésuites, a passé dans différentes mains & n'a fait que se détériorer. Il semble qu'il étoit réservé à un ex-jésuite de le réparer & de lui rendre son lustre : ce que vient de faire M. l'abbé Grosier qui, brouillé avec Freron, a pris la direction de ce journal, sous le titre de *Journal de Littérature, Sciences & Arts*. Pour lui donner plus de véhicule par plus de fraîcheur, il a imaginé de le distribuer par cahiers, comme le *Mercure*, de dix jours en dix jours : il a aussi tenté d'y insérer des nouvelles politiques, en s'écrivant, ou se faisant écrire des lettres ; mais le Sr. Panckoucke n'a pas été dupe de cette ruse, il s'est plaint au garde-des-sceaux, & le premier journal a été condamné à lui payer un tribut considérable, s'il vouloit parler politique.

C'est un chevalier Paulet qui est à la tête de l'entreprise, & donne cent louis à l'abbé Grosier, & le surplus du bénéfice doit tourner au profit de l'établissement nouveau du curé de Saint-Sulpice, dont on a parlé.

17 *Mai* 1779. On a donné hier à l'opéra la premiere représentation de *il vago deprezzato*, ou *le fat puni*, intermede en un acte, musique de monsieur Piccini, dans lequel le Sr. *Viganovi Tenore* a dû faire son début.

17 *Mai*. L'avocat Rugy, cet infortuné qui a attiré la commisération publique & qui gémissoit dans les prisons depuis long-temps, sans pouvoir obtenir justice, ni l'aura vraisemblablement ; on l'a fait évader pour terminer cette affaire, & l'on assure qu'il est auprès de M. Linguet, qui après l'avoir défendu, lui a donné un asyle.

18 *Mai* 1779. M. le comte de Linieres, dont on a eu occasion de parler déja dans cet ouvrage, ayant composé à Bordeaux les paroles d'un opéra comique, d'après un conte de M. de Marmontel, intitulé le *Mari sylphe*, a cru devoir lui en faire un hommage & le lui envoyer ; il lui marquoit que s'il le jugeoit digne du public, il le prioit d'en faire composer la musique par M. Gretry. M. de Marmontel a été long-temps sans lui répondre ; enfin il lui a accusé la réception de l'ouvrage, & lui a écrit l'avoir remis au musicien. Cette négociation a traîné encore long-temps. M. de Linieres impatient a éclairci que M. de Marmontel avoit trouvé son idée si bonne, qu'il avoit voulu le dévancer auprès de la comédie Italienne. Ce procédé est d'autant moins honnête, que M. de Marmontel, fort maître de reprendre son bien, n'étoit pas obligé d'user d'une telle perfidie.

18 *Mai* 1779. Les femmes de la cour font très-jalouses de madame la duchesse de Villequier à Marly. La reine n'ayant pu manger deux fois avec le roi, S. M. pour occuper la place de son auguste compagne, qui est auprès du monarque, a nommé la duchesse en question.

19 *Mai* 1779. M. l'abbé Royou, piqué en effet d'avoir été obligé de se rétracter à l'égard de M. Bailly, & n'osant se venger directement, a imaginé de le tourmenter d'une maniere plus cruelle. Il a dénoncé l'ouvrage de cet académicien à M. l'archevêque de Paris. Celui-ci l'a remis à deux docteurs de Sorbonne pour le censurer, ou du moins y découvrir ce qu'il a de répréhensible. Il sera fort aisé de le trouver; ce qui alarme M. Bailly, qui vraisemblablement sera obligé de faire une protestation, comme M. de Buffon, de sa soumission à la foi, aux livres saints, & de ne proposer son système que comme hypothétique.

19 *Mai*. Mlle. d'Eon ayant promis de se conformer aux ordres du roi, a eu permission de sortir du château de Dijon & de se rendre à Tonnerre, lieu de son exil.

19 *Mai*. Le livre sur l'administration des finances, dont on a parlé, est de la composition du comte de Lauraguais, ainsi qu'on le répand dans le public. Il en est très-digne par son obscurité & ses bonnes vues; mais on n'y trouve point ces saillies, ces éclairs, ces pétarades d'esprit, dont abondent ordinairement toutes les productions de ce seigneur.

20 *Mai* 1779. Il passe pour constant que le sieur de Beaumarchais, qui ne néglige aucun moyen d'acquérir de l'argent & de la célébrité, a

acheté du Sr. Panckoucke l'édition des œuvres générales de M. de Voltaire, dont ce libraire étoit chargé. Celui-ci, à la veille de faillir, a mis la plus grande économie dans sa maison, & obligé de faire face, a vendu l'objet en question une somme considérable, argent comptant, à cet intrigant.

Il a acheté les *caracteres de Baskerville*, ce fameux artiste de Londres, dont les éditions sont si renommées ; il doit établir le siege de son imprimerie *aux Deux-Ponts*. Mais on craint que n'ayant pas le secret de l'Anglois, il ne fasse que du bousillage.

20 *Mai* 1779. M. le comte de Thélis, officier aux gardes-françoises, excellent patriote, rempli de bonnes vues & de lumieres, a imaginé un *Plan d'éducation nationale en faveur des pauvres enfants de la campagne*, dans lequel il se proposoit de suppléer aux corvées : il a desiré faire imprimer cet ouvrage depuis leur rétablissement ; mais M. le garde-des-sceaux s'y est refusé.

Ce seigneur a pris le parti de faire venir un imprimeur dans sa terre & de l'y forcer à remplir ses intentions.

Il est ensuite revenu avec une quantité d'exemplaires, qu'il a passé en fraude, comme un mauvais livre ; il en a présenté au roi & à toute la famille royale. S. M. a goûté ce plan, en a dit des choses flatteuses à l'auteur, & fourni des fonds pour l'exécution du projet. En conséquence il doit en-commencer incessamment l'exécution sous les yeux du gouvernement & dans les environs de Paris. Le garde-des-sceaux a été fort sot quand M. de Thélis lui a présenté un imprimé de manuscrit qu'il avoit refusé, & lui a appris comment il l'avoit publié. Les intendants en général sont opposés à ce plan, qui tendroit à diminuer leur pouvoir & leurs concussions.

21 *Mai* 1779. *L'Iphigénie en Tauride* a eu lieu mardi. La reine, qui n'avoit paru depuis long-temps en cette capitale, a honoré le spectacle de sa présence. On a vu avec peine que S. M. étoit changée & maigrie. Depuis sa couche elle a monté à cheval & en a été très-incommodée de coliques, qui l'ont obligée, comme on a dit, de renoncer à cet exercice.

L'opéra a été fort applaudi, il est dans un genre neuf. C'est proprement une tragédie, déclamée plus savamment qu'au théâtre françois, une tragédie à la grecque. Il n'y a point d'ouverture, une seule danse très-caractéristique, point d'ariettes ; mais les divers accents de la passion exprimés avec la plus grande énergie, y répandent un intérêt inconnu jusqu'alors au théâtre lyrique. On ne peut qu'applaudir au chevalier Gluck d'avoir trouvé ce secret des anciens, qu'il perfectionnera sans doute. On a vu des spectateurs y sanglotter d'un bout à l'autre.

21 *Mai.* Le roi, dans un divertissement à Marly, ayant desiré voir danser le Sr. Préville, celui-ci qui n'est point dans cette habitude, a fait des efforts extraordinaires & s'est donné une entorse.

22 *Mai* 1779. L'assemblée publique de la société libre d'émulation s'est tenue avant-hier, & a été remarquable par plusieurs accessoires & circonstances. On y a vu pour la première fois siéger

M. d'Alembert, qui sans doute s'y est agrégé. M. Elie de Baumont y a fait le rôle de directeur; enfin M. Dumont, le nouveau secretaire, y a remplacé l'abbé Baudeau, dont le mécontentement s'est manifesté par sa disparition totale. Du reste, beaucoup de cordons bleus, rouges, noirs, &c.; beaucoup de femmes de qualité y ont orné la séance.

M. Elie de Beaumont l'a ouverte par un discours oratoire, roulant sur la société même & sur les caracteres qui la distinguent; il en a trouvé cinq principaux : unanimité, sécurité, égalité, économie, modestie.

L'unanimité consiste dans cette tendance générale de tous les membres, aujourd'hui au nombre de 435, diversifiés à l'infini, d'état, de caractere, de façon de penser, de mœurs, au même but, le bien de l'humanité & l'amélioration des arts.

La sécurité de la société se manifeste par son indifférence à obtenir cette consistance, cet appui, cette protection, dont les autres établissements ont besoin pour se maintenir : elle se repose uniquement sur la pureté de ses vues, sur son utilité, & ne veut marcher que sous les auspices de la raison & de la bienfaisance.

L'égalité dont elle fait profession lui fait admettre dans son sein indistinctement & les seigneurs les plus qualifiés & les artisans les plus simples : tous les titres se déposent à l'entrée de l'assemblée, & l'on n'y apporte que son mérite & ses œuvres.

L'économie nécessaire à tout établissement patriotique, l'est sur-tout à la société; elle s'éloigne de toute oftentation, de tout luxe, de ces fuperfluités, de ces commodités recherchées, qui abfoberoient une partie des fonds confacrés à remplir fa deftination effentielle.

Enfin fa modeftie l'oblige à conferver une foumiffion parfaite à l'académie royale des fciences, dont elle convient n'être qu'une foible émanation, & qu'elle fait profeffion de refpecter toujours & de regarder comme fon oracle, bien loin de vouloir élever autel contre autel, ainfi que fes ennemis l'ont prétendu.

Tel étoit en fubftance le difcours du préfident, bien meilleur que celui de M. de Saint-Sauveur de l'année dernière. Il a fini, comme lui, en infinuant aux fpectateurs que la fociété avoit befoin d'un premier véhicule, qui étoit l'argent; il a cherché à faire des profélytes utiles, mais d'une manière moins plate, moins ignoble que fon prédéceffeur; il regardoit de temps en temps M. d'Alembert, & fembloit requérir le fuffrage de ce maître qui l'écoutoit attentivement & l'encourageoit par de légères inclinations de tête.

M. Dumont, déja connu par deux prix remportés à l'académie des belles-lettres, a parfaitement répondu à l'opinion qu'on avoit de lui, par la méthode, l'ordre, la clarté, la précifion de fon mémoire, où il a rendu compte de l'état actuel de la fociété, de fes efforts pour étendre & perfectionner fon inftitution, enfin des fruits que la France en recueilloit par fes ouvrages couronnés ou propofés au concours. Trois chofes ont fur-tout frappé dans fon récit : 1°. il a appris que la fociété avoit deja raffemblé affez de machines pour former un cabinet, qu'on le mettroit en ordre, & qu'il seroit incessamment ouvert au public: 2°. qu'elle ne pouvoit exécuter aussi promptement un autre projet qu'elle avoit en vue, qui étoit d'établir un cours théorique & pratique à l'usage des artisans pour la perfection des arts & métiers : 3°. enfin, il a fait part qu'elle s'occuperoit un jour de la perfection des haras dans le royaume, pour rendre aux races de nos chevaux l'illustration & le mérite qu'elles avoient autrefois.

Le reste de la séance a été occupée à la lecture des descriptions de machines soumises au concours relativement aux divers prix proposés : cette lecture, mal faite, très-alongée, remplie de termes techniques, a fort ennuyé l'auditoire.

23 *Mai* 1779. On a rendu compte de la dissolution de la loge des *Neuf-Sœurs* ; mais avant de parler du mémoire & de ce qui a suivi, il faut entrer dans les détails de cet événement. C'est un M. Bacon de la Chevalerie, orateur du *grand Orient*, qui a dénoncé la loge, qui a dit que le gouvernement étoit si furieux de ce qui venoit de se passer, que si l'on ne faisoit sur le champ justice, il étoit à craindre qu'il ne sévît contre la maçonnerie entiere. Ce récit a effrayé, on s'est regardé comme nécessité pour le salut commun à suivre l'impulsion du dénonciateur ; & sans autre instruction on a procédé au jugement qu'on a rapporté. Depuis, la loge s'est plainte de n'avoir pas été entendue ; après bien de pourparlers, jeudi dernier le jugement a été annullé, & le

grand Orient l'a réintégrée dans tous ses droits.

Quelques membres ont prétendu qu'alors le mémoire devenoit superflu ; mais on a représenté qu'ayant été plutôt composé pour la justification de la loge devant le public, que devant le *grand Orient*, la justice qu'on venoit de lui rendre n'étoit pas assez connue aux yeux des profanes, qu'il s'agissoit d'éclairer.

En conséquence, le *Mémoire pour la loge des Neuf Sœurs paroît*. Il est d'une espece toute nouvelle, comme le sujet, & accompagné de pieces de prose & de vers.

24 *Mai* 1779. Les Italiens ont donné avant-hier la premiere représentation du *petit Oedipe*, parodie d'*Oedipe chez Admete*, en un acte, en vers, mêlé de vaudevilles. Cette piece est de M. Landrin. La tragédie d'*Oedipe* en est plutôt le prétexte que le sujet ; on n'y voit de ressemblance qu'en ce que le héros de celle-ci & celui de la parodie, qui est l'Amour, sont aveugles. Le principal but du poëte étoit de rendre hommage à la reine, à l'occasion de son heureux accouchement, & quoique le compliment vienne un peu tard, il est fait pour plaire à la cour. Le *petit Oedipe* a été assez bien goûté du public : il y a de la délicatesse, du sentiment, de la gaieté, des couplets agréables & qu'on retiendra, une musique analogue & facile, une jolie décoration, même quelque critique : enfin, si ce n'est pas une parodie, c'est quelque chose de mieux & qui pourroit subsister par soi-même sous un autre titre, tel que la *réconciliation de l'Hymen & de l'Amour*.

24 *Mai*. Le plan de M. le comte de Thélis pour l'éducation nationale en faveur des pau-

vres enfants dans la campagne, consiste, 1°. à leur donner des principes de religion, base de toute éducation : 2°. à leur apprendre tout ce qui peut en faire de bon soldats, en les formant aux exercices militaires, & en les endurcissant à la fatigue & au travail : 3°. ce qui peut en faire des ouvriers dans le genre le plus nécessaire aux travaux de la campagne, des pionniers, des charpentiers & des maréchaux.

M. le duc de Charost se propose d'imiter cet exemple ; mais, de concert avec ce seigneur, le plan imaginé par M. de Thélis, doit avant s'exécuter dans les environs de Paris, comme on a dit.

Par le détail des travaux faits de cette maniere, depuis 1770 jusqu'au premier janvier 1779, l'auteur prouve l'utilité de son établissement pour la bonne exécution de l'ouvrage, pour la célébrité & pour l'économie.

24 Mai 1779. La comédie Italienne a perdu un de ses acteurs retirés en la personne du Sr. de Hesse. Il avoit débuté à ce théatre en 1734, dans le *Petit Maitre amoureux*. Il jouoit les rôles de valet avec un succès soutenu, & a été très-regretté du public, auquel il étoit constamment agréable.

24 *Mai*. Les spectacles des boulevards, quoique multipliés d'année en année, ne peuvent suffire à l'empressement du public. Celui de l'Ecluse a vogue aujourd'hui pour une piece intitulée *les Amours de Montmartre* : comme ils attirent sur-tout quantité de jeunes gens & de filles, il y a souvent des querelles ; ces lieux ne sont que sous la garde du guet, peu respectée

des militaires. Derniérement des officiers ayant occafioné beaucoup de tumulte & menacé d'enfanglanter la fcene, fi l'on arrêtoit quelques-uns d'entr'eux, auteurs du défordre, le prince de Montbarrey a cru devoir faire un exemple, & deux ou trois connus doivent être caffés à la tête du régiment.

25 *Mai* 1779. D'après le mémoire de M. Morand fur la population de Paris, dont il n'a pu que commencer la lecture dans la derniere féance publique de l'académie des fciences, il y a reconnu une augmentation fenfible depuis une quarantaine d'années. M. l'abbé d'Expilly y compte 600,000 habitants ; M. de Buffon, 658,000 ; & M. Moheau, 670,000 : il trouve que les provinces augmentent : fans y comprendre la capitale, la population du royaume, au commencement du fiecle, étoit portée à 19,094,146, & réduite par plufieurs écrivains à 16,000,000. Elle eft aujourd'hui de 20,000,000, fuivant M. l'abbé d'Expilly, de 21,672,077 felon M. de Buffon, & de 24,000,000 felon les rapports réunis des intendants & felon l'eftime de M. Moheau.

26 *Mai* 1779. On écrit d'Aix que le fieur la Rive, acteur de la comédie Françoife, ayant joué le 27 avril avec le plus grand fuccès, fut harangué par un avocat au nom du parterre, en lui préfentant une couronne de laurier. On écrit de Marfeille qu'il y a reçu le même honneur, c'eft-à-dire une couronne de laurier, avec cette infcription : *dotis fuprema pretium & decus*.

Ce qu'il y a de fingulier, c'eft que ce comédien eft regardé à Paris comme très-médiocre par beaucoup de gens.

16 *Mai* 1779. Il est merveilleux de voir M. Franklin, malgré les grandes & nombreuses affaires dont il est chargé, trouver assez de temps pour jouer à la chapelle, & suivre les assemblées de franc-maçons, comme le frere le plus oisif: jeudi dernier il a été élu vénérable de la loge des *Neuf-Sœurs*, & une députation est allée à Passy lui en faire part.

Les freres comte de Milly & Court de Gebelin, premier & second surveillants; le frere la Dixmerie, orateur; & le frere abbé cordelier de Saint-Firmin, agent-général de la loge, composoient la députation.

Cette élection est faite très-à-propos dans un instant critique, où il s'éleve une persécution violente contre la loge, à l'occasion du mémoire en sa faveur répandu depuis quelques jours. M. le garde-des-sceaux a écrit à M. le Noir d'en empêcher la distribution & de faire faire des recherches séveres pour en découvrir l'imprimeur. Comme il est souscrit de quelques freres, il est à craindre qu'on ne les inquiete, pour tenir d'eux au moins le nom du délinquant: & voilà matiere de quoi exercer le zele du nouveau vénérable.

17 *Mai* 1779. La société libre d'émulation a distribué dans sa séance publique le programme d'un prix pour la meilleure construction des cheminées ou poëles.

La question sur le chauffage économique, ou le moyen le moins dispendieux de chauffer les pauvres, que la société avoit choisie pour le sujet d'un prix qui devoit se distribuer au mois de juillet 1778, renfermoit la perfection des cheminées, celle des poëles ou fourneaux, la recherche enfin de matieres combustibles, abondantes, salubres & moins coûteuses que celles qui sont en usage. La réunion de tant d'objets de divers genres, & très-étendus, chacun en particulier, peuvent être la cause du petit nombre de pieces (d'ailleurs très - foibles) envoyées au concours : la société croit devoir diviser ces questions, pour en obtenir successivement les solutions, & se restreint aujourd'hui à demander *quelle est la meilleure construction des cheminées ou poëles, en combinant l'économie, la salubrité, la solidité, la sûreté & le plus grand nombre d'emplois.*

La récompense pécuniaire qu'elle se propose de joindre à l'honneur de la primauté est de 1200 liv.

Le surplus des instructions pour le développement du sujet, pour la maniere de le remplir, ainsi que des conditions exigées, est détaillé dans le programme très-long, ayant six pages d'impression.

27 *Mai* 1779. Comme l'opéra d'*Iphigénie en Tauride* est fort court, quoique en quatre actes, qu'il n'y a que deux ballets qui n'en font même pas pour nous autres, puisque ce ne sont que deux pantomimes très - expressives ; savoir, *la danse des Scythes*, dont on a déja parlé, & celle *des Euménides*, le Sr. Noverre a proposé au chevalier Cluck de terminer par un ballet intitulé *les Scythes enchaînés* : on leur rendra la liberté, ce qui fournira lieu à des scenes plus gracieuses & plus gaies.

28 *Mai* 1779. Le colysée, qui n'a point été ouvert de l'année derniere, à raison de son mauvais état, est décidément fermé celle-ci

en vertu d'un arrêt du conseil en date du 19 mars 1779. Cet arrêt, attendu que cet établissement, qui d'ailleurs n'est d'aucune utilité, a donné matiere à des contestations qui se sont élevées, qui subsistent & se multiplient sans cesse entre les intéressés audit privilege, les propriétaires des terreins sur lesquels les bâtiments ont été construits, les ouvriers fournisseurs & les créanciers de tout genre, qu'enfin ces établissements & dépendances se trouvent saisis réellement, que plusieurs parties des bâtiments & constructions sont reconnues en mauvais état, révoque le privilege.

28 *Mai* 1779. Depuis plusieurs années une novice du couvent de Ste. Avoye ne pouvoit obtenir l'émission de ses vœux de M. l'archevêque, qui regardant cette communauté comme janséniste, voudroit la laisser s'éteindre, la suppliante a pris le parti d'en appeller comme d'abus au parlement; elle a été reçue appellante & autorisée à se pourvoir pardevant le primat.

29 *Mai* 1779. La fermentation du tripot lyrique qu'on croyoit éteinte, n'étoit que ralentie & assoupie. Elle se renouvelle, & les chefs de la cabale assurent que M. de Vismes sera dupe de leur sécurité apparente. C'est principalement Mlle. Guimard qui conduit l'intrigue avec l'adresse qu'on lui connoît; c'est elle qui a empêché les partis violents, qui disoit dans les assemblées: *sur-tout, Mesdames & Messieurs, point de démissions combinées; c'est ce qui a perdu le parlement.*

29 *Mai.* Le comte de Merci-Argentau, l'ambassadeur de l'empereur & de l'impératrice reine, devient de plus en plus amoureux, s'il

est possible, de Mlle. le Vasseur; il lui a acheté une terre titrée, puisque c'est une baronnie; il lui a fait construire une maison; il la comble de biens journellement: depuis peu il lui a proposé de renoncer à l'opéra, mais elle s'y est refusée; elle lui a répondu que c'étoit à son talent qu'elle devoit toute sa considération, qu'elle craignoit de la perdre, en quittant le théatre; que d'ailleurs c'étoit devenu un amusement pour elle, & qu'il lui resteroit un trop grand vuide dans le repos. Son excellence n'a point voulu la gêner, & ne la presse plus.

29 Mai 1779. Depuis les divers accidents arrivés dans cette capitale, par les crevasses qui s'y sont faites chaque année, & sur-tout depuis celui de l'année derniere, on s'occupe continuellement d'en prévenir d'autres en raffermissant le sol. C'est ce qu'on voit par des ordonnances de police, qu'on affiche fréquemment, soit pour faire combler des fours à chaux, des carrieres à plâtre, soit pour mettre à l'amende ceux qui ont enfreint la loi, soit pour démolir des édifices périclitants; & l'on juge par la quantité de ces précautions, dont on ne peut dérober la connoissance au public, sans parler de celles que la prudence fait cacher, combien le danger est devenu grand & imminent.

29 Mai. Quoiqu'on ait prétendu que Rousseau eût laissé peu de manuscrits, on en répand aujourd'hui une liste nombreuse & qui l'emporte sur celle de ses œuvres imprimées. En voici le catalogue.

Extrait de la Polysinodie. —— *Jugement sur la paix perpétuelle.* —— *Traduction du premier livre de l'histoire de Tacite.* —— *Discours sur la première vertu du héros*, plus complet que celui imprimé sous ce titre. —— *L'Engagement téméraire*, comédie en trois actes & en vers. —— *Emile & Sophie, ou les Solitaires.* —— *Le Lévite d'Ephraïm*, poëme en prose en quatre chants. —— *Lettre à Sara.* Cet ouvrage entrepris par une espèce de défi, est destiné à répondre à cette question : *si un amant d'un demi-siècle pouvoit ne pas faire rire ?* —— *Traduction de l'Apolokintosis de Seneque, sur la mort de l'empereur Claude.* —— *Mémoire lu à l'académie des sciences, l'an* 1742, *concernant de nouveaux signes pour la musique.* —— *Réponse à M. Rameau*, dans une brochure intitulée : Erreurs sur la musique de l'encyclopédie. —— *Essai sur l'origine des langues*, où il est parlé de la mélodie & de l'imitation musicale. —— *Lettres & Mémoires sur divers sujets.* —— *Les confessions de Jean-Jacques Rousseau*, en six livres. —— *Les rêveries du promeneur solitaire*, titre que l'auteur a donné au journal de ses pensées pendant ses promenades vers la fin de ses jours. —— *Considérations sur le gouvernement de la Pologne.* —— *Traduction de l'épisode d'Olinde & Sophronie*, tirée du Tasse. —— *L'oraison funebre du feu duc d'Orléans.* —— *Aventures de mylord Edouard*, suite de la nouvelle Héloïse. —— *Lettres, mémoires & pieces fugitives sur divers sujets.* Cette collection très-étendue contient notamment, *Lettres à M. le maréchal duc de Luxembourg, sur la Suisse en général, & particuliérement sur le Val de Travers*, lieu de son domicile. —— *Lettres à M. le Président de Malesherbes sur les motifs de sa retraite à la campagne.* —— Une très-longue lettre sur l'exis-

sence de Dieu. —— *Lettre sur la botanique*, dans le but de rendre plus agréable & plus facile l'étendue de cette partie de l'histoire naturelle. —— *Lettres diverses à ses amis.*

Du reste, la veuve Rousseau déclare qu'elle a remis la totalité des manuscrits qui lui restent, à la société typographique de Geneve, & que c'est la seule avouée.

30 *Mai* 1779. Le mémoire pour la loge des *Neuf-Sœurs* est souscrit des freres Court de Gebelin, secretaire ; comte de Persan, maître des cérémonies & député ; & la Dixmerie, orateur, député & rédacteur de ce mémoire. Il y avoit une permission tacite de M. le Noir, ce qui les tranquillise.

Dans ce mémoire l'auteur détaille ce que c'est que la loge des *Neuf Sœurs* ; il rappelle ce qu'elle a fait ; il expose, il discute ce qu'elle éprouve. Cette société existe à peine depuis trois ans ; ses travaux embrassent deux objets ; la maçonnerie, qui rapproche les hommes ; la culture des arts & des sciences, qui les éclaire. De là une énumération brillante de ses principaux membres : feu Voltaire, messieurs Franklin, Lalande, Cailhava, le Miere, de Chamfort, Roucher, de Fontanes, Turpin, la Louptiere, Chevalier de Parny, Imbert, Vernet, Greuze, Houdon, Forster, Ysquerdo, deux naturalistes étrangers, fameux en Angleterre & en Espagne, Piccini, &c.

Dans la seconde division, l'apologiste prouve l'exactitude de la loge à suivre les travaux maçonniques, son zele à pratiquer des actes de bienfaisance. Il rend compte de l'objet de la fête du

9 mars, de ce qui s'y est passé, & prouve qu'il n'y a eu rien de repréhensible.

Dans la troisieme, il releve les imputations & les discute; il montre l'injustice de l'accusation, l'illégalité du jugement, & la nécessité de le réformer.

Cet ouvrage n'est pas aussi bien fait qu'il pourroit l'être; il n'est ni amusant, ni oratoire; il y a des expressions peu nobles; il se ressent en tout de l'écrivain mol, diffus, froid; en un mot, il n'est pas assez intéressant par lui-même, ou par la maniere dont il est traité, pour être mis sous les yeux des profanes.

Quelque médiocre que soit cet écrit, M. de la Dixmerie veut en partager le mérite avec ses freres. Il convient dans un postcriptum avoir été beaucoup aidé par les freres comte de Milly, comte de Turpin, Cabanis, de Florian, Dupaty, Garat, Dussieux, Grouvel, Fallet, Guichard, Dufresne, Garnier, Monet, Godefroi, &c. Cela prouve que la réunion des talents ne produit pas toujours les meilleurs ouvrages.

30 *Mai* 1779. Il paroît décidé que c'est pour demain l'*Agathocle* de Voltaire.

31 *Mai* 1779. M. Turgot, dans son système de liberté générale, avoit affranchi les manufactures du code des anciens réglements: il croyoit que les marchandises ne doivent se remarquer que par leur mérite intrinseque, ou leurs autres qualité supérieures, qu'il en falloit laisser établir la concurrence sur ce pied; ce qui pouvoit, au gré des défenseurs du régime réglementaire, ouvrir la porte à beaucoup d'abus & de fraudes. M. Necker prend un milieu, il veut conserver

les formes, marques & inspections capables d'attirer la confiance des acheteurs non connoisseurs, & en même temps favoriser l'industrie en donnant l'essor à tous les talents, mais de maniere que leurs productions, sans être classées dans celles approuvées, soient cependant distinguées des étrangeres.

31 *Mai* 1779. Les travaux de la nouvelle salle de la comédie françoise près le Luxembourg, sont commencés depuis quelque temps, ils se poussent avec vigueur : l'on arrache les pierres des fondements de la premiere déja jetés au même lieu, mais un peu plus bas, & elles servent à celle-ci.

31 *Mai*. La reine continue à honorer d'une distinction particuliere Mlle. Bertin sa marchande de modes. Derniérement à Marly, elle avoit ordonné au maréchal duc de Duras de la placer au spectacle, & ce seigneur s'est acquitté de la commission avec une distinction bien propre à exciter la jalousie des autres femmes.

1 *Juin* 1779. La Fontaine a dit il y a long-temps : *mieux vaut goujat debout qu'empereur en terre.* Cet axiome s'est prouvé sur-tout hier à la premiere représentation d'*Agathocle*. Il n'est de grimaud débutant au théâtre, dont la tragédie n'eût attiré plus de monde : non-seulement le concours a été très-médiocre à l'ouverture de la salle, mais des parties ont resté long-temps vuides, & l'amphiréatre même n'a jamais été parfaitement rempli. Le parti de ce grand homme si actif à cabaler pour lui de son vivant, a perdu en cette occasion beaucoup de son ardeur, & n'a fait que d'impuissants efforts pour

pour soutenir la piece, qui en avoit grand besoin.

Le sieur Brizard a commencé par un compliment, dont l'adresse singuliere a fait juger aux gens un peu fins que cette œuvre posthume étoit très-médiocre. On y sembloit nécessiter l'admiration au moins politique des spectateurs, en annonçant qu'on mettroit tout autre sentiment sur le compte de l'envie. Ce discours trop long a été plus applaudi qu'*Agathocle*. Les défenseurs de Voltaire conviennent que lui-même ne la regardoit que comme une esquisse. Quel besoin avoit sa réputation d'un si fragile accessoire?

Cette esquisse, encore plus foible qu'*Irene*, au surplus, vaut mieux cependant que nombre de nos tragédies modernes si courues. Le sujet en est précis, l'intrigue claire, la marche simple, & le dénouement un des plus heureux & des plus satisfaisants du théatre. Mais toute la partie de l'amour est extrêmement froide; point de caracteres vigoureux & prononcés, des ressorts postiches & le dénouement si beau, pris en partie de *Venceslas*, & contre toutes les vraisemblances. Quelques vers brillants se distinguent seulement dans la foule; encore les pensées en sont-elles communes ou fausses. Tel est le résultat du jugement de la partie la plus saine & la plus impartiale du public.

1 *Juin* 1779. M. le Miere est actuellement occupé à faire imprimer son poëme des *fastes de l'année*, c'est-à-dire roulant sur toutes les cérémonies, fêtes & époques civiles, politiques ou religieuses de la France. Quoique ce poëte en ait fait souvent lecture dans les sociétés, on

ne peut, comme l'on fait, s'en rapporter aux suffrages de ses amis ; on conçoit que cette entreprise modelée sur celle d'Ovide, exigeroit une plume aussi féconde, aussi ingénieuse, aussi brillante, mais sur-tout variée, autant que les événements qu'il s'agit de décrire ; & M. le Miere a une plume seche, une maniere roide, une versification dure, toutes qualités bien opposées à son sujet.

2 *Juin* 1779. M. Bochard de Saron, président à mortier, est en même temps très-savant & versé sur-tout dans l'astronomie, mais par goût & sans ostentation. Ses amis de l'académie des sciences voudroient le voir parmi eux, & après beaucoup de pourparlers & de tentatives avoient imaginé de faire créer pour lui une place surnuméraire d'honoraire ; mais il y a eu schisme dans la compagnie, & M. d'Alembert, qui n'y a pas autant de crédit qu'à l'académie françoise, un des opposants, a pris le parti d'écrire au ministre une lettre pour lui représenter le danger d'une telle innovation, très-préjudiciable d'ailleurs à plusieurs grands & ministres sur les rangs, entr'autres à M. de Sartines. M. Amelot a renvoyé cette lettre à l'académie ; qui a réprimandé ce membre d'une démarche aussi contraire au bon ordre & au respect dû aux délibérations ; mais il a toujours résulté de cette opposition de M. d'Alembert que la place n'a pas été créée.

3 *Juin* 1779. On vient de recevoir de Bretagne un nouveau mémoire divisé en deux parties très volumineuses, concernant l'affaire d'Elisabeth Lescop, contre M. Duroscouet. Cette infortunée, dont on se rappelle l'histoire, en est

encore à poursuivre la réparation de l'attentat commis publiquement en sa personne contre toute loi naturelle & positive.

M. Garnier de l'Hermitage, avocat de Rennes, son défenseur, cherche à reproduire de la maniere la plus touchante & la plus énergique les angoisses & l'opprobre dans lesquels elle a vécu, avant qu'elle soit parvenue à se soustraire au supplice qui la menaçoit, & par ce tableau, accompagné de toutes les preuves nécessaires, il fait connoître de plus en plus l'énormité du crime du magistrat, & la nécessité de le grever des peines pécuniaires les plus fortes ; elles ne seront jamais proportionnées à son délit.

4 *Juin* 1779. Le nouveau divertissement ajouté à l'opéra d'*Iphigénie en Tauride*, y est parfaitement lié & en découle. Il représente les *Scythes enchaînés par les vainqueurs* ; ils arrivent avec leurs fers, & tendent leurs mains suppliantes vers *Oreste* & sa sœur, qui leur rendent la liberté ; ce qui leur donne lieu de marquer leur reconnoissance & leur joie ; dans leurs transports, les *Grecs* se mêlent avec eux & par les graces, l'élégance & la noblesse de leur danse contrastent à merveille avec la rudesse, la vigueur & l'énergie de celle des *Scythes*. Le ballet finit par l'enlevement de la statue de Diane, seul objet du voyage d'*Oreste & Pilade*.

La musique du divertissement est de monsieur Gossec.

5 *Juin* 1779. On assure que *monsieur* doit venir incessamment au Luxembourg, qu'on meuble le petit château pour le recevoir, & qu'il posera la premiere pierre de la nouvelle salle de

omédie françoise. Les architectes, messieurs Peyre & de Wally, se pressent d'accélérer le moment de la cérémonie, dans l'espoir qu'après il n'y aura plus à s'en dédire, & que leur entreprise munie une d'une telle protection, ne pourra plus échouer, ainsi que les précédentes.

6 Juin 1779. On n'a pas oublié le procès de l'infortuné d'Amade & son issue. On sait que ses adversaires restoient détenus en prison, faute de paiement : ils y sont encore. On a imaginé de faire en leur faveur une souscription & l'on fait courir des billets imprimés conçus en ces termes :

« Le nom de messieurs de Queyssat recom-
» mandable par leur bravoure, n'est devenu
» que *trop célèbre par leurs malheurs & par
» la condamnation qu'ils ont essuyé* : ils n'ont
» aucune fortune & sont dévoués à une prison
» perpétuelle, faute de paiement de la somme
» de 100.000 livres de dommages & intérêts
» auxquels ils ont été condamnés. S. M. a
» bien voulu permettre qu'on ouvrît en leur
» faveur une souscription ; elle a même donné
» à ces officiers, ainsi que la reine, toute la
» famille royale & les princes du sang, une
» marque particulière de bienfaisance, en con-
» sentant de contribuer au secours qui leur est
» nécessaire pour assurer leur liberté ; les mi-
» nistres & un grand nombre de personnes
» distinguées dans le clergé, la magistrature
» & le militaire, ainsi que plusieurs régiments,
» se sont déjà empressés de suivre cet exem-
» ple ; ils ont déposé leurs généreuses con-
» tributions chez M. Duclos Dufrenoy, no-
» taire, rue Vivienne. On prie ceux qui vou-

» dront bien les imiter, d'envoyer chez le
» même notaire ce qu'il leur conviendra de
» donner. *C'est servir sa patrie que de lui ren-*
» *dre trois braves officiers*, qui ont mérité d'elle
» par leur zele & par des actions distinguées à la
» guerre.

» Permis d'imprimer & distribuer; ce 25 mars
» 1779. [*Signé*] LE NOIR. »

Malgré l'approbation, cette affiche n'a pas paru ici. On en a vu des exemplaires seulement à Versailles. Il est faux que le roi & la reine, aient souscrit, & l'on ne peut que s'indigner des expressions honorables dont on s'y sert pour caractériser leur délit & leur châtiment.

7 Juin 1779. La faculté de médecine vient de voir avec douleur le docteur Barbeu Dubourg passer dans le parti de la société & s'y faire agréger : cette défection est d'autant plus honteuse, qu'il avoit été un des plus ardents contr'elle. Il est vrai que sa derniere lettre imprimée, dont on a rendu compte, pouvoit préparer à cet événement par sa mollesse excessive.

7 Juin. Il est décidé aujourd'hui que M. d'Alembert est l'auteur du compliment prononcé il y a huit jours, avant la premiere représentation d'*Agathocle*. Si tout le parti avoit secondé ce chef avec le même zele, la piece qui est déja désertée se soutiendroit mieux. Il paroît que sans avoir les talens de son prédécesseur, le géometre vise décidément à le remplacer dans sa qualité de patriarche des philosophes.

8 Juin 1779. Tous les efforts du parti Voltérien n'ont pu soutenir *Agathocle*, & après la troisieme représentation il a fallu la retirer. Cette gaucherie fait triompher les adversaires, & l'on pourroit dire en effet que le jour de l'anniversaire de ce grand poëte a été celui de son enterrement : il a tant de chef-d'œuvres que cet échec ne peut nuire à sa gloire & fait seulement tort à ses enthousiastes trop extrêmes.

9 *Juin* 1779. M. l'abbé Rozier est un savant, qui toute la vie s'est occupé des matieres économiques. Il est auteur d'un journal de physique, & il se dispose à répandre plus amplement ses connoissances dans un *Dictionnaire universel d'agriculture, mis à la portée de tout le monde.* Cet ouvrage vaudra & contiendra un cours complet d'agriculture, théorique, pratique & économique, de médecine rurale & vétérinaire. Il doit être précédé d'un discours contenant un plan d'étude, propre à fixer la marche des connoissances nécessaires au cultivateur. Il a pour coopérateur des agriculteurs praticiens, qui l'aident de leurs lumieres, & il ne se donne que pour le rédacteur.

Cet auteur écrit mal, mais en pareille matiere le style n'est pas la chose la plus essentielle. Cependant, comme ce dictionnaire lumineux occupera six volumes in-4°. de 700 pages chacun, il seroit bon qu'il y eût quelque agrément pour en sauver l'ennui & l'insipidité.

10 *Juin* 1779. M. de Vismes continue à nous faire parcourir une suite d'opéra bouffons. On doit donner aujourd'hui l'*Idolo Cinese*, ou l'*Idole de la Chine*, en trois actes, musique de Paisiello.

11 *Juin* 1779. Quoique monsieur Turgot ne soit

plus en place, il est des parties de la science économique toujours en honneur. M. le lieutenant-général de police se dispose à établir une *école publique & pratique de boulangerie* pour la meilleure fabrication du pain ; établissement moins nécessaire dans la capitale que dans les provinces & les campagnes, où la fabrication de cet aliment est encore très-imparfaite.

12 *Juin* 1779. L'anecdote précieuse concernant l'opéra bouffon ayant pour titre l'*Idolo Cinese*, c'est qu'il a été composé à Naples dans le temps des différends de cette cour avec celle de Rome, & que c'est une parodie satirique de l'exaltation & de la vénération des fideles pour le pape ; car les Italiens, si supestitieux à certains égards, sont les premiers à se moquer du saint pere. Avec la clef, cette farce devient plus intelligible & acquiert beaucoup de sel ; il est vrai qu'on assure qu'elle a été bien affoiblie, parce qu'à raison de cette circonstance on avoit peine à en passer la représentation.

Au reste, elle est beaucoup plus gaie que tout ce qui a paru en ce genre ; il y a infiniment de spectacle ; & la musique, sans être aussi supérieure que celle des autres ouvrages de Paisiello, a de l'agrément & des beautés.

13 *Juin* 1779. Depuis l'arrivée des bouffons, on s'est toujours plaint qu'il ne remplissoient pas leur titre, qu'ils étoient tristes & plats. On trouve aujourd'hui qu'ils le sont trop, & que l'*Idolo Cinese* est une farce indigne de la majesté du théatre lyrique. On doit cependant distinguer dans celle-ci un costume historique & curieux des mœurs & cérémonies chinoises ;

ce qui la particularise & la rend vraiment intéressante. Il s'ensuit un spectacle étonnant, un mouvement prodigieux & une variété d'incidents, qui distraient le spectateur & lui sauvent l'ennui du récitatif. Il y a d'ailleurs des danses analogues amenées naturellement, dans lesquelles le Sr. Noverre a parfaitement imité toutes les contorsions de ce peuple mime. La musique est fort critiquée par le mélange d'une foule de morceaux étrangers, d'ariettes peignant mal les objets, ou les situations auxquelles on les a adoptées.

13 *Juin* 1779. M. Clairisseau est un architecte qui a été 17 ans à Rome en qualité d'éleve de l'académie, & y a employé ce temps très-utilement à visiter tous les monuments antiques de l'Italie, de la Calabre & de la Dalmatie : il les a tous dessinés de différentes manieres, & s'est fait un porte-feuille de sept volumes in-folio de ces études précieuses. C'est aujourd'hui un homme d'un mérite supérieur pour peindre l'architecture. L'empereur l'a visité pendant son séjour ici, & il est parvenu jusqu'aux oreilles de l'impératrice de toutes les Russies qu'il vouloit se défaire de son porte-feuille. Cette souveraine lui en a fait compter 120,000 livres, avec offre de l'en laisser dépositaire jusqu'à sa mort, mais il a eu la délicatesse de l'envoyer sur le champ à cette magnifique princesse.

14 *Juin* 1779. Il y avoit à la comédie françoise une grande dispute entre Mde. Vestris ayant l'emploi des premieres princesses, & Mlle. Sainval l'aînée, reçue pour l'emploi des reines. Celle-ci réclamoit à titre d'ancienneté divers rôles de la premiere. Les gentilshommes de la

chambre avoient prononcé en faveur de Mde. Vestris, dont la figure décidoit aisément la question. Cependant, par un beau procédé, depuis peu elle a cédé à sa rivale neuf rôles qu'elle ambitionnoit, & se réserve seulement de la doubler; ce qui caractérise une émulation noble & louable.

14 *Juin* 1779. Dans ce temps d'émulation générale, où il s'agit d'humilier l'orgueil anglois & de rendre à la France son égalité & sa supériorité sur la mer, le patriotisme se manifeste de toutes les manieres. Le sieur Barbier le jeune, peintre, propose par souscription une estampe intitulée *la bienfaisance du roi*. Elle représente S. M. daignant honorer Boussard, pilote de Dieppe, du titre de *brave homme*. Elle sera gravée par le Sr. le Vasseur, de l'académie royale de peinture.

Le Sr. Barbier renonce au bénéfice, qui doit être, les frais prélevés, partagé en deux parts égales. La premiere sera employée à récompenser d'une somme de 300 livres chacun, tous les matelots François au service de bâtimens corsaires qui auront fait des actions de courage & d'intrépidité.

La seconde est destinée au soulagement des veuves de matelots chargées d'enfants, dont les maris seront morts en combattant contre les ennemis de l'état.

Dans les deux cas on exige des précautions & attestations nécessaires, pour que la distribution se fasse avec l'équité & l'ordre convenables.

14 *Juin* 1779. Il s'éleve déja beaucoup de critiques au sujet de la nouvelle salle de comé-

die : les plus essentielles sont de son emplacement. Il en résultera que toutes les voitures publiques, toutes celles de charges & fardeaux pour la bâtisse & l'approvisionnement de la capitale, descendant par la rue d'Enfer, ne pourront plus dans le temps du spectacle se diviser, & seront toutes obligées de passer par une rue longue, étroite & fort en pente : à cet inconvénient se joint celui d'un rédillon considérable, qui dans les temps de sécheresse ou de gelée rendra très-difficile l'accès de la comédie & sur tout très-périlleux le recul ordinaire aux grands jours, par la multitude des carrosses arrivant ou sortant en foule. Les architectes, chargés de l'édifice, n'ignorant pas ces objections se hâtent de l'avancer, afin qu'on ne puisse plus s'en dédire ; ils sollicitent fortement *monsieur* de venir y attacher son sceau d'approbation en quelque sorte, en y posant la premiere pierre.

15 *Juin* 1779. M. le chevalier Gluck se propose de faire incessamment jouer un opéra d'été, intitulé *Narcisse*. Comme l'amour de la gloire ne fait pas tort chez lui à l'amour de l'argent, il a long-temps marchandé avec le sieur de Vismes pour le prix de cet ouvrage : encouragé par la maniere généreuse dont il a été payé de son *Iphigénie en Aulide*, qui lui a valu 12,000 livres & 4,000 de gratification, il demandoit 20,000 de *Narcisse* : l'entrepreneur-général concessionnaire du privilege de l'académie royale de musique a bataillé long-temps & enfin le marché s'est conclu à 10,000. Le chevalier Gluck très-mécontent qu'on le tracassât ainsi, a menacé le Sr. de Vismes de s'en plaindre à la

reine, si S. M. lui faisoit l'honneur de l'entretenir de cela. Du reste, il veut être le pacificateur-général du tripot lyrique, il a déja exigé que Mlle. Beaumesnil rentrât, & il veut que Mlle. Duplan soit aussi remise en grace; en sorte que ce compositeur est très-aimé des sujets des deux sexes.

16 *Juin* 1779. *Lettre des directeurs du commerce de la province de Guyenne au chevalier Gras de Préville, commandant la frégate l'Engageante.*

MONSIEUR,

» Malgré l'injuste préjugé qui le plus souvent
» n'attache la gloire qu'aux succès, la reconnoissance de la patrie n'est pas moins due au militaire intrépide, qui fait tous les efforts possible pour prévenir des revers & secourir ses compatriotes. C'est à ce titre que le commerce s'empresse de vous faire ses justes remerciements du zele & des talents que vous avez développés dans la conduite du convoi de la Martinique. C'étoit le premier qui, depuis les hostilités, seroit arrivé à bon port sans la rencontre funeste des vaisseaux ennemis. Votre manœuvre savante en cette occasion ayant mérité les plus grands éloges, nous nous sommes fait un devoir de l'annoncer à M. de Sartines, & de prier ce ministre de reconnoître ce service par quelque faveur éclatante. Nous apprendrons avec une véritable satisfaction que notre recommandation n'ait pas été stérile, & que vous ayez agréé le témoignage de notre vive reconnoissance, &c. »

On se doute bien que cette lettre n'a pas été écrite *proprio motu*, & que le commerce n'est pas assez content pour se contredire ainsi avec ses plaintes plus réelles & plus légitimes.

16 *Juin* 1779. Le *Droit du Seigneur* est une comédie de M. de Voltaire, donnée la premiere fois, en 1762, sous le titre de l'*Ecueil du sage*. Elle n'eut point de succès alors. Comme l'amour-propre de ce grand homme lui permettoit rarement de renoncer totalement à une production, il avoit réduit cette piece de cinq actes en trois, & l'avoit rapportée avec lui pour la faire jouer. Les deux premiers sont à peu près tels qu'ils étoient; mais les trois autres sont resserrés en un. On s'étoit flatté à la faveur de cette nouveauté de faire passer encore *Agathocle*, mais cette tentative n'a pas réussi, & il a fallu retirer une seconde fois la tragédie.

17 *Juin* 1779. Ce qui se passe aujourd'hui donne lieu de s'entretenir de M. le comte de Vergennes, dont le ministere, si ces négociations réussissent & se soutiennent, doit faire époque dans la monarchie, comme un des plus brillants en France. On ne peut assez admirer qu'au moment où il enlevoit à l'Angleterre une portion de sa richesse & de sa puissance, où il tourmentoit l'Espagne afin de la déterminer à s'unir à nous dans nos efforts pour la liberté des mers, où il contenoit la Hollande & gagnoit la confiance de toutes les puissances maritimes & en obtenoit des secours essentiels au rétablissement de la marine, il ait eu l'ascendant nécessaire pour concilier en peu de temps les deux plus formidables souverains de l'Allemagne sur le point de mettre l'Europe en feu, ait étendu

son activité jusqu'aux confins de l'Asie, & y aie réuni deux potentats qui, depuis plusieurs années, ne pouvoient s'accorder, tandis qu'une fausse politique, suivant des intérêts mal-entendus, auroit au contraire cherché à fomenter les divisions.

Ce qui releve sur-tout l'administration de ce ministre, c'est sa modestie, sa simplicité, son affabilité. Malgré ses nombreuses & importantes occupations, il est toujours accessible, il reçoit avec aménité tous ceux qui se présentent, & ne dédaigne personne.

Son train de vie est des plus uniformes. Il a deux commis enfermés continuellement avec lui, qui ne vont nulle part & ne reçoivent aucune visite; il ne se confie pour le reste qu'à lui-même & à un chiffre, dont seul il a la clef. Levé à quatre heures du matin, il travaille jusqu'à une heure. Il se rend alors chez la comtesse de Vergennes, dîne en famille, joue avec ses enfants; il se renferme à cinq ou six heures dans son cabinet jusqu'à dix, prend un bouillon & se couche. Telle est sa vie; éloigné de toute intrigue ministérielle, il n'a d'autre appui, d'autre protection auprès du roi que son travail, son mérite & sa vertu.

On a déja dit combien ce ministre rendoit la vie douce aux bureaux, dont le travail est fini le matin, & qui ont presque tout le reste de la journée libre.

18 *Juin* 1779. On répand dans le public depuis quelque temps la lettre suivante de monsieur de Sartines au comte d'Orvilliers. Elle n'est assurément pas dans le style ministériel, dans la gravité du caractere de M. de Sartines & con-

tient des fanfaronnades peu décentes ; elle pourroit partir tout au plus du fein de l'amitié & alors on n'auroit pas affecté de la divulguer. C'eſt donc le jeu puéril de quelque perſifleur oiſif. On va en juger. Elle eſt datée du 29 mai.

» Ce font des adieux que je vous fais, mon
» cher général ; ce font des vœux pour vous,
» pour tous les officiers-généraux, comman-
» dants & autres, & pour toute l'armée. Cher-
» chez l'ennemi au moment favorable, atta-
» quez-le vigoureuſement ; vous le battrez,
» vous ferez heureux : je le ferai de vos fuc-
» cès : vous m'enverrez de bonnes nouvelles,
» j'aurai la fatisfaction de les annoncer au roi,
» il fera content, je demanderai des graces,
» je les obtiendrai toutes, elles feront envoyées
» avec empreſſement à ceux qui les auront mé-
» ritées, elles feront reçues avec reconnoif-
» fance, le pavillon françois fera triomphant,
» nous remercierons le Dieu des armées. Voilà,
» mon cher général, ce que j'eſpere pour la
» campagne prochaine : donnez-moi de vos
» nouvelles par toutes les occafions poſſibles,
» je les attends avec impatience.

» Vous connoiſſez, mon cher général, mon
» amitié pour vous, mon attachement pour le
» corps de la marine & mon zele pour fa
» gloire. »

18 *Juin* 1779. *Recueil de lettres fur différents fujets.* Il en contient deux juſqu'à préſent. L'une de monſieur le chevalier de L*** à M. l'abbé de C***, en réponſe à ſes *Mémoires philoſophiques* ; l'autre à monſieur Linguet fur fon fujet de banqueroute royale inféré, dans fes *Annales politiques*, n°. 1. On parlera plus amplement de

ce pamphlet, qui se donne sous le manteau, comme fort scandaleux, & est pourtant très-innocent.

19 *Juin* 1779. M. l'abbé de C***, est l'abbé de Crillon, un des coryphées du parti anti-philosophique, que combat l'auteur d'une des lettres dont on a parlé. Cet abbé, dans ses *Mémoires philosophiques*, espece de roman moral où il met en action les philosophes & les fait figurer comme il veut, c'est-à-dire de la façon la plus humiliante, la plus injurieuse, la plus atroce, prétend démontrer l'absurdité de leurs principes, la perversité de leurs mœurs, l'hypocrisie de leur conduite, leur inconséquence, leur contradiction. Son critique les défend avec chaleur & prouve que l'abbé de Crillon dans son livre, où il y a du sel & de la raison, prend seulement à gauche & ne fait aux philosophes que des reproches semblables à ceux qu'ont mérité les jésuites & le clergé. Il entre en matiere & détruit toutes ces imputations, qui restent trop bien à la charge de ceux-ci. Il y a quelques bonnes choses dans cet épître, dont la logique est foible cependant, & où les sarcasmes sont clair-semés & peu piquants.

La seconde lettre contre M. Linguet n'est pas plus énergique. L'écrivain, bon patriote, prouve la fausseté du système de l'auteur paradoxal, qui permet au gouvernement de faire banqueroute, & regarde ce moyen de se libérer comme légitime & nécessaire. Mais il n'accable point ce mauvais citoyen des arguments victorieux dont il pourroit le presser; il n'entre point dans cette sainte fureur qu'inspire son étrange impudence à tout homme qui sent la dignité de son être : il se rapproche même de son adversaire, il le loue, il le flatte, il devient fougueux Morangiste.

Les deux lettres sont accompagnées de notes qui ne sont pas fort curieuses. Au reste, l'écrivain annonce une suite ; c'est un mémoire sur les ressources de finances qu'on pourroit employer pour tirer l'état de sa crise : il le soumet à M. Linguet, il veut qu'il en soit le juge & le Mécene. De cet éclaircissement, on seroit assez tenté de conclure que l'ouvrage prédit est le mémoire du comte de Lauraguais, qui a paru il y a quelques mois, dans lequel on ne retrouve, pas plus que dans ces lettres, son feu, sa gaieté, son esprit & ses saillies.

20 *Juin* 1779. Pour mieux connoître la situation du jardin des plantes & arbustes d'épiceries créé par M. Poivre, voici un extrait des *annonces, affiches & avis divers pour les isles de France & de Bourbon*, du mercredi 9 décembre 1778.

« Lundi 7 de ce mois, MM. les chefs & administrateurs de la colonie, accompagnés de beaucoup de personnes de considération, se sont rendus au jardin du roi le *Mont-plaisir*, où M. Ceré, major du quartier de Pamplemousses, à qui M. de Sartines, ministre de la marine, en a confié la direction, leur a fait voir un muscadier femelle aromatique, en rapport & en fleurs, provenant d'une noix plantée en 1770 par M. Poivre, duquel il a détaché une noix venue à la grosseur convenable pour reproduire l'espece. M. le chevalier de Guiran la Brillane, gouverneur général des isles de France & de Bourbon, & M. Foucault, intendant auxdites isles, se sont chargés d'adresser au ministre de la marine cette premiere noix, pour être présentée à S. M. comme une preuve de succès complet de cette épicerie à l'Isle-de-France, & comme un nouveau gage de la reconnoissance des habitants des deux isles.

« Ces messieurs, en parcourant ce jardin si riche par ses productions des quatre parties du monde, y ont vu en fleurs ou en fruits un arbre pomifere de l'isle de Cythere, Otahiti, nommé *Heri*; le Litchi, cet excellent fruitier de la Chine; le noyer de Bancoul; le Rima socchus ou fruit à pain; les différents bois propres à la teinture de l'Amérique, comme rocou, sapan, campêche, le sandal cetrin; les différents theyers, arbres & arbustes, arequiers, sagoutiers des Moluques & de l'isle de Madagascar; cacaoyers, canneliers de Ceylan & de la côte Malabare; cardamomes, le camphrier, le bois d'aigle, le ravenesaras, cet arbre à épicerie fine de Madagascar, & plus de trente giroffiers chargés d'une quantité de bouquets, la plupart de 50, 60, & 72 clous. Ils y ont vu également plusieurs pépinieres garnies de nouveaux giroffiers ravenesaras, & en général tout ce que renferme ce jardin dans le meilleur état de végétation. »

10 *Juin* 1779. Le Sr. Fonteuil est un élève de Préville dans le tragique; il avoit joué ici autrefois avec peu de succès : il a reparu hier dans le rôle d'*Oreste* de la tragédie d'*Iphigénie en Tauride* : on l'a applaudi avant qu'il parlât, & cette bonne volonté s'est soutenue. Il a eu de beaux moments, mais il a rapporté à peu près tous ses défauts, & il est difficile que

cet enthousiasme dure. On l'a demandé à la fin de la piece, & il est venu recueillir de nouvelles marques de satisfaction publique.

21 *Juin* 1779. Le nouvel opéra d'*Iphigénie en Tauride* fait triompher plus que jamais les partisans du chevalier Gluck. L'un d'eux persifle cruellement ses adversaires, le chevalier de Chatellux, Marmontel, la Harpe & les autres dans le Dythyrambe suivant ; il est intitulé : *Boutade d'un citoyen de Paris en perruque nouée, sortant de voir la nouvelle Iphigénie, &c.*

   Destructeur de la paix publique,
   Brigand ! quel instinct diabolique
   Au sein de Paris t'attira ?
   Ennemi du rithme gothique,
   De la phrase périodique
   Qu'un grand poëte célébra ;
   Rends-nous notre chant pacifique,
   Notre fredon soporifique
   Et tous nos flon flon la rira....
   Quoi donc ! le pouvoir tyrannique
   De ton déchirant opéra,
   Renverse en un jour tout cela !
   Quoi ! d'un théatre léthargique,
   La terrible scene tragique
   S'empare : on y sanglotera !
   Plus de batelage italique !
   Le trône, le sceptre lyrique,
   Aux mains d'un tyran restera !
   Entends mon vœu patriotique :

Dès que le sommeil t'atteindra,
Puisse quelque furie étique
D'un ton traînant & syllabique,
Te crier : qu'il meure ! il mourra,
Il a tué notre musique !
Puis, quand l'effroi t'éveillera,
Que du lit il te chassera ;
Puisse la chûte d'un portique
Ecraser ta tête rustique,
Et le démon qui l'inspira !
Eh ! périsse ton style antique
Et ta sublime poétique
Et ton orchestre despotique
Et ton génie, & cætera !

21 *Juin* 1779. M. le duc de Lorge avoit la parole du roi pour succéder au duc de Ville-roy, sans enfants, dans la charge de capitaine des gardes : madame la comtesse d'Artois, dont la duchesse de Lorge est dame d'honneur, s'y intéressoit. La reine a prié cette princesse de se désister de sa protection envers le duc, & a demandé la place au roi pour le comte de Grammont, dont la mere attachée à S. M. en est fort aimée, depuis que sous le feu roi elle se fit exiler pour avoir traité avec hauteur & mépris la comtesse Dubatri.

21 *Juin*. M. Changeux est connu chez les physiciens par un traité des extrêmes, estimé. Il est en outre poëte, a fait des fables & autres opuscules : il étoit orateur de la loge des *Neuf-Sœurs*, & pérora lors de la cérémonie funéraire consacrée à la mémoire de Voltaire. Il est ma-

chiniste aujourd'hui & auteur d'un nouveau baromètre, déja vu & admiré de différents membres de l'académie des sciences. Le mérite de cet ouvrage, production de son génie & de sa main, est de marquer d'une façon durable toutes les variations de l'air, non-seulement dans vingt-quatre heures, mais dans une semaine entiere; en sorte qu'il suffira de le remonter de sept jours en sept jours. Cette découverte peut être fort utile à l'avancement de la physique en cette partie.

20 *Juin* 1779. Mademoiselle Jules de Polignac n'épouse plus le comte d'Agénois : on prétend que le duc d'Aiguillon ayant trop tôt publié cet arrangement, a donné lieu à ses ennemis d'intriguer & de le détruire. Elle se marie avec le jeune comte de Grammont; & c'est ce qui a valu à celui-ci la survivance du duc de Villeroy : ce seigneur rongé de ses hémorrhoïdes, & ne pouvant plus monter à cheval, a demandé lui-même au roi un survivancier. Le comte de Grammont doit être fait duc de Guiche, jusqu'à ce qu'il jouisse du duché de Grammont après la mort du duc de ce nom, & de son fils le duc de Lespar, qui est imbécille, & qui, quoique marié avec une Noailles, n'a jamais habité avec elle : on parle même de l'interdire, afin d'accélérer cette jouissance.

En attendant que le comte de Grammont, âgé de vingt-trois ans seulement, ait les biens qui doivent lui revenir, le roi lui donne 10,000 écus de rentes sur ses domaines. La reine en a fait avoir autant à la jeune épouse. On présume que c'est cette grande affaire que S. M. a traitée avec sa favorite, lorsqu'elle lui a fait l'honneur de venir dîner tête-à-tête avec elle. On ne dit point comment on dédommagera le duc de Lorge, qui tout récemment en partant pour son régiment a rappellé au monarque sa parole & en a reçu une nouvelle. La duchesse de Civrac, sa mere, est furieuse. La reine a également exigé de madame Victoire, dont elle est dame d'honneur, & le duc de Civrac chevalier d'honneur, qu'elle n'interposât point sa protection en cela.

22 *Juin* 1779. L'auteur du poëme d'*Iphigénie en Tauride*, l'a resserré en quatre actes, & a suivi assez exactement la tragédie de M. Guimond de la Touche. Dans le premier, le théatre représente au fond l'entrée du temple de Diane; sur le devant le bois sacré qui le précede & l'entoure.

On entend dès le commencement de la symphonie, quelques coups de tonnerre, qui se succedent plus rapidement à mesure qu'elle marche. Elle finit par une tempête furieuse. Le jour est commencé; mais il est obscurci par les nuages, & le théatre n'est éclairé que de la lueur des éclairs.

C'est ici que le musicien, en grand maître, au lieu d'ouverture, excite déja l'effroi dans l'ame des spectateurs, par la peinture harmonique d'une tempête & de ses horreurs. *Iphigénie*, grande-prêtresse de Diane, & toutes les autres courant éperdues sur la scene en augmentent l'impression. *Thoas*, roi de la Tauride, intimidé lui-même, vient demander un sacrifice de sang, pour calmer ses terreurs. Le peuple accourt & annonce deux étrangers arrivés, comme victimes offertes par les dieux; ils célebrent cet évènement dans un divertissement très-court, & rendant à merveille le costume Scythe. *Oreste & Pilade* paroissent, on les dévoue au trépas.

Au second acte, le théatre est converti en temple souterrain, éclairé par des lampes, avec un autel rustique : scene tendre entre *Oreste* & *Pilade* enchaînés. On vient les séparer ; *Oreste* seul tombe accablé de lassitude & d'épuisement : les *Euménides* sortent du fond du théatre & l'entourent. Les unes exécutent autour de lui un ballet pantomime de terreur ; les autres l'outragent, & toutes répetent en chœur & fréquemment ces mots terribles : *il a tué sa mere !* Enfin l'ombre de *Clytemnestre* paroît elle-même. Cette illusion se dissipe aux approches des prêtresses. *Iphigénie* fait ôter les fers d'*Oreste* & l'interroge. Elle apprend toute la malheureuse histoire de sa famille qu'elle ignoroit depuis son sacrifice ; & *Oreste* finissant par dire qu'il a rencontré le trépas qu'il desiroit, la reconnoissance reste adroitement suspendue en ce que sa sœur le croit mort. Elle n'en veut pas savoir davantage & le fait retirer, pour réfléchir sur ces fatales nouvelles. Elle veut honorer la cendre de son frere par des libations & des cérémonies funéraires ; ce qui tient encore lieu de danse & termine l'acte.

Au troisieme, on voit l'appartement d'*Iphigénie* dans le temple. Elle se résout d'après le conseil des prêtresses, ses concitoyennes, à écrire à *Electre* sa sœur, la seule de sa famille qu'elle croit encore en vie, pour lui apprendre son sort. Elle se propose de délivrer un des captifs, qui remplira cette mission. Elle choisit *Oreste*;

combat entre *Pilade* & lui. Il détermine son ami, qui ne consent à partir que pour le sauver, ou périr s'il ne peut réussir.

Le quatrieme acte s'ouvre par *Iphigénie*, seule, aux pieds de l'autel de Diane, dont la statue est élevée dans son temple sur une estrade, devant laquelle est un autel. Elle a peine à se résoudre au sacrifice ; elle sent des remords ; en vain ses compagnes la pressent de l'exécuter. On fait faire à *Oreste* toutes les cérémonies préalables ; on remet le couteau sacré à la grande prêtresse, lorsque *Oreste* s'écrie dans un tendre souvenir : *Iphigénie, ô ma sœur, ainsi tu fus jadis immolée en Aulide !* Reconnoissance qui suspend le sacrifice. *Thoas*, qui a tout appris, arrive & veut faire massacrer *Oreste* par ses gardes. *Pilade* survient à la tête de ses Grecs, & le délivre par la mort du tyran.

Tel est cet opéra où, comme l'on voit, les quatrieme & cinquieme actes de la tragédie se trouvent réunis ensemble, plus vifs conséquemment, où la reconnoissance est sur-tout plus en action.

Le superbe troisieme acte de la tragédie, ne peut être aussi bien ici, que les scenes ne sont pas susceptibles d'être autant filées ; mais le musicien y a suppléé par tout ce que son art a pu lui fournir de plus propre à remuer les passions ; & c'est le chef-d'œuvre du chevalier Gluck.

23 *Juin* 1779. La dénonciation faite par M. d'Epremesnil aux chambres assemblées contre les arrêts du conseil rendus sous la direction de M. Camus de Néville, concernant la librairie ; ayant été renvoyée au 2 juillet pour y être

statué, les gens de lettres, les libraires & autres intéressés à ce qu'elle ait des suites, ont jugé nécessaire d'éclairer le parlement au moment où il va s'occuper de l'affaire, & ont répandu en conséquence une *Lettre d'un libraire de Lyon à un libraire de Paris, en date du premier mars* 1776. Toute la vigilance du chef de la librairie & du garde-des-sceaux n'a pu empêcher l'apparition de ce pamphlet.

24 *Juin*. 1779. Outre la *Lettre d'un libraire de Lyon à un libraire de Paris*, il y a la *Réponse du libraire de Paris, en date du 15 mars*. L'objet de la premiere est plus spécialement de rendre odieux M. de Néville, en découvrant toute l'iniquité de son ouvrage & les motifs de cupidité sordide qui l'ont poussé. Dans la seconde, on cherche à capter le parlement, & à l'engager à ne pas se désister d'une recherche qui le compette, & rentre dans la plus essentielle de ses fonctions.

24 *Juin*. Ces jours derniers monsieur le comte d'Artois parloit devant ses courtisans de la rigueur avec laquelle le prince de Montbarrey excluoit tous les volontaires de l'armée d'Irlande; le prince s'adressant au prince de Poix, lui disoit : « cela est cruel ; on a refusé le chevalier de Coigny, on m'a refusé, on vous a refusé, on a refusé jusqu'au maréchal de Broglie, qui n'aura point ce commandement. —— oh ! répondit le prince de Poix ,, *distinguons, monseigneur; on a refusé votre altesse, M. de Coigni, moi & beaucoup d'autres, cela nous fâche ; mais peu importe au reste ; au lieu que le maréchal de Broglie, c'est la nation entiere qui le demande.* »

25 *Juin*

15 *Juin* 1779. L'abbé Baudeau, qui avoit le plus contribué à l'anéantissement de la caisse de Poissy par ses déclamations, n'a pas vu de bon œil son rétablissement; en conséquence il vient de faire un nouveau *Mémoire pour les nourrisseurs & herbagers, & pour les marchands forains de bestiaux, approvisionnant les marchés de Sceaux & de Poissy* : il a pris dans cet ouvrage un ton de modération, & loue même le ministre vertueux qui préside aux finances, en le combattant.

25 *Juin*. On travaille fortement à la suppression des célestins en France. Leurs monasteres de Metz & de Sens, leurs maisons des Ternes, d'Ambert, de Vichy, & d'Esclimont, sont déja éteints par des brefs apostoliques : il en paroît de nouveaux, supprimant les monasteres d'Amiens, de Lyon, de Lymai-les-Mantes, de Saint-Pierre de Villeneuve, de Sainte-Croix d'Ossemont & de Saint-Pierre au Mont de la Châtre : des lettres-patentes données à Marly le ..... mai confirment ces derniers, pourvu toutefois qu'il n'y ait rien de contraire aux saints décrets & concordats passés entre le saint siege & les rois prédécesseurs de Louis XVI, ni de dérogeant aux droits, franchise & liberté de l'église gallicane.

La grand'chambre & Tournelle assemblées ont enrégistré ces lettres-patentes le 17 mai, pour être exécutées conformément aux loix, maximes & usages du royaume, sans approbation des clauses insérées auxdits brefs, qui pourroient y être contraires.

26 *Juin* 1779. Pour avoir un échantillon des dépenses de la marine, on va faire le relevé

des bœufs en vie fournis aux vaisseaux, frégates & autres bâtiments du roi, seulement en 1779; car les navires marchands ne consomment guere de viande fraîche.

Brest.	40000.
Toulon.	22000.
Rochefort.	20000.
Bordeaux ou Libourne	16000.
Nantes.	30000.
Marseille.	1000.
Bayonne.	1200.
Le Havre.	800.
L'Orient.	12000
St. Malo.	30000.
Cherbourg.	3000.
Total.	149000.

Le total est cent quarante-neuf mille, non compris le bœuf fumé, qui, les moutons & les porcs compris, peut monter à soixante ou quatre-vingt mille quintaux.

26 Juin 1779. M. l'abbé Baudeau, dans son mémoire pour les nourrisseurs & herbagers, &c. établit :

1°. Que les faits sur lesquels sont appuyées les lettres-patentes, sont faux; il expose en conséquence les vraies causes du renchérissement de la viande.

2°. Que la nouvelle caisse double l'impôt de cinq livres par tête de bœuf, qui se perçoit actuellement à la barriere.

3°. Que la nouvelle forme d'imposition est contraire au commerce, par la gêne & les entraves où elle le réduit, & qu'elle est capable d'opérer le découragement qu'on se propose d'empêcher.

4°. Qu'elle a tous les vices de l'ancienne caisse, à l'exception d'une légere diminution dans l'impôt, & de la liberté accordée aux bouchers riches de ne pas emprunter.

5°. Qu'une caisse exclusive de prêt n'est pas nécessaire.

6°. Qu'une caisse exclusive de prêt est non-seulement inutile, mais nuisible.

7°. Ils proposent de faire rendre par le roi une déclaration interprétative de l'édit de 1776, laquelle suppléant au silence de l'édit sur la qualité de l'intérêt du prêt & sur le terme, permettra à toutes personnes de prêter à dix pour cent aux marchands forains & aux bouchers pour le commerce des bestiaux exclusivement & fixera le terme du prêt à deux ou trois mois.

27 *Juin* 1779. Chaque bœuf, l'un portant l'autre, se vend 250 liv.; ainsi les 149000 ont coûté 37,250,000 liv. non compris le fumé, les autres viandes & salaisons.

Il s'ensuit que cette exportation de six mois excede de plus de vingt mille bœufs la consommation annuelle de Paris, qui n'est que de cent dix-sept mille bœufs.

27 *Juin*, Il paroît constant aujourd'hui que M. le maréchal de Broglie ne sera pas employé. Ses ennemis triomphent & le décrient : ils disent hautement que ce général a montré son ineptie au camp de Bayeux, & qu'il s'y est absolument perdu de réputation.

27 *Juin* 1779. M. Favart donna en 1757 la *petite Iphigénie*, parodie charmante de *l'Iphigénie en Tauride* de *Guimond de la Touche*. On a joué hier *les Rêveries renouvellées des Grecs*, parodie des deux *Iphigénies*. Celle-ci est de M. Guérin de Frémincourt, qui a beaucoup profité de son devancier, mais l'a plus gâtée qu'embellie. Elle est en trois actes, & calquée presque scene par scene sur le nouvel opéra, dont les situations & les morceaux les plus terribles sont présentés sous un jour ridicule, ou sur des airs bouffons.

28 *Juin* 1779. On a parlé de la brochure contre l'abbé Sabbatier, l'auteur des *trois siecles de littérature françoise*, auquel l'on conteste la paternité de ce livre. Depuis que la nouvelle édition paroît, cet abbé a publié une seconde lettre dans le *Journal de Paris*, où il cite les propres expressions d'un M. L....., qui avoit prêté sa plume à M. l'abbé Baudouin, grand-maître du college du cardinal le Moine, le protecteur & le défenseur du défunt abbé Martin, dont, suivant lui, l'abbé Sabbatier s'est approprié le travail. Ce M. L..... désavoue formellement le pamphlet, se repent d'avoir été l'organe du mensonge & de la calomnie, & représente son instigateur comme le plus noir & le plus fourbe de tous les hommes. Si l'abbé Baudouin ne réfute pas ces inculpations atroces, ce qu'il a voulu décrier aura droit de l'en regarder comme convaincu, & le public ne peut qu'en avoir la plus mauvaise opinion.

29 *Juin* 1779. A peine Mlle. d'Eon a-t-elle été libre, qu'elle s'est occupée de la nouvelle affaire qui lui est survenue. Elle publie aujourd'hui

Mémoire à consulter & consultation pour la chevaliere d'Eon, en réponse à celui de messieurs de Kercado, ou Carcado, touchant leur généalogie.

Le premier est signé de Me. Guillaume, avocat; la seconde, datée du premier juin 1779, est de MM. Guillaume, Taillandier, Sarrady.

30 *Juin* 1779. La *lettre d'un libraire de Lyon à un libraire de Paris*, contient plusieurs anecdotes injurieuses au directeur de la librairie; ce qui le rend furieux contre cette brochure, envoyée à tous les membres du parlement & aux magistrats du conseil. On y apprend que M. de Néville ayant eu pour but dans ses arrêts que de se procurer de l'argent, a vendu au sieur Duplain, libraire de Lyon, 40,000 liv. la permission d'imprimer l'Encylopédie, malgré l'arrêt du parlement du 6 février 1759, qui défend de vendre & publier les sept premiers volumes de l'Encyclopédie; qu'il s'est réservé la faculté de vendre à plusieurs la même permission.

Que tous les contrefacteurs ont été mis à contribution; qu'on leur a fait payer fort cher l'amnistie de leurs anciens vols & la liberté de vendre les nouveaux; que le directeur se félicite avec ses amis de son invention, & dit, comme l'abbé Terrai, quand il avoit un peu pressuré les financiers : *après tout, je ne fais que voler les voleurs.*

L'auteur cherche sur-tout à faire perdre à M. de Néville la considération qu'il s'étoit acquise auprès des patriotes durant les troubles de la magistrature par son courage & sa fermeté : il n'avoit alors que vingt-deux ans ; son ame étoit neuve : elle est aujourd'hui corrompue : il dit lui-même : *autres temps, autres mœurs*. On rappelle le propos tenu à Rouen lors de la cérémonie de l'estampille, qu'il lui falloit 100,000 liv. pour *ses bureaux*.

On conclut que le seul moyen resté aux libraires d'éviter leur ruine, c'est d'opposer plus d'argent à moins d'argent. M. de Néville, à ce prix, retirera ses arrêts ; il suivra l'exemple de M. de Maupeou, qui a reçu dans le temps 50,000 liv. pour tolérer l'impression de l'encyclopédie, & 50,000 liv. pour l'empêcher. Si l'on crie que *cela n'est pas juste*, il dira encore, comme l'abbé Terrai, *qui vous dit que c'est juste ?*

30 *Juin* 1779. Les partisans du maréchal de Broglie ou du comte de Maillebois, critiquent beaucoup le choix de M. le comte de Vaux pour commander l'expédition d'Angleterre : ils disent qu'ils est vieux, infirme, podagre, fort gros de corps, qu'il a les jambes encore plus grosses ; qu'il est d'autant plus ridicule de l'avoir nommé, qu'une pareille expédition exige autant d'activité de corps que d'esprit. D'un autre côté, on ne voit pas que ce militaire ait le moindre crédit à la cour, qu'il ait intrigué ou cabalé, & l'on a tout lieu de croire qu'il ne s'attendoit à rien moins qu'à sa nomination.

1 *Juillet* 1779. Le chevalier du Coudray, bateleur littéraire si jamais il en fût, avoit imaginé de se faire directeur de troupe & d'élever un petit spectacle forain aux boulevards neufs. Il se flattoit de pouvoir ainsi satisfaire, à son aise, son amour-propre & faire jouer librement ses

pieces rebutées des autres théatres. Il a en conséquence vendu des contrats pour subvenir aux frais de construction du nouvel édifice. Il étoit fini, & déja l'on en avoit annoncé l'ouverture dans les *petites affiches de Paris*; mais là police s'y est opposée, & lui reproche de s'être prévalu d'une permission pour des jeux à six & à huit sous, & de s'ériger en directeur de grande troupe : en sorte qu'il est fort embarrassé avec son théatre, ses acteurs & ses pieces. Les *petites affiches* ont été obligées de se rétracter.

1 *Juillet* 1779. La *réponse du libraire de Paris* est encore plus vigoureuse, s'il est possible, contre M. Camus de Néville. On y avance des anecdotes & des faits non moins cruels; on lui reproche :

1°. Que le produit de l'estampillage, dont une partie étoit assignée pour les vacations des syndics & autres officiers de la librairie, est passé tout entier entre ses mains.

2°. Qu'ayant paru favorable aux contrefacteurs, il les a rudement vexés par un impôt sur chaque volume ; en sorte que plus ils avoient multiplié les contrefaçons, plus il leur en a coûté ; au point qu'à tel libraire il en coûté 15,000 liv. argent comptant sec.

3°. D'avoir porté à un taux excessif le tarif qui taxe le format & le nombre des volumes qu'on aura permission d'imprimer.

4°. Enfin, qu'en mettant des impositions arbitraires, en se réservant la faculté de les augmenter quand il le voudra, en les établissant à perpétuité, en ne se rendant comptable à personne des deniers qu'il recevra, il a formé une entreprise contraire à la constitution nationale & à toute espece de gouvernement.

C'est ce qui motive la confiance des libraires dans le parlement, d'autant que les derniers arrêts du conseil non revêtus de lettres-patentes, sont absolument contraires aux loix enrégistrées concernant la librairie.

Avant d'avoir recours à cette voie extrême, ils ont dû épuiser les autres. Il falloit démontrer à M. le directeur que ses arrêts violent manifestement les loix de la propriété ; que la maniere dont ils ont été faits, leur clandestinité, le secret gardé aux conseillers du bureau dont ils sont censés émanés, prouvent la perversité de la besogne ; que ses défenseurs ne sont que des sophistes & des écrivains flatteurs, mercenaires ; que tout est contradictoire & dans ses arrêts & dans ses apologies : il falloit tâcher de dissiper le préjugé du garde-des-sceaux, qui lui a confié ce département ; il falloit tenter par une requête bien motivée d'obtenir le renvoi des griefs au bureau chargé de cette espece de législation ; il falloit convaincre M. de Néville par un jugement en justice réglée, tel que celui entre la dame Dessaint & le sieur Paucton, que jamais les tribunaux n'adopteroient ses arrêts, contraires à toutes les notions de justice & d'équité.

2 *Juillet* 1779. Outre les deux lettres dont on a parlé, concernant les réclamations des auteurs & des libraires, il en paroît une troisieme *lettre de M*** à un libraire de ses amis*, en date du 18 avril 1779. Son objet est de rappeller sommairement tout ce qui a été dit de plus lumineux dans les écrits précédents en fa-

veur des plaignants, & de faire sentir au parlement qu'il ne peut s'empêcher de statuer sur leurs griefs, pour ne pas être en contradiction avec les loix, auxquelles il a donné la sanction par l'enrégistrement.

2 *Juillet* 1779. M. Lantier, auteur de *l'Impatient*, petite comédie en un acte & en vers, jouée l'année derniere une seule fois sans succès, ne s'est pas rebuté, & la fait reparoître plus heureusement aujourd'hui.

3 *Juillet* 1779. Le mémoire de Mlle. d'Eon est infiniment mieux fait que tout ce qu'elle a écrit jusqu'à présent ; son style est clair, ferme, noble, plein d'énergie : elle y apprend au public comment, dans son impatience de combattre les ennemis de l'état, elle avoit demandé la permission de servir sous les yeux du célebre comte d'Orvilliers, dont elle cite la réponse datée de Brest le 3 mars 1779 ; comment le Sr. de la Fortelle, lieutenant de roi de St. Pierre-le-Moutier, auteur *de fastes militaires, ou annales des chevaliers des ordres royaux & militaires de France*, lui avoit écrit pour avoir sa notice ; comment elle lui avoit envoyé plusieurs de ses mémoires adressés aux ministres, dont il en avoit tiré un précis de *la vie militaire, politique & privée* de cette singuliere héroïne ; comment enfin il avoit copié un imprimé contenant sa généalogie qu'elle lui avoit aussi confiée, dressée en 1763 sur pieces authentiques par M. de Palmeus, secretaire de S. A. S. le feu prince de Conti.

C'est cette généalogie qui a alarmé MM. de Kercado, & donné lieu au procès qu'ils ont intenté à l'historiographe, qui en a fait la dénonciation à Mlle. d'Eon.

En conséquence, cette fille célebre, avocat elle-même, ne pouvant mettre en cause Palmeus mort, se défend.

1°. Elle détruit les objections proposées contre le systême du généalogiste, indifférentes à messieurs de Kercado.

2°. Elle fait voir que les motifs de plainte qui sont particuliers à ses antagonistes, n'étant ni de son fait, ni de celui du sieur de la Fortelle, ne peuvent leur être imputés, mais au Sr. de Palmeus seul.

3°. Elle montre que vis-à-vis de celui-ci même, les parties adverses n'ont pas prouvé l'intérêt de leur réclamation.

4°. Elle établit enfin que les griefs prétendus ne sont que des fantômes, & que loin de s'en trouver offensées ou d'en témoigner du ressentiment au généalogiste, elles lui en doivent de la reconnoissance.

Tel est le résumé de ce mémoire, très-bien raisonné, très-savant, au fond plein de recherches, & où d'ailleurs on trouve des morceaux historiques curieux & intéressants, tel que le portrait de l'hérésiarque Eon, dont MM. de Kercado rougissent de descendre, & qui est représenté ici comme un homme rare, & même comme un grand homme, quoique ces messieurs le traitent de fou.

La consultation confirme les excellentes raisons de la Dlle. d'Eon, qui non-seulement n'est point dans le cas de faire aucune réparation, mais d'en attendre.

Au surplus, la réponse de M. d'Orvilliers

étant une piece à conserver, en voici la copie.

« Il n'est permis, mademoiselle la Chevaliere,
» à aucun habitant de l'Europe, qui ait reçu
» quelque éducation dans cette partie du monde,
» d'ignorer le rôle distingué & extraordinaire
» que vous y avez joué : l'admiration & l'estime
» ont dû être la suite de cette connoissance.
» Personne au monde ne vous paie ce juste
» tribut avec plus d'étendue que moi, & je
» serois enchanté si, par un effet de la lettre
» que vous avez adressée à M. le comte de
» Maurepas, les circonstances me mettoient à
» même de combattre à vos côtés, de justifier
» l'estime que vous m'accordez & de vous donner
» des preuves du respect avec lequel j'ai l'honneur
» d'être, &c. »

3 *Juillet* 1779. Il est certain que le directeur actuel de la librairie a trouvé dans son tarif une mine d'or, s'il peut le maintenir sur le pied qu'il a imaginé.

Pour une édition in-folio, chaque volume, tiré à 1500 exemp. } 240 livres.

Pour une édition in-4. *idem*, . . . 120.
Pour une édition in-8. *idem*. , . . 60.
Pour une édition in-12. *idem*. . . . 30.
Pour une édition in-16. *idem*. . . . 15.

Telle est la taxe des objets les plus importants.

4 *Juillet* 1779. Si l'on en croit Me. Linguet, qui dans son N°. 39 fait une sortie des plus violentes contre M. de Mairobert, celui-ci seroit l'auteur des *Mémoires secrets, &c. de Bachaumont*, & l'on juge qu'il est en effet

très-persuadé aux sentimens de vengeance & de fureur qui l'animent. Cependant, comme cet écrivain n'apporte aucune preuve du fait, que M. de Mairobert, suivant ce qu'attestent tous ceux avec qui il vivoit dans la plus grande intimité, a toujours désavoué ce livre, il est calomnieux au journaliste de lui attribuer un ouvrage qu'il regarde comme aussi abominable. Tout ce qu'a dit le défunt censeur, c'est qu'il y avoit dans les mémoires en question beaucoup d'articles conformes au journal primitif de madame Doublet, dont il avoit une copie, ainsi que le président de Meynieres, ainsi que M. d'Argental, ainsi que M. l'abbé Xaupy & plusieurs autres illustres amis, commensaux & collaborateurs de cette virtuose. Il s'ensuivroit de cet aveu, au contraire, l'authenticité du livre, jusqu'à la mort de M. de Bachaumont. Et les éditeurs sans doute n'ont pas prétendu persuader au public que ce philosophe fût revenu de l'autre monde pour composer la suite.

Quant à la maniere dont Me. Linguet s'exprime sur le compte de M. de Mairobert & au temps où il l'attaque, on peut à plus juste titre reprocher à ce journaliste de l'insolence & de la bassesse. Il est insolent en effet de dire *le nommé Mairobert*, d'un homme mieux né que son accusateur; de l'appeller *parvenu*, parce qu'il étoit avocat, censeur royal & secretaire du roi, toutes qualités qui n'étonneroient pas dans un homme de l'extraction même de Me. Linguet; enfin il est bas de n'oser outrager que sa mémoire, & de supprimer sciemment sa qualité de secretaire des commandemens du duc de

Chartres, pour lui enlever le protecteur qui pourroit lui rester après sa mort.

Un fait plus certain à cet égard que les assertions très-hasardées du journaliste, c'est que la police ayant à l'instant de la mort de M. de Mairobert, & avant l'apposition des scellés, fait enlever de chez lui par ordre du roi, non-seulement tous ses manuscrits & papiers, mais même beaucoup de livres, on n'y a rien trouvé qui donnât la moindre induction de ce soupçon.

5 Juillet 1779. Il vient de mourir une demoiselle Tiercelin, une de celles consacrées aux plaisirs de Louis XV. Celle-ci étoit fille d'un cavalier de maréchaussée, bâtard d'une maison illustre du nom que portoit cette demoiselle. Le Sr. le Bel instruit de l'existence de cette rare beauté, l'avoit fait enlever à onze ans, & éduquer jusqu'à quatorze, qu'il l'avoit jugée propre à la couche de son maître. C'est cette considération de destination forcée qui avoit fait excepter Mlle. Tiercelin par le roi actuel, qui l'aimoit beaucoup. Elle avoit un sort d'environ 30,000 livres de rentes; elle en dépensoit cent, & tous les ans S. M. ordonnoit qu'on payât ses dettes. Elle en laisse encore pour 300,000 livres. Elle a un fils d'environ quinze ans, qui se nomme monsieur le Duc.

A la mort de Mlle. Tiercelin, son pere & son frere ont trouvé une cassette précieuse qu'ils ont remise, & ils esperent être bien récompensés.

5 Juillet. Pour donner plus de relief & plus de vogue encore au *Mercure*, il s'agit de le faire paroître chaque semaine ; on voit le prospectus de cette nouvelle entreprise.

6 Juillet 1779. Dans la renaissance de la poésie parmi nous, nos poëtes se sentant de la galanterie de la vieille cour, agitoient des problêmes amoureux qui nous paroissent fort ridicules aujourd'hui. Cependant M. le Brun vient d'en renouveller un de cette espece, qui fait fortune: c'est le *Jugement de l'Amour sur les yeux noirs & sur les bleus.*

Un jour les beaux yeux noirs aux vives étincelles,
Et les bleus aux regards doux, tendres & mourants,
(Jamais plus grave objet n'intéressa les belles !)
Voulurent à la fin terminer leurs querelles,
  Et que l'Amour fixât leurs rangs.
Au juge de Cythere ils présentent requête ;
Ils plaident : mes amis, c'est bien en pareil cas,
Qu'il est charmant de voir plaider les avocats.
  L'Amour en bonne & grave tête,
Sur la foi des baisers, integres rapporteurs,
  Met ainsi d'accord les plaideurs :
« Les yeux noirs savent mieux briller dans une tête ;
„ Les bleus sont plus touchants à l'heure du berger.
„ Les yeux noirs savent mieux conquérir, ravager.
  „ Les bleus gardent mieux leur conquête.
„ Les noirs prouvent un cœur plus vif, mais plus léger;
„ Les bleus un cœur plus tendre & moins prompt à
  changer.
„ Les noirs lancent mes traits, les bleus ma douce
  flamme;

„ Les noirs peignent l'esprit, & les bleus peignent l'ame."

7 Juillet 1779. Tout le parti janséniste a tressailli de joie ces jours derniers en voyant M. l'abbé de Gergy, recevoir à Ste. Genevieve, le jour de la Saint-Pierre, M. l'archevêque de Paris, & l'y laisser officier ; ensuite le prélat est allé dîner au réfectoire à côté de cet abbé, & y prendre un repas frugal. Pour connoître le sujet de l'alégresse de cette cabale, il faut savoir que Ste. Genevieve est censée un repaire du jansénisme ; que M. de Gergy sur-tout, l'abbé actuel, étoit tellement suspecté par monsieur de Beaumont, qui lui avoit interdit la prédication, & qu'il le tient encore dans cet état de suspension. Cela n'a pas empêché qu'il n'ait été promu aux dignités de son ordre. Depuis qu'il est abbé de Ste. Genevieve, il a obtenu trois fois la permission de prêcher ; ce qui paroît fort inconséquent de la part du prélat ; mais sa derniere démarche est le comble de ses contradictions, & les molinistes, de leur côté, en sont très-alarmés.

8 Juillet 1779. *La Reine de Golconde* est sans doute un des sujets qu'on puisse mettre au théâtre le plus heureux. Il est fâcheux seulement qu'il soit tombé entre les mains du sieur Sedaine, le poëte le moins propre à ce genre. Outre qu'il a très-affoibli dans son style les graces & la naïveté du roman original, c'est qu'il est très-mauvais versificateur, très-dur, très-plat & sans le moindre rithme harmonique. Malgré ce vice radical, l'intérêt du sujet, sa variété, la multitude de décorations & de ballets qu'il exige naturellement, jointe à la musique agréable, charmante & pittoresque du compositeur, le sieur Monsigny, y ont attiré du monde, & les Gluckistes, Piccinistes, Bouffonistes n'ont pu s'empêcher de le louer.

Pour dédommager la portion du public qui aime la danse, & qui en est sevrée depuis long-temps, le Sr. de Vismes a fait refaire & étendre les ballets. Celui du premier acte est du sieur Gardel l'aîné ; le sieur Vestris s'est chargé du second, & le troisieme a été jugé digne de la composition du sieur Noverre : chacun de ces chorégraphes s'est tellement plu dans son travail, qu'il l'a trop alongé ; en sorte qu'il en résulte de la satiété même pour les amateurs de ces divertissements.

Une nouvelle débutante a chanté une ariette, dans laquelle on a admiré la justesse & la légéreté de sa voix. Ce sera une très jolie cantatrice ; mais comme elle n'a ni énergie, ni étendue, on doute qu'elle puisse être jamais actrice : elle se nomme Girardin.

Mlle. le Vasseur a daigné descendre aux rôles de bergere ; mais accoutumée aux coups de force, aux mouvements des passions violentes des héroïnes, elle a peine à revenir à la douceur, à la simplicité de cet état humble & calme.

9 *Juillet* 1779. La souscription annoncée pour les Queyssat n'a pas réussi sans doute, puisque madame la comtesse de Genlis, gouvernante des enfants du duc de Chartres, se propose de leur donner des secours. On sait que cette femme bel-esprit fait des comédies très-ingénieuses ; elle en a fait imprimer un

volume qui doit être vendu au profit de ces prisonniers. On ne peut qu'applaudir à des vues de bienfaisance aussi nobles.

9 *Juillet* 1779. Les pieces pour le concours du prix de *l'Eloge de Voltaire*, ont été remises, & le concours est fermé du trois de ce mois. Il y a vingt-deux *Eloges de l'abbé Suger*. Un d'eux n'ayant été porté que le quatre chez l'imprimeur, l'académie a délibéré à ce sujet, & est convenu de l'admettre par grace.

9 *Juillet*. M. l'abbé Beaudouin, le grand-maître du college du cardinal le Moine, excité par ses amis, s'est enfin déterminé à rendre plainte au criminel contre la lettre de l'abbé Sabbatier de Castres, insérée au *Journal de Paris* du 15 juin; & l'affaire est en instance.

9 *Juillet*. On a parlé en 1772 de la mission qu'avoit M. le comte d'Essuille pour suivre dans les provinces un plan d'opérations, tendant à augmenter les richesses des communautés, & à leur fournir de nouveaux moyens de supporter leurs charges. Il consistoit à les engager, en se réservant la propriété des marais & communes qui leur appartenoient, à les diviser en autant de parties égales qu'elles contenoient de familles riches ou pauvres, à qui ces portions étoient échues par la voie du sort, pour en jouir & leurs descendants, autant qu'elles résideroient dans la communauté, & sans que ces parties de biens pussent être saisies par leurs créanciers. En faisant ainsi participer tous les habitants aux fruits des biens communs, dont les seuls particuliers riches tiroient alors avantage, ces communautés sont parvenues à accroître leurs propriétés par des défrichements qui ont

réuſſi très-facilement, à faire ſervir leur intérêt particulier au bien & à la proſpérité de l'état, à l'augmentation du commerce & de la population, & à tarir une des principales ſources de la mendicité.

On ne ſait pourquoi M. le comte d'Eſſuille a été arrêté dans ſa miſſion. Il paroît qu'on ſonge à remettre en vigueur ſon ſyſtême. Cet écrivain économiſte l'a développé dans ſon excellent *Mémoire ſur le tourbage*, ſuivi d'un autre également utile que les états firent imprimer à Arras, & mieux encore dans un *Traité politique & économique des communes*, qu'il publia en 1772.

9 *Juillet* 1779. L'on a donné hier au théatre la premiere repréſentation de l'*Amore ſoldato*, ou l'*Amour ſoldat*, opéra bouffon en trois actes du ſignor Sacchini. Malgré le nom de ſon auteur & l'excellence de la muſique, il n'y avoit perſonne. Il eſt prouvé que chaque repréſentation des bouffons, leur traitement & leurs frais compris, revient à mille écus, & qu'ils ne rapportent pas la moitié: il n'eſt pas poſſible que cela dure.

10 *Juillet* 1779. Depuis long-temps la comédie Italienne lutte contre le refroidiſſement, l'ennui & le dégoût du public ; il paroît que cette troupe ne peut plus y tenir & qu'elle eſt décidée à retourner en Italie. On ne conſerve qu'*Arlequin* & *Argentine*. Si les bouffons repaſſent auſſi les monts au bout de leur engagement, la liberté qu'auront les autres acteurs de ce théatre de prendre de ces opéra, de les parodier en françois & d'en adopter la muſique,

pourra lui conferver une exiftence qui ne peut avoir lieu fans ce fecous.

11 *Juillet* 1779. On fe propofe déja de donner un rôle à la nouvelle cantatrice de l'opéra, & l'on lui fait répéter celui d'*Aline* dans la *Reine de Golconde*. Les vrais connoiffeurs eftiment que c'eft trop fe preffer, & qu'il auroit fallu la laiffer acquérir avant de l'affurance & du maintien.

12 *Juillet* 1779. Il eft décidé que les quinze-vingt feront transférés du lieu où ils font, à l'hôtel des moufquetaires noirs, qu'on vient d'acheter pour eux : on leur fera un traitement pécuniaire à chacun ; & comme les deux tiers ne font pas parfaitement aveugles, on doit y établir une corderie, où l'on les occupera fuivant leurs facultés refpectives.

12 *Juillet*. Madame la marquife de Rofen, dame pour accompagner *madame*, eft fille du maréchal de Broglio. Quelqu'un attaché vraifemblablement à la même princeffe, a fait des tracafferies auprès de S. A. royale, au point que le Maréchal s'eft trouvé inculpé par des relations, & obligé de fe juftifier : ce qu'il a fait de la maniere la plus fatisfaifante pour *madame* ; mais ayant defiré connoître fon accufateur, la princeffe s'eft refufé à le lui nommer, parce qu'elle avoit donné fa parole au coupable de ne le point faire. Après les inftances les plus vives de l'accufé, S. A. royale eft convenue de lui écrire une lettre très-forte, où elle le déclare abfolument innocent & rend compte des raifons qui laiffent le calomniateur à l'abri du jufte reffentiment du maréchal. Il a

fait expédier des copies manuscrites de cette lettre, qu'il délivre à tout le monde.

13 *Juillet* 1779. La troupe du sieur l'Ecluse, intitulée aujourd'hui : *Le Spectacle des variétés amusantes*, est devenue à la mode ; c'est la fureur du moment : malgré les grossiéretés dont ce théatre est infecté, les femmes les plus qualifiées, les plus sages en raffolent. Il y a surtout un acteur faisant les rôles de niais, qui est singuliérement admiré : ceux de la comédie françoise sont venus le juger, & l'ont déclaré le premier dans son genre ; ils vont travailler à l'acquérir. Pour satisfaire la foule des amateurs, cette troupe qui va se transporter à la foire St. Laurent, après y avoir représenté le jour, viendra la nuit dans la sale des boulevards donner sa reprise.

14 *Juillet* 1779. L'écrit ou mémoire en faveur des nourrisseurs & herbagers & pour les marchands forains de bestiaux, a fait une telle sensation que la police en a cru devoir arrêter la distribution. Cependant la cour des aides en ayant eu connoissance, & n'ayant point enrégistré l'édit de rétablissement de la caisse de Poissy, avoit rendu le 30 juin arrêt, défendant de percevoir aucun droit en cette matiere non autorisé par elle, à peine de concussion ; le gouvernement instruit de cette démarche a envoyé chez l'imprimeur de la cour des aides pour arrêter la publication & impression de cet arrêt, cassé dès le lendemain par un arrêt du conseil. En sorte que la nouvelle caisse n'a pas moins eu lieu au commencement de ce mois.

D'après le premier mémoire il a paru en cette matiere,

1°. *Mémoires pour les marchands bouchers de Versailles, de Corbeil, de St. Germain, de Montmorency, de St. Denis, & des environs de Paris, sur la nouvelle caisse de Poissy.*

2°. *Second Mémoire pour les nourrisseurs & herbagers, & pour les marchands forains de bestiaux approvisionnant les marchés de Sceaux & de Poissy.*

Servant de réponse aux différentes objections proposées contre le premier, & d'éclaircissement sur d'autres points intéressants.

3°. *Supplément au second mémoire des marchands forains & herbagers:*

Contenant 1°. quelques observations nécessaires à la cause : 2°. l'adhésion de quatorze autres herbagers de Normandie, au mémoire des marchands forains ; ce qui porte le nombre des réclamants à 296, y compris les quarante bouchers de Versailles.

15 *Juillet* 1779. Le *Mémoire pour les marchands bouchers de Versailles, de Corbeil, &c.* souscrit de quarante d'entr'eux, est fort court & fort clair. Ils adherent en tout au premier mémoire & ajoutent en outre :

1°. Que les lettres-patentes établissent sur les bouchers de la campagne une imposition de 8 livres 6 sous 8 deniers par bœuf & d'une livre par paire de moutons.

2°. Que le roi déclarant ne vouloir tirer aucun produit pour son trésor royal de cet impôt, ils ne peuvent concilier une imposition aussi forte avec l'intention manifeste de sa majesté.

3°. Que cet impôt étant destiné à remplacer celui mis pour l'entrée de la ville de Paris, à n'y a aucune raison d'établir ce remplacement d'impôt dans les endroits où il n'y avoit pas de droits d'entrée établi.

Le résultat de ces observations est, que l'impôt rendant net au roi environ 350,000 livres, sera augmenté de près de 700,000 liv. ce qui doit entrer dans la bourse du fermier, puisque sa majesté n'exige que la même somme du passé.

16 *Juillet* 1779. Dans le *second mémoire pour les nourrisseurs & herbagers, & pour les marchands forains de bestiaux*, &c. on fixe les doutes élevés sur les *données*, telles que le nombre des bœufs & des moutons qui se vendent annuellement aux deux marchés de Sceaux & de Poissy, & le prix moyen des bœufs & des moutons. On prouve que les calculs établis à cet égard sont exacts; c'est-à-dire, que Paris consomme annuellement 117,000 bœufs & 245,000 paires de moutons, & que l'évaluation du prix moyen à 250 livres par bœuf ou vache est reconnue vraie par tous les gens du métier. Il en est de même de celle du prix commun de la paire de moutons à 30 livres.

On explique ensuite comment l'augmentation totale de l'impôt, portée à plus de 600,000 livres, peut se concilier avec celle qui résulte de l'impôt partiel par tête de bœuf & par paire de moutons : ce qui devient clair après les données ci-dessus. L'on démontre que la tête de bœuf, par l'impôt établi sous M. Turgot de 5 livres à la barriere, se monte réellement aujourd'hui à 8 livres 6 sous 8 deniers de plus, & celle de la paire de moutons, ci-devant de 12 sous, à 1 livre 10 sous. En outre, le boucher de campagne, qui ne devoit rien payer à la barriere, paiera la même somme. De ce double accroissement se forme cet excédent de plus de 600,000 livres de l'impôt, tandis que le roi déclare qu'il ne demande aux fermiers que la même somme qu'il tire maintenant.

Il seroit fastidieux de suivre l'auteur du mémoire dans la discussion ultérieure de ses proportions, toutes très-clairement prouvées.

Dans le supplément au second mémoire, on poursuit les partisans & défenseurs de la nouvelle caisse jusques dans leurs derniers retranchements; & après les avoir fait convenir du point essentiel, qui est l'augmentation réelle de l'impôt, on détruit leur prétexte, en prouvant que les pertes que fera la caisse seront imperceptibles en comparaison du produit net qui leur restera.

16 Juillet 1779. La faculté vient de recevoir encore un nouvel échec, par l'attribution faite à la société de correspondance exclusive de tous les hôpitaux du royaume. En outre, c'est elle qui doit être consultée par l'administration sur les meilleurs moyens de réformer les vices, les incovénients & les abus de ces lieux.

16 Juillet. Entre les pieces qui concourent pour *l'Eloge de Voltaire*, il s'est trouvé un dithyrambe qui a sur-tout frappé les académiciens, & qui, malgré la bizarrerie de cette forme, a de si grandes beautés, que messieurs les académiciens sont tentés de lui adjuger le prix.

16 Juillet. La séance concernant les nouvaux réglements de la librairie, tenue le 2, a été renvoyée à la fin du mois. On craindroit que ces délais n'annonçaſſent des diſpoſitions peu favorables du parlement en faveur des plaignants ; mais on aſſure que l'avocat-général Séguier, à qui les imprimeurs & les libraires ont fait de gros préſents, s'eſt engagé à les ſoutenir de ſon crédit dans la compagnie, & de ſon éloquence ; ces derniers ſe ſont ligués & ſont décidés à ſacrifier un million, s'il le faut, pour triompher de M. de Néville.

17 *Juillet* 1779. Le parlement, les chambres aſſemblées le 13, a ſupprimé les mémoires dont on a parlé, concernant les nourriſſeurs, herbagers & marchands forains de beſtiaux. C'eſt l'avocat-général Séguier qui a fait le réquiſitoire, où il a repréſenté ces écrits clandeſtins comme deſtinés à échauffer les eſprits & à jeter l'alarme dans le public ; comme contenant des déclamations indécentes contre une loi émanée du trône, & ayant reçu la ſanction reſpectable de l'enrégiſtrement. En conſéquence il a été ordonné une information contre les auteurs, imprimeurs, colporteurs & diſtributeurs de ces pamphlets, dont il a été jugé important d'arrêter le ſcandale.

18 *Juillet* 1779. Les Mémoires *pour les marchands forains, bouchers,* &c. qu'on croyoit de l'abbé Baudeau, parce qu'ils ſont dans les principes de la ſecte des économiſtes, & ſurtout dans ceux développés par cet abbé, lors de ſon plaidoyer contre les fermiers de la caiſſe de Poiſſy, ſont décidément de la compoſition de Me. Blonde, avocat, l'auteur de la *Lettre ſur M. de Vaines*, & fameux par cette querelle.

relle. Il est assez singulier de le voir maintenant défendre l'ouvrage de M. Turgot, après l'avoir si cruellement affligé par sa diatribe contre sa créature.

Du reste, les magistrats & les ministres conviennent assez aujourd'hui des vérités avancées dans les écrits condamnés par le parlement. Mais les nouveaux fermiers ayant fait une avance de deux millions, il faudroit les leur rendre, & le trésor royal ne rend rien. Ainsi M. Necker a été obligé de les mettre en possession du bail commencé le premier juillet. On impute cette besogne peu patriotique à M. le grand-aumônier, qui toujours affamé d'argent s'est laissé gagner par ses créatures, & moyennant finance, qu'il ne veut pas restituer aussi, a fait réussir & maintenir le projet. Voilà le public grevé d'un impôt de plus de 600,000 livres, pour assouvir la cupidité d'un grand seigneur & de quelques particuliers.

19 *Juillet* 1779. C'est actuellement M. le comte de Broglio qui attire le public au palais. L'affaire est peu considérable en elle-même ; c'est un vrai commérage, une pure tracasserie : mais l'importance du personnage & sa turbulence l'ont rendue grave, intéressante ou du moins curieuse.

M. le comte de Broglio a prétendu, l'année derniere, lorsque son frere fut nommé pour commander le camp de Bayeux, qu'il avoit été accusé par ses ennemis d'avoir détourné le maréchal d'accepter cette faveur du roi, si lui, comte de Broglio, n'étoit nommé maréchal général des logis de l'armée. Il a imaginé que cette accusation devoit partir de la maison de

Rohan, ennemie de la sienne, & il a en conséquence mis en cause un certain abbé Georgel, attaché en qualité de bibliothécaire au cardinal de Guémené. Celui-ci s'est défendu au châtelet ; ayant été décrété d'assigné pour être oui, en a appellé au parlement. Le procès se plaide actuellement grand'chambre & tournelle assemblées, C'est Me. de Bonnieres qui a parlé pour lui dans deux audiences : c'est Me, Tronçon du Coudray qui plaidera contre.

19 *Juillet* 1779. La présidence perpétuelle en la personne du premier médecin, étant une des choses qui a le plus révolté dans la composition de la nouvelle société royale de médecine, M. de Lassonne a pris le parti de se piquer de générosité ; il a fait déclarer à cette compagnie qu'il renonçoit à cette perpétuité, & même à cette dignité ; que la société seroit libre d'en élire un autre. Quant à M. Lieutaud, comme son nom ne figure sur la liste que pour la forme, qu'il répugne à l'établissement, on n'aura nul égard à lui, & il disparoîtra de cette place, ainsi qu'il y a paru, sans s'en offenser.

Il est même si peu d'accord avec son collegue, que c'est lui qui a présenté au roi les représentations de la faculté contre le moderne établissement. S, M. les a prises, & l'on ne sait pas encore ce qu'elle a répondu ou répondra.

19 *Juillet*. A l'occasion du voyage de monsieur de M*** à Brest, les courtisans sont surpris de le voir s'éloigner aussi long-temps de Versailles, avec une sécurité bien dangereuse pour un ministre, d'autant qu'ils reprochent à celui-ci

bien des choses. Ils prétendent que rien ne se fait auprès de lui que par l'argent ou par les filles ; ils lui attribuent un vice crapuleux, celui d'aimer à boire jusqu'à perdre la raison. On réveille le bon mot de Mlle. Arnoux qui, lorsque M. de M*** fut nommé adjoint du comte de......, s'écria : *je le croyois bien capable de devenir un ministre saoul, mais non pas un sous-ministre.* Heureusement M. de Maurepas le soutient, & l'on croit qu'il restera en place, tant que le vieux mentor existera.

10 *Juillet* 1779. Dans le temps du procès de l'amiral Keppel, on a parlé de l'amertume qu'avoit ressentie le comte d'Orvilliers, dont ce général relevoit & découvroit les fautes. Il a compris la nécessité de se justifier, ou du moins de détruire les impressions défavorables que la défense de l'amiral faisoit naître contre lui. En conséquence il a fait imprimer un petit recueil intitulé : *Réponse de M. le comte d'Orvilliers, général des armées navales de France, à l'impartial Nolamed, ancien officier françois à Londres,* par laquelle ce général le remercie d'avoir pris la défense de la vérité *calomniée*. Il lui envoie tout le détail du combat naval du 27 juillet 1778, & les circonstances qui l'ont fait triompher avec une flotte très-inférieure en force, & tous les désavantages du vent de la mer.

Cette superfétation indigeste de matériaux pour l'histoire du combat d'Ouessant est trop ennuyeuse pour qu'on s'y arrêtât, sans les circonstances qui donnent de l'intérêt à l'ouvrage & soutiennent la curiosité du lecteur. Par malheur, on n'y trouve encore aucun éclaircissement satisfaisant sur la conduite de M. le duc de Chartres, sur la séparation des deux vaisseaux, sur M. de la Cardonnie, enfin sur la rentrée précipitée à Brest, deux jours après la prétendue victoire, & au moment où devoient passer les flottes marchandes Angloises & les nôtres, & lorsqu'il s'agissoit d'intercepter les premieres & de favoriser la rentrée des secondes.

11 *Juillet* 1779. On a parlé de la prétendue générosité de madame Vestris qui, malgré la décision unanime de messieurs les premiers gentilshommes de la chambre en sa faveur, avoit cédé à Mlle. Sainval l'aînée certains rôles de premieres princesses que réclamoit celle-ci. Mlle. Sainval outrée, en éprouvant une injustice, de voir que sa rivale fit un étalage de beaux sentiments dans le *Journal de Paris*, où elle avoit envoyé une note à sa louange, insérée n°. 164, a voulu y répondre & rendre la vérité des faits ; mais les rédacteurs de cette feuille ont reçu défenses d'insérer sa lettre.

22 *Juillet* 1779. En lisant la réponse du comte d'Orvilliers, on demande d'abord ce que c'est que cet impartial *Nolamed*, ancien officier François. Il paroît que c'est un nom factice ou anagramatisé. On trouve une *préface de l'éditeur à la nation Angloise*, qui donneroit à présumer que cet éditeur est l'individu en question, & que cet individu seroit le rédacteur du *Courier de l'Europe*. La piece est à peu près dans le style & le ton de plaisanterie de cet écrivain, ancien officier François en effet.

Suit une *Lettre du comte d'Orvilliers*, datée de Brest le 21 mars 1779, où il s'exprime fort durement contre l'amiral Keppel, & dément ses assertions par des assertions contraires. Mais celles de l'Anglois ont subi la contradiction des témoins, ont été épurées au feu d'un conseil de guerre, & il a triomphé; avantage que n'a pas son adversaire.

Les forces comparées des deux lignes qui ont combattu à la journée d'Ouessant, forment la seconde partie de ce *factum*. Il résulteroit en effet de la comparaison une différence en faveur des Anglois de 354 canons; mais en supposant juste cet état où M. d'Orvilliers ne met que 27 de ses vaisseaux en présence de la totalité de l'armée Angloise, les canons ne tirent pas tout seuls; il faut du monde pour les servir; & c'est ici que se décele la mauvaise foi du général François, qui n'a garde de comparer les équipages, les nôtres étant d'un grand tiers plus nombreux, c'est-à-dire pouvant tirer trois coups contre deux, toutes choses égales d'ailleurs.

Au parallele des deux lignes succedent les principaux faits de la journée d'Ouessant. Comme c'est M. d'Orvilliers qui les raconte, il les rapporte à son avantage; ce qui doit être. Cependant, en les discutant, peut-être trouveroit-on à chicaner, à le mettre en contradiction avec lui-même, & sur-tout à lui faire voir que plus il vante ses belles manœuvres, plus il prouve l'habileté de l'Anglois de les avoir rendu stériles.

Infidélités, omissions & faux jugements de l'amiral Keppel: telles sont les gentillesses que l'adversaire reproche dans la quatrieme partie à son émule.

Enfin la conclusion est la ritournelle du titre, que M. d'Orvilliers a triomphé avec le désavantage des vents & de la mer, & une infériorité de forces si décidée, que la France n'avoit que deux vaisseaux à trois ponts contre sept.

La bienveillance de l'impartial éditeur est telle, qu'il justifie avec éloge jusqu'à Palliser, dont le conseil de guerre n'a pas trouvé la conduite digne de cet honneur, & le lord Sandvvich, dont la nation demande la tête.

En un mot, *vaincre* est terme dont chaque parti peut se servir : c'est par les avantages que s'apprécie la victoire. Or, les flottes marchandes Angloises sont rentrées en totalité, précisément après le combat ; les flottes françoises ont été enlevées en très-grande partie dans le même temps. Le procès est jugé aux yeux, non de l'impartial Nolamed, mais de tous ceux qui le sont véritablement.

23 *Juillet* 1779. On voit un *Mémoire justificatif pour le marquis de Brunoy*, qu'on dit avoir été imprimé, mais dont tous les exemplaires ont été saisis, sauf un, sur lequel on a fait des copies manuscrites. Il est court, & l'on juge aisément à la fabrique qu'il est de ce personnage. Il y a beaucoup de verbiage, malgré sa briéveté, peu de raisonnements, & des faits vagues, sur lesquels le lecteur ne peut asseoir sa décision. Le plus singulier & le plus curieux, c'est celui où il rend compte d'avoir été empoisonné, c'est-à-dire trompé par les conseils d'un fanatique ignorant, de s'être laissé administrer une potion composée d'extrait des sucs des quatre semences froides & de nénuphar, qui l'ont réduit à un état d'impuissance

physique habituelle, qui a influé sur ses facultés morales. Du reste, il prétend qu'il n'est ni prodigue, ni imbécille, ni furieux, ni libertin crapuleux; & c'est sur ces quatre chefs qu'il se défend. Son style sent l'imagination exaltée; il est souvent en désordre, & chargé de citations latines tirées principalement de l'écriture-sainte. Enfin, cet écrit lâche & sans énergie, donne une idée de son auteur, qui, en forçant à le plaindre à certains égards, parce qu'on sent bien qu'on a abusé de son état pour lui ôter la disposition de ses biens & la liberté de sa personne, l'en fait paroître très-digne à d'autres par certains aveux qu'il est obligé de faire. Il en résulte de plus en plus que le marquis de Brunoy est un des êtres de la nature le plus incompréhensible.

23 *Juillet* 1779. On parle d'un *Mémoire imprimé pour la justification de Mlle. Sainval l'aînée*, qui n'ayant pu faire insérer au *Journal de Paris* sa réponse à madame Vestris, a imaginé cette tournure. Les gentilshommes de la chambre ont été si outrés qu'ils ont fait exiler cette actrice : par gentilshommes de la chambre, il faut entendre le maréchal de Duras, le seul qui mene actuellement le tripot comique.

24 *Juillet* 1779. *Le Mémoire pour Mlle. Sainval* est de la composition de madame la marquise de Saint-Chamont, ci-devant Mlle. Mazarelli, très-renommée d'abord pour ses aventures galantes & autres, & depuis pour ses ouvrages littéraires. On le dit très-méchant, ce qui le rend fort rare.

25 *Juillet* 1779. On connoissoit de madame la comtesse de Genlis, trois comédies, impri-

mées dans le *Parnasse des Dames*, ayant pour titre : *l'Amant anonyme, les fausses délicatesses & la mere jalouse*. Elles annonçoient déja un talent décidé : mais renfermées dans la classe ordinaire, elles ne présentoient pas à vaincre les difficultés que l'auteur s'est proposées depuis dans son *Théatre à l'usage des jeunes personnes*, qu'elle publie aujourd'hui, où elle s'est imposé la loi de ne pas admettre un seul rôle d'homme, de ne pas même y prononcer le mot d'amour, & d'avoir dans toutes pour objet le développement d'une vérité morale. Ce travail peut être d'autant plus utile, que madame la comtesse de Genlis est gouvernante des enfants de M. le duc de Chartres, & cherche ainsi à les instruire en les amusant.

26 Juillet 1779. Me. Tronçon du Coudray a plaidé vendredi dernier pour le comte de Broglio, devant une assemblée non moins brillante que celle où avoit paru son adversaire. On n'a pas été content de cet orateur, dont le plaidoyer n'est pas fini. Les partisans même de son client ont trouvé qu'il n'avoit pas donné à sa cause l'importance dont elle n'étoit guere susceptible, mais qu'il falloit cependant affecter pour augmenter la curiosité de l'auditeur, si l'on ne pouvoit y jeter de l'intérêt en faveur du comte de Broglio. Il est tout entier du côté de l'abbé Georgel, sans qu'il soit diminué par sa qualité d'ex-jésuite, dont l'orateur a cherché à profiter pour lui aliéner les magistrats. Ces huées du public lui ont fait connoître qu'il n'approuvoit pas cette précaution oratoire. On sait qu'en général il est toujours pour la partie la plus foible ; & à ce premier motif se joint celui de la détestation générale, où est à la cour & à la ville le puissant accusateur de l'ancien disciple d'Ignace.

26 *Juillet* 1779. Les comédiens italiens ont commencé d'effectuer mardi leur projet annoncé de remettre au théatre les pieces françoises dont leur répertoire est garni. Le sieur Michu a débuté par un compliment, où il a fait part au public du nouveau projet de la troupe ; projet dont il n'a pas dissimulé les difficultés à l'égard d'acteurs non exercés dans un pareil genre, mais pour lesquels il a réclamé l'indulgence des spectateurs, qui l'ont fort bien accueilli.

27 *Juillet* 1779. Il passe pour constant que jusqu'ici *monsieur* n'avoit pu faire goûter à *madame* les plaisirs de l'amour, par une cause encore plus fâcheuse que celle qui a retardé l'acte de virilité conjugale chez le roi. Enfin, la nature a parlé chez son altesse royale, c'est ce qui fait courir le bruit que madame étoit grosse. Il est faux ; mais son auguste époux s'est trouvé tellement enflammé que sa conversation s'en ressent aujourd'hui, & est très-vive, très-chaude, très-énergique sur les matieres érotiques : il surprend tous ses courtisans.

28 *Juillet* 1779. Les partisans du duc de Choiseul sont furieux de voir les heureux succès du comte de Vergennes, dont les négociations habiles le rendent bien supérieur à ce prétendu grand maître en politique. Toute sa science étoit de brouiller, de diviser, de tracasser, d'allumer le feu de la discorde par-tout. Le ministre actuel des affaires étrangeres prend une tournure bien différente. Au lieu de se

faire craindre, il se concilie l'amitié des puissances, il gagne leur confiance, il les éclaire sur leurs véritables intérêts, & les mene à leur bonheur par la voie la plus courte & la plus sûre. Il est actuellement occupé à tarir une des sources fécondes de la richesse de l'Angleterre, en lui enlevant le Portugal, qu'il veut soustraire à sa servitude, non pour l'asservir lui-même, mais en lui donnant une énergie salutaire, qui le tire de son engourdissement & le vivifie.

28 *Juillet* 1719. Le comte d'Artois, qui cherche à faire de l'argent de tout, vient au nom du grand-prieur de France, son fils, le duc d'Angoulême, de vendre par bail emphytéotique de 99 ans, à une compagnie, le terrein de l'enclos du temple, pour y construire des édifices sur le plan donné, & y ouvrir des rues. Cela ne s'est pu faire sans l'agrément de l'ordre de Malte, auquel le marché est dans le fait trop avantageux pour s'y refuser, & l'on présume que le but du comte d'Artois a été de se faire fournir un gros pot de vin. Au surplus, on ignore encore tous les détails & arrangements de la vente.

29 *Juillet* 1779. Depuis long-temps on proposoit d'établir deux troupes de comédiens françois; c'étoit même l'alternative dans le résultat du travail des membres du bureau de législation dramatique. Les comédiens italiens ont profité de ce vœu général des auteurs pour faire revivre leur privilege : ils ont représenté aux gentilshommes de la chambre qu'ils étoient cette seconde troupe toute établie; ce que ceux-ci ont accepté. Il est question en conséquence de les recruter d'acteurs propres à ce nouveau genre

d'étude. Ils ont acquis déjà une demoiselle Pitro pour les rôles d'amoureuse, & ils doivent posséder bientôt une dame Verteuil, très-renommée pour les drames, qui faisoit les délices des amateurs à Bordeaux, & à joui du même succès à Versailles, où elle est. Les auteurs seront maîtres de présenter leurs comédiens aux uns ou aux autres, comme ci-devant. Il n'y a que la tragédie dont ceux-ci n'ont jamais été en possession. Point de concession particuliere qui ne pourroit avoir lieu qu'après celle bien établie de l'autre genre, & méritée par des applaudissements constants.

Les gentilshommes de la chambre ont saisi d'autant plus volontiers cette ouverture, que la seconde troupe dont on parloit, devoit leur être soustraite, & appartenir à *monsieur* ou au comte d'Artois : tout au contraire reste sous leur main.

30 *Juin* 1779. Quatre ou cinq personnages figurent en second dans le procès intenté par le comte de Broglio à l'abbé Georgel, que le prince Louis soutient ouvertement, puisqu'il n'a manqué à aucune des audiences.

Messieurs le comte de Guibert & Favier y jouent un rôle infame. L'un est connu par son mérite & ses ouvrages, l'autre par sa détention à la bastille, sous le duc d'Aiguillon. Tous deux sont peints dans le plaidoyer du défenseur de l'abbé comme deux espions du comte de Broglio, venus chez son adversaire pour sonder ses dispositions & en tirer des aveux défavorables à sa cause, dans une conversation insidieuse de leur part. Me. Bonnieres a tellement démasqué ces traîtres, il les a couvert de tant de mépris & d'exécration, qu'ils font furieux & veulent l'attaquer directement.

Le marquis d'Escars & M. Radix de Saint-Foix ne brillent pas davantage fur cette scene. L'un témoin pour le comte de Broglio, prétend avoir eu une conversation avec l'autre, où celui-ci lui a révélé certains faits favorables à son ami, que le second nie.

Enfin, un certain Geoffroi de Limon, renommé aussi pour son expulsion honteuse de chez *monsieur*, dont il avoit eu la confiance, prétend avoir vu une lettre du maréchal de Broglio au gouverneur de son fils, & est un cinquieme agent de cette trame ourdie sur le complot supposé du comte de Broglio & de son frere, de se réunir à M. de Maurepas pour *pousser hors les ministres actuels*. C'est l'expression.

On attend avec impatience les mémoires de cette singuliere tracasserie pour en être mieux au fait.

31 *Juillet* 1779. C'est à Clermont en Beauvoisis qu'est exilée Mlle. Sainval, sorte de punition réservée jusqu'à présent aux personnes illustres, & qu'on n'avoit point exercée envers une comédienne. Le but de celle-ci est moins d'honorer Mlle. Sainval, que de l'empêcher de communiquer avec ses amis & ses protecteurs, & sur-tout de donner suite à ses écrits. L'affaire devient très-grave. Lundi dernier, comme on se doutoit qu'une cabale formidable manoeuvreroit pour elle, & hueroit sa rivale, madame Vestris, on a triplé la garde. Non-seulement cette actrice est rayée de la liste, mais il lui est défendu de jouer dans quelque

troupe que ce soit, & ses propres camarades ont fait un arrêté entr'eux de quitter plutôt que de la laisser rentrer dans leur société.

31 *Juillet* 1779. Samedi dernier on a fait l'expérience d'une espece de carrosse qui va sans le secours de chevaux, & dont la marche est même assez rapide. Elle a eu lieu dans la place de Louis XV en présence de plusieurs membres de l'académie & d'un grand concours de monde. La voiture a fait plusieurs tours dans la place.

A la partie qu'occupe le brancard ou le timon, se voit un aigle, les ailes déployées, qui fait ornement, & sert à cacher & contenir les guides, à l'aide desquelles la personne placée dans la voiture en dirige la marche. Derriere est un homme, qui imprime à la machine un mouvement plus ou moins accéléré, en pressant alternativement des deux pieds : il est debout ou assis, les jambes en partie cachées dans une sorte de coffre, où paroissent établis les ressorts.

On a jugé cette voiture propre à l'amusement de M. le duc d'Angoulême, & l'on croit qu'elle ne sera plus communiquée au public, que lorsque l'enfance du prince s'en sera amusée & rassasiée. On en attribue l'invention au Sr. Blanchard.

31 *Juillet*. Mlle. Girardin, dont on a annoncé le début à l'opéra comme cantatrice, n'a pas tardé à y être employée comme actrice, & quoique l'on dût craindre qu'elle ne fût très-gauche dans le rôle d'*Aline*, qu'elle a rempli dès le dimanche 18, elle y a eu un succès décidé, malgré les défauts inséparables de cette

distinction prématurée. Enfin le dimanche 25 elle a chanté celui d'*Angélique* dans le *Roland* de M. Piccini. Il est sans exemple à ce théâtre qu'une débutante ait dans un espace de temps aussi court, & sans plus d'épreuves & d'exercices, fait deux premiers personnages. On l'a goûtée encore davantage dans le dernier.

1 *Août* 1779. Le *factum* de la Dlle. Sainval est un gâchis où les amateurs de la vraie plaisanterie, les partisans du bon goût & les amis éclairés de l'actrice sont désespérés de voir une si excellente cause gâtée & noyée. Ce sont deux *Lettres de madame la comtesse de Mal.... à madame la marquise d'A......*, qui en rassemblent les diverses pieces, les moyens & raisonnements.

Par l'une, datée de Paris, le 10 mai 1779, on apprend que Mlle. Sainval avoit déja eu précédemment des tracasseries pour certains rôles qu'elle réclamoit, & qu'elle avoit dès-lors des ennemis dans la troupe qui lui firent éprouver des injustices. On apprend qu'ayant demandé un congé pour aller aux eaux, & ayant joué dans sa route à Marseille & à Toulouse, on en avoit conçu de la jalousie, & par forme d'amende on l'avoit privée de sa part pendant cette absence; chose qui n'a jamais eu & n'a point lieu à l'égard des autres. On trouve dans cette partie différentes lettres de l'actrice, & d'un personnage qu'on appelle le supérieur, où la premiere reproche à celui-ci de la haïr, ce dont il se défend. Or, ce supérieur est le maréchal duc de Duras, qui entretenant la demoiselle Vestris, participe à l'aversion de sa maîtresse pour sa rivale. Ses lettres à Mlle. Sainval sont assez plates, & ne ressentent ni l'homme de cour, ni l'académicien, ni le juge impartial. C'est cette révélation qui l'a désolé.

La seconde lettre, en date du 8 juin, plus longue que la premiere, rapporte au long tous les commérages relatifs à la derniere querelle sur les rôles, avec un relevé de ceux-ci, suivant lequel la Dlle. Vestris en avoit cent douze, & la Dlle. Sainval vingt-trois seulement.

C'est ici que se manifeste encore plus la prévention aveugle du supérieur, dont l'injustice va jusqu'à obliger les journalistes de combler d'éloges sa protégée, & de refuser tout ce qui viendra de la part de sa rivale. Il la pousse plus loin, si l'on en croit la lettre; il veut forcer la Dlle. Sainval à demander sa retraite, & en même temps on lui défend de quitter Paris; on la menace d'interdire à tout directeur de province de la recevoir, & d'agir même auprès des cours étrangeres pour l'empêcher d'y jouer, si elle venoit à s'échapper du royaume. Tel est le comble des vexations qu'on lui annonçoit, & qu'elle éprouve aujourd'hui.

2 *Août* 1779. Différents débuts occupent les amateurs de l'opéra. On a déja parlé de la demoiselle Girardin. Depuis, la signora Georgi, célebre cantatrice, qui a brillé plusieurs fois au concert spirituel, a chanté une ariette dans l'*Amore soldato*, avec son succès ordinaire. Elle doit chanter demain une ariette en françois dans *Roland*. Enfin une Dlle. Dupuis, formée ou exercée du moins par le chevalier Gluck, a osé remplacer dans *Iphigénie* les demoiselles le Vasseur & la Guerre. Cette actrice, qui avoit chanté long-temps à ce spectacle, dont elle

s'étoit retirée depuis huit à dix ans, sembloit ne pas devoir se promettre beaucoup d'applaudissements ; cependant elle en a eu, mais n'a point empêché de desirer celles qu'elle doubloit.

Jeudi l'on doit donner à ce spectacle la premiere représentation de *il Cavaliere errante*, ou *le Chevalier errant*, opéra bouffon del signor Trajetta, célebre compositeur, dont on regrette la perte en ce moment. Il vient de mourir à Venise à la fleur de son âge.

2 *Août* 1779. Un grand phénomène occupe aujourd'hui les naturalistes. L'arbre connu jusqu'à présent sous la dénomination d'*Arbor Signarum incognita*, planté depuis plus de vingt-cinq ans dans le jardin de M. le maréchal duc de Noailles à *Saint-Germain en Laie*, porte enfin des fleurs. C'est le premier qui jouisse en France, dans ce moment, de cet avantage. On dit qu'il a fleuri l'année derniere en Angleterre ; mais M. Trocheau de la Bertiere, qui annonce le premier fait, n'est pas sûr du second. Il donne au *Journal de Paris*, N°. 213, une ample & savante description de cet arbre : les amateurs pourront le consulter.

2 *Août*. Rien n'est plus extraordinaire que la maniere dont certains ouvrages font ici fortune, sans qu'on puisse en assigner le mérite. Le spectacle du Sr. l'Ecluse, connu à présent sous le titre de *Variétés amusantes*, créé depuis un an, & très-peu connu dans le commencement, est la fureur du jour. Un M. d'Orvigny, pauvre diable d'auteur, sifflé, hué sans relâche aux Italiens, s'est retourné du côté des boulevards, & a présenté au spectacle en question une niai-

serie intitulée, *les Battus paient l'amende*, facétie misérable que l'acteur dont on a parlé fait tellement valoir, qu'elle étoit hier au soir à sa 9eme. représentation. Non-seulement le peuple y court en foule, mais la ville & la cour. Les plus grands en raffolent; les graves magistrats, les évêques y vont en loge grillée; les ministres y ont assisté; le comte de Maurepas surtout, grand amateur de farce : on a même prétendu que celle-ci étoit de sa composition, & cette anecdote n'a pas peu contribué à en soutenir & augmenter la vogue. Personne n'ignore que ce seigneur, durant sa jeunesse, se délassoit dans la société avec de pareils jeux, mais où il perçoit toujours de l'esprit, de la finesse, & même le ton de l'homme de cour. D'ailleurs, son âge & ses occupations actuelles ne peuvent permettre de le soupçonner d'être l'auteur d'une telle platitude.

2 *Août* 1779. M. le prince de Condé continue d'embellir Chantilly, le séjour sans contredit le plus délicieux des divers châteaux qui environnent Paris, à raison de la multitude & de la variété des beautés de toute espece qu'il renferme. On y a découvert depuis peu une statue d'un enfant de la grandeur de trois pieds, nu, sans bandeau, sans carquois, sans fleches & sans ailes, tenant dans sa main un cœur enflammé. Ce qui a fourni l'idée des vers suivants, mis au bas de cette statue, qu'on a placée dans l'Isle-d'Amour. Ils sont de la composition de M. Grouvelle, secrétaire des commandements de son altesse, jeune poëte que lui a donné M. de Chamfort, qui occupoit précédemment sa place. Les voici :

N'offrant qu'un cœur à la beauté,
Aussi nu que la vérité,
Sans arme comme l'innocence,
Sans ailes comme la constance,
Tel fut l'Amour au siecle d'or :
On ne le trouve plus, mais on le cherche encor.

2 *Août* 1779. Les comédiens françois doivent donner aujourd'hui la premiere représentation de *Laurette*, comédie en trois actes, sujet déja traité deux fois sans succès.

3 *Août* 1779. L'affaire du Sr. le Bel, secretaire de M. Bastard, chancelier du comte d'Artois commence à s'éclairer au moyen d'un mémoire qu'il répand.

Cet accusé, détenu à la bastille depuis la nuit du 15 au 16 décembre 1778, ayant demandé à être mis en justice réglée, il intervint des lettres-patentes du deux février dernier, enrégistrées le cinq au parlement, par lesquelles le roi ordonnoit qu'à la requête du procureur-général le procès seroit fait & parfait jusqu'à arrêt définitif, aux auteurs, complices & adhérents de différentes falsifications, ratures, surcharges, surtaxes & autres délits, tant à l'occasion des droits de sceaux & honoraires taxés sur les lettres expédiées de foi & hommage des vassaux de l'apanage de monseigneur le comte d'Artois, que dans la perception des finances d'aucuns officiers desdits apanages.

Par arrêt du douze dudit mois, la cour a ordonné que toutes les pieces servant à conviction des faits énoncés aux lettres-patentes seroient apportées au greffe de la cour, & que par le conseiller commissaire, & en présence de l'un des substituts du procureur-général, il seroit dressé procès-verbal desdites pieces.

Le 29 mars, sur le vu desdites pieces, le procureur général a rendu plainte en faux principal desdites falsifications, ratures, surcharges, surtaxes, &c. Arrêt en conséquence.

L'information faite à Paris le 27 avril 1779, le sieur le Bel a été décrété de prise de corps, & le 30 tranféré de la bastille à la conciergerie.

Son interrogatoire a été clos le 20 mai, & dès le même jour il a eu la liberté de voir sa famille, ses amis & un conseil, après avoir été au secret pendant plus de cinq mois.

C'est dès ce moment qu'il a travaillé à sa justification, qui n'a pu s'opérer qu'en inculpant grandement M. Bastard.

Quant à lui, d'après la consultation de ses avocats, en date du 25 juillet, il a présenté requête pour être déchargé de l'accusation intentée contre lui.

3 *Août* 1779. La *Laurette* du nouvel auteur qui a entrepris de la traiter, est en trois actes & en vers. Il n'a pas été aussi malheureux que ses dévanciers. Cependant on ne peut pas dire qu'il ait réussi. Ce sujet romanesque, triste & noir en lui-même, demanderoit un pinceau très-énergique, un coloris vigoureux, dont le poëte manque. Du reste, il n'intrigue pas mal & file assez bien des scenes : il a tiré du rôle du pere tout le parti possible. Comme c'est un premier ouvrage, on doit espérer sur cet essai qu'il fera mieux une autre fois.

4 *Août* 1779. Outre le mémoire pour Mlle. Sainval, il y a des couplets très-méchants contre

la comédie françoise, qu'on dit imprimés, & qui se vendent avec cet écrit.

L'affaire devient chaque jour plus grave : Mlle. Sainval cadette ne veut pas jouer, tant que sa sœur sera dans la disgrace ; elle demande sa retraite, & parle même d'intenter un procès à ses camarades pour l'avoir privée de son état & rayée ; droit qu'ils n'ont pas.

M. le maréchal duc de Richelieu, en outre, prend parti pour l'exilée ; ce qui établit un schisme entre les gentilshommes de la chambre.

5 *Août* 1779. On inculpoit le Sr. le Bel sur trois chefs.

1º. Les prétendues falsifications & surtaxes dans les lettres-patentes expédiées à la chancellerie du prince.

2º. Les ventes des offices levés aux parties casuelles du prince.

3º. Les lettres anonymes, contenant des détails sur l'administration des finances du prince, où les noms des personnes étoient désignés par des nombres, ou par des épithetes.

Il a donné des solutions satisfaisantes sur ces lettres, d'ailleurs étrangeres au délit prétendu. Il convient du second chef, & même qu'il a vendu ces offices à un prix plus haut ; mais outre que ces sortes de négociations ne sont prohibées par aucune loi précise, c'est que, secretaire uniquement de la personne de monsieur Bastard, il n'étoit point officier de la chancellerie du comte d'Artois.

Enfin il démontre qu'il n'y a ni falsification ni surtaxe dans les actes argués ; que tout ce qu'il a fait, il l'a fait par ordre de son supérieur, & que le produit des corrections & augmentations qui en résultoit, n'a tourné nullement à son profit.

Dans le courant du mémoire se trouve le fait particulier d'une quittance à lui administrée par M. Bastard, qui auroit été insérée après coup dans ses papiers, & seroit une manœuvre très-répréhensible de ce chancelier. C'est-là le point très-grave de réclamation portant contre le magistrat.

5 *Août* 1779. Par des lettres-patentes données à Versailles le 24 mars 1779, & enrégistrées au parlement, grand'chambre & tournelle assemblées, le marché de la place Maubert doit être transféré sur le terrein formant le pourtour de la nouvelle place aux Veaux. L'incommodité dont étoit ce marché dans un des quartiers les plus fréquentés de Paris, est le motif de ce changement, qui contribue d'ailleurs à le rendre moins malpropre.

5 *Août*. Il se répand que c'est M. Garat, avocat, qui a le prix de prose: on ajoute que M. de Sechelles, avocat du roi au châtelet, a un *accessit*.

Quant au prix de poésie, on le donne dans le public à l'auteur du Dythirambe, qui est un Russe, le comte de Schouwalow, déja prôné par M. de Voltaire. On ne doute pas que sous main M. de la Harpe lui avoit blanchi son linge sale.

6 *Août* 1779. Le Sr. Palissot avoit imaginé de former à la comédie françoise une bibliotheque, & en conséquence il y avoit envoyé ses œuvres, comme pour servir de base à cet édi-

fice. Aujourd'hui c'eſt un Sr. Deſentelles, intendant des menus, qui propoſe d'en établir une aux menus, c'eſt-à-dire à l'hôtel magnifique, élevé depuis quelques années, rue Bergere, dépôt deſtiné à la conſervation de tous les uſtenſiles relatifs aux ſpectacles de la cour. Il nous apprend qu'elle eſt déja commencée, quoique le roi n'ait pas conſacré des fonds à cet effet : elle s'accroît journellement, & il invite par une lettre inſérée au *Journal de Paris*, N°. 215, les auteurs dramatiques à concourir à cette collection, en y adreſſant leurs œuvres corrigées de leur main. Ces monuments littéraires placés ainſi invariablement, ſerviront de regle pour fixer la véritable leçon que l'on doit ſuivre dans la repréſentation ou dans l'impreſſion.

Ce Deſentelles eſt vraiſemblablement le factotum du maréchal de Duras, & fait l'important parmi ſes confreres, comme celui-ci parmi les ſiens. Il joue auſſi un rôle dans le mémoire de Mlle. Sainval, qui n'étant que ſubalterne, n'en eſt que plus vilain. Il careſſe ici les auteurs & leur fait de grands compliments.

6 *Août* 1779. La premiere partie du *plaidoyer pour le comte de Broglio contre l'abbé Georgel*, prononcé à l'audience du 23 juillet 1779, eſt déja imprimée. Quoique Me. Tronçon du Coudray, par un exorde aſſez important & aſſez adroit, motive la démarche du comte, & prétende l'affaire très-intéreſſante, la ſuite n'y répond pas. C'eſt un détail minutieux de commérage de ſociété, qui fait tomber à chaque page le plaidoyer des mains du lecteur.

7 *Août* 1779. Les couplets ſur les actrices ſont

plaifants par les équivoques, dont quelques-unes font amenées avec juftefse ; mais, en général, ne répondent pas au talent de l'homme de cour auquel on les attribue. C'eft le marquis de Louvois, fameux pour ces méchancetés, quoique n'ayant pas, à beaucoup près, le fel & la finefse de M. de Souvré fon pere, dont le nom fera immortel en ce genre.

Pour revenir à la chanfon, elle eft en neuf couplets : on y paffe en revue les Dlles. Veftris, les deux Sainval, Luzzi, Fannier, Doligny, Préville, Drouin, Molé, Suin, Dugazon & Hus. Les plus heureux font ceux fur les Dlles. Veftris & Préville.

7 Août 1779. On a donné jeudi à l'opéra la repréfentation annoncée de l'opéra bouffon, *il Cavaliere errante*. Ce fujet fimple & mieux conçu que les autres, fournifsoit beaucoup au muficien. On reproche cependant à fa mufique, purement écrite, harmonieufe & forte, de n'avoir ni la chaleur, ni le brillant, ni le caractere de folie qu'exigeoit le genre : on en a trouvé les airs de bravoure communs, les chœurs & les fymphonies médiocres ; mais on a admiré dans la deftruction du palais de l'ifle enchantée la maniere large & grande d'un maître à qui l'on n'auroit rien à reprocher, fi fes chants étoient auffi agréables que fon harmonie eft correcte.

8 *Août* 1779. Outre l'importation du géroflier de Moluques aux Ifles de France, de Bourbon & des Echelles, on a parlé de celle faite de ces ifles à Cayenne. Il étoit bien à craindre que cet arbufte ne dégénérât par tant de tranfmigrations. Cependant pour prouver le fuccès de cette der-

nière importation, il a été envoyé de Cayenne à M. l'abbé Raynal une branche de giroflier chargée de clous, provenue des plantations modernes de cette isle.

Le gouvernement qui, pour ne pas exciter la jalousie des Hollandois, persiste à ne pas vouloir qu'on insere dans la gazette de France ces heureuses nouvelles, n'empêche pas qu'elles soient insérées dans d'autres ouvrages périodiques qui, quoiqu'imprimés avec permission, ne sont pas avoués par lui comme le premier, n'ont pas le même caractere d'authenticité, & d'ailleurs ne pénetrent guere chez l'étranger.

8 *Août* 1779. Dans le second *plaidoyer pour le comte de Broglio, contre l'abbé Georgel*, prononcé à l'audience du 30 juillet, qui paroît aussi imprimé, M. Tronçon du Coudray, après avoir cherché à détruire l'idée du public, que la cause ne rouloit que sur des indiscrétions, sur de vains propos, cherche à établir la question sous son vrai point de vue, à montrer la nature & la gravité de la calomnie de l'adversaire, & à révéler toutes la noiceur de sa machination.

A force de rapprochements, d'inductions & d'art, il trouve un corps de délit ; il prouve que l'abbé Georgel en est l'auteur, & il le représente dans le cas d'être puni suivant la rigueur des loix décernées contre les calomniateurs.

Cette partie du plaidoyer de l'orateur produit plus d'effet que la premiere, & d'ailleurs est soutenue d'une lettre de l'abbé Georgel au comte de Broglio, en date du 30 juin 1778 ;

du témoignage du Sr. Favier, en date du 30 septembre, & de celui du comte de Guibert.

9 *Août* 1779. Depuis quinze jours M. d'Alembert écrit à ceux qui lui demandent des billets pour la séance de la Saint Louis, qu'il y a plus de gens inscrits que la salle n'en peut contenir; que la fureur est telle, qu'il faudra dorénavant s'y prendre plusieurs mois d'avance; qu'il est sur-tout obsédé de femmes, & que l'assemblée seroit uniquement composée du sexe, s'il exauçoit les prieres de toutes celles qui le sollicitent.

9 *Août*. Monsieur l'abbé Georgel se proposoit de ne faire imprimer qu'autant que le comte de Broglio lui donneroit l'exemple. En conséquence il répand un premier *Mémoire expositif des faits*. Celui-ci n'est signé que de la partie, qui parle elle-même. On présume que Me. Bonnieres son avocat, n'aura pas pu encore ou n'aura pas osé faire imprimer son plaidoyer, à cause des sorties violentes qu'il contient contre MM. de Guibert & Favier, qui avoient envie de le prendre à partie.

10 *Août* 1779. Jean-Jacques Rousseau, durant son séjour à Londres, y avoit vendu tous ses livres, on ne sait pourquoi, sans doute dans son projet fou de renoncer à la littérature pour ne s'occuper que de botanique. Ce furent messieurs Hume & Dutens qui les acheterent & les partagerent entr'eux. Dans le lot du second se trouva un exemplaire du livre de *l'Esprit* de M. Helvétius, avec des notes marginales de la main du philosophe, étendues & curieuses. M. Dutens a imaginé de faire imprimer une nouvelle édition de cet ouvrage avec ces notes

C'est l'imprimeur Barbou qui s'en est chargé ; mais il éprouve beaucoup de contrariétés, & il n'a encore pu obtenir cette permission.

11 Août 1779. La comédie françoise est toujours dans le désordre, & l'on ne peut guere y jouer de tragédie depuis l'exil de Mlle. Sainval l'aînée. Sa cadette a déclaré au maréchal de Duras, que tant que sa sœur seroit en disgrace, elle resteroit dans l'inaction, & Mde. Vestris craint de se compromettre : chaque jour où elle paroît, il faut une garde formidable pour contenir le parterre ; ce qui déplaît également au public & à l'actrice. On ne sait comment cela se terminera. On parle encore une fois de faire revenir Mlle. Raucoux.

12 Août 1779. On a déja parlé du fameux phare de Pétersbourg, exécuté par le St. Bourgeois de Château-Blanc, l'inventeur des reverberes de Paris. Il est terminé, & l'on doit en faire l'essai vendredi, qui est demain. Il sera placé à Meudon, & l'on en pourra voir l'effet de Paris & des environs, peut-être même de Meaux, qui est à quatorze lieues de Meudon. Il est construit, comme on l'a dit, pour éclairer la Baltique, & l'ambassadeur de l'impératrice des Russies a permis & desiré qu'on pratiquât cette expérience avant de l'envoyer à sa destination.

13 Août 1779. Le mémoire de l'abbé Georgel est très-modéré. Il y a cependant quelques endroits plus chauds & plus vigoureux ; mais sa piece vraiment victorieuse, c'est la réplique de Me. de Bonnieres. Il résume la plainte à trois chefs d'accusation de la part du comte de Broglio.

1°. L'abbé Georgel est l'auteur & le colporteur d'une intrigue, dont l'objet étoit d'enlever au comte de Broglio la place de maréchal-général des logis de l'armée.

2°. L'abbé Georgel a parlé des lettres du comte de Broglio au Sr. abbé Sarlat. Il a répandu à la ville & à la cour les bruits les plus faux & les plus injurieux contre lui.

3°. Il a dû avoir vu & porté au ministre des lettres qui annonçoient le projet du comte de Broglio d'exciter son frere à agir aussi vivement que lui contre les ministres.

L'avocat reprend successivement chacun de ces chefs, les discute & les réfute, en montrant que le défenseur du comte, ennemi de toute méthode, a l'art de tout confondre ; qu'il néglige de répondre aux reproches proposés contre les témoins ; qu'il dédaigne de s'asservir aux époques ; qu'il change celles qui le contrarient ; qu'il en crée au besoin, feint d'oublier une partie de sa plainte quand il ne peut plus la soutenir, & que prenant de côté & d'autre ce qui peut lui convenir, sans s'embarrasser de ce qu'on lui oppose, il présente un mémoire de faits qui produisent au moins une illusion passagere.

Il finit par réclamer les loix protectrices de l'innocence accusée, & cherche à prévenir le jugement anticipé dans le public, d'un *hors de cour*, qui ne seroit pas satisfaisant pour son client persécuté.

13 *Août* 1779. M. le garde-des-sceaux, protecteur de M. de Néville, qu'on veut être son fils, avoit tant intrigué dans le parlement, qu'il avoit encore fait remettre l'assemblée des

chambres concernant les arrêts du conseil sur la librairie au mardi 10. M. *Seguier* y a parlé, à ce qu'on assure, avec beaucoup de force, & s'est trouvé absolument opposé aux innovations du chef de la librairie. Malgré cela, le crédit l'a encore emporté, & il n'a été rien statué.

13 *Août* 1779. De jeunes gens voyant le succès de la farce intitulée *les Battus paient l'amende*, qui, jouée deux fois par jours depuis près de deux mois, en étoit hier à sa cent treizieme représentation, sans que la fureur du public se ralentisse pour s'y porter en foule, avoient imaginé d'en composer une nommée *Lamentine*, piece comi-tragique en deux actes & en vers, & l'avoient présentée au directeur de cette troupe dont on est tant engoué. Il leur déclara qu'il ne pouvoit la recevoir qu'après que les comédiens françois & italiens l'auroient examinée & n'en auroient pas voulu. Les premiers l'ont rejetée hautement ; mais les seconds l'ont trouvée digne de leur théatre ; elle a été exécutée hier. Il y a quelques plaisanteries assez bonnes : la scene du conseil & le dénouement sont heureusement imaginés. Du reste, c'est de beaucoup trop long ; il y a quantité de trivialités, de turlupinades, de platitudes, de grossiéretés même dégoûtantes, & l'on ne peut concevoir comment les Italiens on osé se flatter d'obtenir quelques succès pour cette bouffonnerie.

13 *Août*. Mardi dernier, les chambres assemblées, il a été enrégistré un édit de ce mois, portant suppression du droit de mainmorte & de servitude dans les domaines du roi, & dans tous ceux tenus par engagement,

& abolition générale du droit de suite sur les serfs & main-mortables. Cette loi est une preuve que la philosophie fait à la longue détruire les préjugés, & par son influence irrésistible maîtriser enfin le conseil & le cœur des rois. C'est elle qui doit se glorifier de ce monument de bienfaisance, plus propre à immortaliser le regne de Louis XVI, que toutes les conquêtes les plus brillantes.

14 Août 1779. M. l'avocat-général Seguier a porté aujourd'hui la parole dans l'affaire du comte de Broglio, & a conclu absolument contre ce seigneur. L'arrêt est intervenu & a déchargé l'abbé Georgel de toute accusation, a condamné le comte de Broglio à tous les dépens & à vingt livres de dommages-intérêts envers l'abbé Georgel, par forme de réparation civile, applicables aux prisonniers de la conciergerie, suivant la demande de l'abbé.

Les termes injurieux contenus dans les mémoires contre l'abbé Georgel supprimés ; 500 exemplaires de l'arrêt imprimés & affichés aux dépens dudit abbé. Il lui sera donné acte de sa déclaration de n'avoir ni lu, ni eu, ni vu les lettres du comte de Broglio.

Le plus humiliant pour le comte, présent dans une lanterne avec toute sa famille, ce sont les applaudissements généraux & très-longs du public, qui n'aime point ce courtisan & l'a bien prouvé.

14 *Août.* Tout Paris a été en l'air hier au soir pour le fameux phare de Pétersbourg affiché avec tant d'ostentation. La police se doutant du concours des curieux, avoit multiplié les gardes & les patrouilles pour empêcher

le désordre ; les Tuileries sont restées ouvertes une partie de la nuit , & tout cela fort inutilement. Quoique la nuit fut très-belle , on n'a entrevu aucune clarté dans la partie de l'horizon qui en devoit flamboyer ; & quand on auroit voulu attraper le public , on n'auroit pu s'y prendre mieux. Ce qui donnoit une si grande confiance dans ce phénomene, c'est que la gazette de France , si grave & si véridique , l'avoit aussi annoncé.

15 Août 1779. De nouvelles expériences attestent tous les jours l'utilité de l'opération dans les accouchements forcés, imaginée & exécutée par le médecin Sigault, contre laquelle ses détracteurs continuent à s'élever ; mais ce qui semble leur répondre de la maniere la plus victorieuse, c'est que les étrangers même, qu'on ne peut pas accuser de s'engouer pour le docteur françois, l'adoptent, & pour lui conserver l'honneur de la découverte, l'appellent la *section sigaultienne*. Il est à espérer que cette dénomination deviendra générale à la longue.

15 Août. Voici encore un libraire qui se voue généreusement à l'amusement & l'instruction publique. Le sieur Moureau annonce un cabinet académique de lecture d'une espece plus étendue & plus générale que les autres.

Il offre, 1°. tous les journaux, gazettes & ouvrages périodiques quelconques, tant françois qu'étrangers ; les affiches de la capitale & de toutes les provinces du royaume, ainsi que les édits, arrêts & déclarations.

2°. Les tableaux journaliers du cours des changes des principales places de l'Europe, le prix des effets royaux, l'arrivée & le départ des vaisseaux, leurs cargaisons, les prix courants des articles du commerce dans les plus considérables villes de l'Europe, & tout ce qui peut intéresser le commerçant & le cultivateur.

3°. Une bibliotheque contenant tous les livres périodiques annuels, anciens, tels que almanachs royaux, du commerce, des spectacles, de la noblesse, le manuel de l'auteur & du libraire, les almanachs militaires, & tous ceux qui forment un tableau de nomenclature, comme les almanachs & répertoires de la capitale, des provinces & des royaumes étrangers ; en un mot, tous ceux dont on peut avoir besoin à chaque instant pour la recherche d'un nom, d'une adresse, &c.

4°. Enfin, un tableau où sont insérés tous les prospectus, avis, adresses, &c. qui arrivent journellement, & ne peuvent, à cause de leur volume, être portés sur les feuilles publiques. Il invite les notaires à y envoyer leurs affiches, ainsi que les particuliers qui voudroient faire annoncer quelque chose.

Les appartements sont au premier, bien décorés, servis par des garçons de littérature très-entendus. On y trouvera des bureaux, avec papier, encre, plumes, &c. On sera très-bien chauffé en hiver, & toujours éclairé en bougies.

Pour surcroît d'agrément, le prix très-modique n'est que six sous par séance.

16 *Août* 1779. M. le comte de Broglio, pour en imposer aux juges, avoit fait répandre la veille du jugement : *Exposé des motifs qui avoient nécessité la plainte du comte de Broglio*. Il y avoit inséré un avertissement, où il

difoit que le roi lui avoit permis de publier ce mémoire, & l'avoit autorisé à dire que c'étoit par permission de S. M. Il vouloit insinuer par-là la haute protection dont le couvroit ce monarque.

Du reste, dans cet écrit peu essentiel à l'affaire, ce seigneur résume les diverses époques de sa vie qui, au lieu de tendre à sa justification, font présumer, au contraire, qu'il a toujours été inquiet, turbulent, intrigant & factieux.

Il convient qu'en 1773 il fut inculpé dans l'affaire célebre de la bastille, où sa liberté & son honneur furent compromis ; que les plus graves accusations s'accumulerent sur sa tête ; qu'il fut dénoncé à sa patrie & aux cours étrangeres comme un incendiaire politique, comme un artisan d'intrigues & de manœuvres : qu'il voulut alors réfuter ces cruelles inculpations : mais qu'en 1774 il fut obligé de sacrifier son ressentiment aux ordres absolus du roi : ce dont ses ministres MM. le maréchal de Muy & comte de Vergennes lui délivrerent une déclaration de S. M. précise & motivée.

Il convient que le bruit se répandit cinq ans après qu'il avoit fourni des mémoires contre le prince de Montbarrey & son administration. Ce bruit, suivant lui, fut fondé sur ce qu'il avoit en effet remis au roi, le 14 mars 1778, un mémoire, hommage de son zele, communiqué à M. de Sartines. En vain pria-t-il M. le marquis d'Entragues, ami du ministre de la guerre, de se joindre à lui pour remonter à la source de cette calomnie : ses démarches furent inutiles. Il convient de deux exils, *non* mérités, dit-il, en ce qu'il en a l'assurance par écrit.

Enfin arrive ce caquetage de l'abbé Georgel, qui le met hors de lui, & le nécessite à un éclat judiciaire.

Du reste, il nous apprend que le 26 mai, le roi, par une autre destination, l'ayant obligé de renoncer à la place de maréchal-général des logis de l'armée de son frere, voulut bien témoigner au maréchal qu'aucun mécontentement ne motivoit ce déplacement.

Il nous apprend qu'en 1752, appellé à la confiance intime du feu roi, par ses ordres réitérés, il l'a conservée jusqu'à la mort de ce monarque, avec lequel il avoit une correspondance habituelle; qu'il l'a fait discuter par trois ministres, le maréchal de Muy, le comte de Vergennes & M. de Sartines, & qu'on ne l'a trouvé en aucun endroit, l'ennemi, le détracteur ou le rival de ceux dont il avoit le plus à se plaindre.

On voit bien que tout cela prouve que le comte a été mêlé dans beaucoup de mauvaises affaires, mais ne l'appuie en rien dans celle-ci.

16 *Août* 1779. Le parlement, en enrégistrant l'édit, a mis la modification *sans que les dispositions du présent édit puissent nuire ni préjudicier aux droits des seigneurs.*

Dans son préambule, S. M. témoigne ses regrets de ne pouvoir racheter ce droit des mains des seigneurs, pour abolir sans distinction ces vestiges d'une féodalité rigoureuse. Elle a cru devoir jusqu'alors respecter le droit encore plus sacré de propriété.

Quant aux engagistes, elle offre à ceux qui

se croiroient lésés de remettre les domaines dont ils jouissent, & de réclamer les finances fournies par eux ou leurs auteurs.

17 *Août* 1779. L'*Arbor Signarum incognita*, ou l'*Arbre inconnu des Chinois*, appellé encore *Robinia*, dont on a parlé au commencement de ce mois, a fleuri, non-seulement dans le jardin du maréchal de Noailles, mais aussi à Trianon, quoique celui de ce dernier lieu n'ait guere que vingt-cinq pieds, c'est-à-dire moins de moitié de hauteur & de force conséquemment.

C'est ce que nous apprend M. Richard, petit-fils du jardinier de la reine à Trianon. Il prétend que les caracteres floraux de cet arbre, jusqu'à présent inconnus en France, & peut-être en Europe, ont été mal saisis par M. Trochereau, & il redresse cet habile naturaliste, dont il reconnoît le mérite d'ailleurs.

Il donne une autre description très-ample de cet arbre au n°. 228 du *Journal de Paris*.

Madame Regnault, auteur de la *Botanique mise à la portée de tout le monde*, s'occupe à peindre & à graver cet arbre.

17 *Août*. Lundi dernier on a donné la cent-vingtieme & derniere représentation de la farce intitulée: les BATTUS *paient l'amende*. Il a fallu retirer cette piece, non à cause de la satiété du public, mais parce que l'acteur qui y joue le principal rôle commençoit à se blaser enfin, & sembloit exiger du repos, ou du moins avoit besoin de diversifier son jeu, & d'occuper son talent d'un nouveau rôle.

18 *Août* 1779. Malgré l'arrêt du parlement dont on a rendu compte, qui permet à la no-

vice de Sainte-Avoye, ou plutôt aux novices de ce couvent, car elles sont plusieurs dans le même cas depuis quatorze ou quinze ans, de se pourvoir pardevant le primat, pour l'émission de leurs vœux, le parti de M. l'archevêque triomphoit de voir traîner l'affaire en longueur. M. de Beaumont même se flattoit que son confrere, M. de Montazet, ne lui donneroit pas cette mortification. On portoit la confiance jusqu'à dire qu'il y avoit un ordre du roi à la supérieure, portant défenses de recevoir ces novices. Il paroît que l'archevêque de Lyon n'a tant tardé que pour endormir celui de Paris, & la chose s'est conduite si secrétement que les réceptions se sont faites avant que le dernier en ait été instruit. Il est furieux d'être dupe; mais ce qui le désespere sur-tout, c'est que cet exemple fait loi, & que d'autres couvents des religieuses qu'il moleste d'une maniere ou d'une autre, vont user de la même ressource.

19 *Août* 1779. Le roi a fait derniérement une espiéglerie à la reine, dont le but moral étoit de donner une petite leçon à son aimable compagne. Elle est dans l'usage de faire des parties de nuit avec le comte d'Artois, d'aller à la comédie de la ville ou ailleurs, & de se retirer fort tard. S. M. le soir donna à l'ordre la consigne que passé honze heures on ne laissât entrer dans la grande cour du château aucune voiture sans exception. La reine étant venue avec son beau-frere à une heure ou deux du matin, fut très-surprise de se trouver arrêtée par le garde-du-corps en sentinelle. En vain fit-elle venir l'officier supérieur & le capitaine des gardes, tous deux déclarerent que c'étoit

l'ordre exprès qu'il n'étoit pas permis de transgresser. Il fallut rétrograder & que S. M. & le comte d'Artois fissent un autre tour pour rentrer par ailleurs. Le lendemain explication avec le roi, qui déclara que toujours couché à onze heures du soir, & ayant besoin de repos, le bruit dans la nuit le réveilloit. Il pria en conséquence la reine de s'y conformer. Cependant la consigne est levée pour S. M. seule.

19 *Août* 1779. On parle beaucoup d'un autre édit qui doit être porté aux cours incessamment, par lequel S. M. supprime tous les péages par terre ou par eau, appartenants aux seigneurs particuliers, que S. M. offre de rembourser. Depuis long-temps on se plaignoit de ces gênes onéreuses à la circulation & au commerce, mais le crédit jusques-là l'avoient emporté sur l'utilité publique. Il paroît que M. Necker a encore obtenu du roi cet acte de bienfaisance.

20 *Août* On a parlé du projet de l'administration d'occuper les prisonniers de bicêtre, & en les tirant de leur oisiveté, de les soustraire à la contagion du libertinage, si propre à corrompre ceux qui ne le sont pas encore tout-à-fait. C'est sur-tout à M. de Malesherbes, resté trop peu de temps dans le ministere, qu'on doit cette idée patriotique. M. le Noir, suivant les mêmes erremens, a imaginé un moyen de multiplier les travaux dans ce château, & de faire faire par des hommes ce qui s'exécutoit par des chevaux, en sorte qu'en économisant les frais de ceux ci, on pût trouver de quoi fournir quelque douceur & encouragement aux manouvriers qui remplacent ces animaux.

Le puits de bicêtre est renommé comme un chef-d'œuvre méchanique; on y éleve journellement l'eau de cent pieds de profondeur: on entretient ainsi un réservoir immense destiné à fournir à tous les besoins du grand nombre d'individus que contient cette maison.

Elle est mue par quatre chevaux, se relevant de trois heures en trois heures au nombre de douze.

Il s'agissoit de suppléer à ceux-ci à force de bras: mais comme cette machine est précieuse, il étoit question de trouver un moyen de la supprimer pour l'essai des hommes sans la gâter ou l'altérer, & de maniere qu'on pût y revenir aisément, s'il ne réussissoit pas.

Le lieutenant-général de police a proposé un prix pour celui qui enseigneroit le meilleur procédé en ce genre. Le plus simple & le moins dispendieux est celui de M. de Bernieres, contrôleur des ponts & chaussées, du moins il a déja paru tel à la premiere expérience. Elle doit se réitérer aujourd'hui.

20 *Août* 1779. C'est aujourd'hui *Iphise aux Boulevards* qui attire le public, & c'est le théatre des éleves pour la danse de l'opéra qui fixe le concours. Cette piece contient l'éloge du chevalier Gluck, ainsi que celui de Mlle. le Vasseur, actrice qui a si merveilleusement contribué à faire valoir sa musique. Lundi elle est allée jouir de son triomphe, & en effet ses partisans qui s'y étoient rendus en foule, n'ont pas manqué de se retourner vers sa loge & de lui prodiguer les plus vifs applaudissements, au moment où il étoit question d'elle.

21 *Août* 1779. On commence à désespérer de

la rentrée de Mlle. Sainval l'aînée à la comédie françoise: ses ennemis ont aigri la reine & le roi contr'elle; ils ont interprété malignement certains endroits du mémoire, d'où l'on pourroit induire que la cour est une pétaudiere; qu'on mene le jeune monarque comme on veut, & que son auguste compagne déroge à la majesté de la feue reine, jusqu'à se mêler des intrigues des spectacles & à entrer dans leurs querelles. Il paroît que la cadette a bien senti la délicatesse de cette cause, puisqu'elle l'abandonne & doit reparoître sur la scene comme de coutume.

21 Août 1779. La seconde expérience du puits n'a pas moins bien réussi. Le moyen de monsieur de Bernieres est admirable, en ce que sans rien changer à la machine actuelle & sans donner un coup de marteau, l'addition qu'il y fait, peut s'adapter en moins d'une demi-heure & en être ôtée en aussi peu de temps. En sorte que tour-à-tour elle peut être mue avec la même facilité & par des hommes & par des chevaux.

D'après l'arrangement de l'inventeur moderne, vingt-quatre prisonniers ensemble, distribués autour de la machine, ont fait monter sans peine ni fatigue, les sceaux du puits contenant 1,500 livres d'eau, & l'on a observé que ces hommes n'allant que leur pas ordinaire & réglé, ont élevé le sceau en moins de temps que ne font les chevaux, & qu'en général ce service sera plus rapide.

M. de Bernieres a déclaré qu'il ne concouroit pas pour le prix, ou que, si l'on vouloit bien le lui adjuger comme au plus digne, il supplioit que sa valeur fût répartie en deux années entre les prisonniers employés au tirage du puits.

22 *Août* 1779. Le roi est de fort mauvaise humeur de voir que rien n'avance : il sait que toute l'Europe a les yeux fixés sur lui. Les prôneurs du ministere ont annoncé qu'au mois d'octobre la mer seroit libre, graces à la France ! Voilà un grand engagement qu'il s'agit d'effectuer. S. M. uniquement occupée de cet important objet, se refuse à tous les plaisirs : la reine se proposoit de lui donner à Trianon une fête pour la Saint-Louis ; on en vouloit donner une à la reine pour la vierge. Le jeune & sage monarque s'est opposé à l'une & à l'autre, & n'a point trouvé que ce fut le temps de dépenser de l'argent en choses superflues.

23 *Août* 1779. On a parlé cet hiver du tort que faisoient aux cultivateurs les nouvelles gênes rétablies concernant la vente des bleds ; on l'a fait concevoir au gouvernement. Enfin les intendants du commerce ont annoncé aux négociants que pour faciliter la circulation par mer des grains nationaux pendant la guerre, la ferme venoit d'être autorisée à donner ses ordres à ses employés dans les ports, de ne point exiger le droit de fret ou de tonnelage.

L'intendant de Flandre, de son côté, a rendu une ordonnance, où il dit que le roi touché du bas prix des grains dans la plupart des provinces malgré leur abondance, s'est déterminé à en permettre la sortie à l'étranger ; qu'en conséquence, certain qu'il en existe en Flandre & en Artois une quantité supérieure aux besoins des habitants, & pour faciliter le débouché de cette denrée, il défend à toutes personnes d'apporter des obstacles à l'exportation des grains & à leur libre circulation.

23 *Août* 1779. Tandis que Me. Linguet se déchaîne avec une fureur qui ne se rallentit point, & s'exhale périodiquement contre monsieur d'Alembert, cet homme illustre n'oppose à sa rage que le calme & le silence; mais ses admirateurs ne s'en tiennent point à ce froid stoïcien : sans réfuter directement le journaliste, ils y répondent plus invinciblement, en publiant les belles actions de leur héros. C'est ainsi qu'un M. de la Bartherie, en annonçant sa reconnoissance d'un bienfait personnel, assura, en une demi-heure qu'il a passée chez ce philosophe, avoit été témoin de deux autres. Ces faits sont consignés dans une lettre du 20 juillet, adressée aux auteurs du *Journal de Paris*, & insérée au n°. 229 du 17 août. Et, en général, tous ces messieurs attestent que M. d'Alembert, connu comme le plus grand géometre de son siecle, comme un littérateur du premier ordre, est en outre rempli d'humanité, de sensibilité, & qu'il passe tous les momens de sa vie à éclairer ses semblables ou à les secourir.

23 *Août*. Mlle. Sainval cadettte a en effet reparu dans *Tancrede* le samedi 21, où elle a fait le personnage d'*Aménaïde*. Les applaudissemens du public en la voyant ont été si vifs & ont produit sur elle une si forte sensation, qu'elle s'en est trouvée mal; on l'a emportée du théatre sans connoissance : la piece a été suspendue; mais enfin elle a repris l'usage de ses sens, & répandant dans les diverses parties

de son rôle la sensibilité dont elle étoit encore émue, a joué infiniment mieux que de coutume. Au moyen de cette ivresse du parterre, la garde n'a pu empêcher que le nom de Sainval l'aînée ne fût mêlé avec celui de sa sœur, & qu'on ne la redemandât à grands cris, ce qui n'aura pas fait plaisir au *supérieur*.

23 *Août* 1779. Le châtelet a attiré un grand concours de monde cette semaine pour deux causes curieuses. La premiere est celle connue déja de Mlle. d'Eon, contre le marquis de Carcado. La seconde, celle plus nouvelle de M. de Caraccioli, l'auteur des *Lettres de Ganganelli*, contre son libraire Lottin. Lorsque les mémoires de cette derniere affaire seront imprimés, on en parlera plus pertinemment.

24 *Août* 1779. M. l'abbé Royou, devenu chef de l'*Année littéraire* depuis que l'abbé Grosier a renoncé à ce journal, a fait une grande sensation dans le parti des dévots par sa critique de l'*éloge de milord Maréchal*, dont on sait que M. d'Alembert est l'auteur. Pour faire connoître mieux ce morceau véhément contre le philosophe, Me. Linguet, avec lequel est lié le journaliste, l'a inséré en entier dans un de ses numéros. Le tout a merveilleusement réussi, & *monsieur*, sous la protection duquel s'est rangée cette cabale dispersée qui avoit besoin d'un tel apoui, a fait à l'abbé Royou la faveur éclatante de le nommer chapelain de son ordre; en sorte qu'il est aujourd'hui décoré de la croix de Saint-Lazare.

25 *Août* 1779. La loge des *neuf sœurs* s'étant justifiée des inculpations qui l'avoient mise dans le cas de l'animadversion du *grand Orient*,

& de l'arrêt rigoureux prononcé contr'elle, a voulu, suivant son usage, célébrer le grand jour de cette réunion par une fête solemnelle. Elle a été indiquée au Wauxhall de la foire *Saint-Germain*, & a eu lieu le lundi 16 de ce mois, après plusieurs délais. Les dames, sans lesquelles il ne sauroit y en avoir de parfaite, y ont été admises. Mais, pour éviter l'inconvénient de la derniere, on a annoncé qu'on ne danseroit point; que ce seroit un spectacle purement académique, entremêlé de musique & de lectures.

M. Franklin, quoiqu'ayant accepté la place de vénérable, a cependant mis la condition de ne point s'asservir à remplir ce rôle avec l'exactitude scrupuleuse qu'il exige; & comme c'est sur-tout son nom dont on ambitionnoit d'illustrer la série des grands-officiers de la loge des *neuf sœurs*, on l'a laissé maître de s'absenter toutes les fois que ses importantes occupations le demanderoient. Cette séance a été privée de sa présence : c'est le frere comte de Milly, premier surveillant, qui a tenu sa place.

Les principaux ouvrages lus ont été, 1°. un *Éloge de Montaigne*, par M. de la Dixmerie. La maniere de cet auteur qui n'a nulle énergie dans l'ame, nulle philosophie dans la tête, nulle chaleur dans le style, étoit trop opposée au genre du héros pour qu'il fût dignement célébré. C'est un littérateur pur, élégant, estimable, mais bien au-dessous de la tâche qu'il s'étoit imposée. Il n'a pu même, quoiqu'il ait élagué de beaucoup sa premiere partie, terminer sa lecture de la seconde, & il a fallu qu'un frere vînt au secours de sa poitrine fatiguée.

2°. Un *chant du mois de novembre*, du poëme de M. Roucher. Il l'avoit choisi pour un éloge adroitement amené de M. Dupati, ce jeune avocat-général du parlement de Bordeaux, non moins célebre parmi les patriotes que parmi les orateurs. Le poëte lui ayant obligation du bonheur dont il jouit, a cru devoir lui en témoigner ainsi sa reconnoissance, & le public a applaudi avec transport. On a couronné ce magistrat, qui modestement a placé le laurier sur la tête de monsieur Garat, dont il a prématuré ainsi le triomphe.

Ce même magistrat, frere de cette loge depuis son séjour à Paris, devoit lire *l'éloge de Montesquieu*; mais il a déclaré quelques jours avant, qu'il n'auroit pas terminé cet ouvrage. On croit plutôt que les morceaux hardis dont il est plein, dit-on, ont engagé ses amis à le détourner de se donner ainsi en spectacle.

3°. Un *éloge de Voltaire*, en vers, par un jeune frere qui donne des espérances : c'est M. de Flins des Oliviers.

4°. La préface d'un ouvrage intitulé : *Essais historiques & politiques sur les Anglo-Américains*, de monsieur Hilliard d'Auberteuil, où il a tracé les portraits des principaux chefs de cet état naissant, entre lesquels figure le docteur Franklin : ce qui a donné lieu de célébrer ce chef de la loge.

5°. Enfin un drame intitulé : *le repentir de Pygmalion*, par M. Garnier. Ce jeune auteur, qui s'est distingué à la comédie Italienne, y a fait recevoir ce drame-ci, dont le plan a paru à l'assemblée ingénieux, piquant & agréable, mais qui dépend beaucoup de la musique, comme toutes ces sortes d'ouvrages : en sorte qu'il faut attendre à le voir au théatre pour prononcer.

Après ces lectures, on est monté dans la galerie d'en-haut, où différens artistes & physiciens avoient exposé des morceaux de leur composition. M. Houdon pour la sculpture, M. Greuze comme peintre, brilloient entre les autres. Monsieur Changeux y avoit placé le fameux barometre dont on a parlé.

Cette longue assemblée, trouvée trop courte par les freres, & même par les dames, s'est terminée, suivant l'usage, par un banquet simple & spirituel, qui a prolongé les plaisirs jusques bien avant dans la nuit.

25 *Août* 1779. On a déja parlé vaguement du testament de feu M. le comte de Valbelle. Il est essentiel de constater le fait dans toute son authenticité, & voici la clause du testament, en date du 26 juin 1773.

« Je prie messieurs de l'académie Françoise
» de Paris de trouver bon que je leur laisse la
» somme de 24,000 livres une fois payée, pour
» la placer le plus avantageusement & le plus
» solidement que faire se pourra ; les priant de
» vouloir bien, à la pluralité des suffrages,
» décerner tous les ans le revenu qui provien-
» dra de ce capital, à tel homme de lettres,
» ayant déja fait ses preuves, ou donnant
» seulement des espérances, qu'ils jugeront à
» propos, pouvant le décerner plusieurs années
» de suite & y revenir après avoir discontinué,

» selon qu'ils le trouveront bon & honnête à
» faire. »

En conséquence de cet arrangement que l'académie a accepté, elle a résolu de faire faire l'éloge du comte de Valbelle par son secrétaire, & c'est un des morceaux qui doivent y être lus aujourd'hui.

16 *Août* 1779. L'assemblée de l'académie Françoise a eu lieu hier après-midi, suivant l'usage, pour la distribution des prix.

On a d'abord lu *l'éloge de l'abbé Suger*, par M. Garat, avocat. Il n'a point paru merveilleux, & l'on croit que l'académie auroit tout aussi bien fait de ne point donner de prix. On a trouvé ce discours long, ennuyeux & sentant plus la dissertation que le genre oratoire, en outre rempli de beaucoup d'idées petites & mesquines.

On n'a point nommé le candidat qui a eu l'*accessit*; mais il est certain que c'est M. Hérault de Sechelles, jeune avocat du roi, qui a désiré n'être pas connu.

Quant au prix de poésie, ce n'est point le Russe dont on a parlé qui l'a mérité. Il paroît qu'il n'aura pas voulu servir de prête-nom à M. de la Harpe, dont tout le monde sait aujourd'hui la supercherie. Il est vraiment le pere du Dithyrambe; mais il a fait écrire par M. d'Argental à l'académie, que l'auteur de cet ouvrage couronné avoit des raisons pour ne point accepter le prix ; ce qui, en effet, auroit été contre les statuts, défendant à tout académicien de concourir. D'après cette déclaration, la médaille a été décernée à M. de Murville.

M. de la Harpe a lu les deux ouvrages. On a été très-content d'eux, mais sur-tout du premier, qu'on a trouvé supérieurement bien travaillé.

M. d'Alembert a terminé par l'éloge de M. le comte de Valbelle, qu'il a composé, suivant le vœu de l'académie, & lu. Toujours des calembours, de la satire, & une affectation de philosophie & de bel-esprit, qui, réunis ensemble, ne produisent qu'un plus mauvais effet.

Quoique cet académicien ne réponde directement à aucune des injures de M. Linguet, il ne le perd pas de vue, & trouve toujours le moyen de le ramener, sans le nommer, mais d'une façon trop rapprochée, pour qu'on ne le reconnoisse pas. Il l'a donc peint sous les couleurs les plus noires & les plus viles, & n'a pas même épargné ses protecteurs, mais d'une maniere plus générale & plus vague, quoique non moins sentie, par le danger d'indisposer contre lui d'illustres personnages & même un prince auguste, dont il se feroit autrement de dangereux ennemis.

27 *Août* 1779. M. de Vismes continue à remonter l'opéra par tous les soins imaginables. Il cherche des compositeurs chez l'étranger, & tâche d'amener en France les plus illustres. C'est ainsi que M. Bach a été invité de se rendre à Paris. Il doit mettre en musique *Amadis de Gaule*, & vient d'arriver de Londres.

27 *Août*. Malgré tout le succès de l'expérience de bicêtre, on n'ôte pas à ceux qui voudront concourir la faculté de le faire, s'ils peuvent trouver quelque chose de mieux que

M. de Bernieres. Pendant une heure qu'a duré le travail pour l'expérience de sa machine le samedi 21, les vingt-quatre hommes qu'on a employés, ont monté dix-neuf seaux ; ce qui fait un peu plus seulement de trois minutes par séance, & il en faut cinq aux chevaux.

28 *Août* 1779. Dans son plaidoyer de l'affaire du comte de Broglio contre l'abbé Georgel, M. Seguier, avocat-général, portant la parole, avoit emprunté une comparaison heureuse du Mercure avec la Calomnie ; ce qui a donné lieu à l'épigramme suivante :

> Le corrupteur & corrompu Seguier,
> Qu'en mauvais lieu tout débauché rencontre,
> Ces jours derniers, dans un long plaidoyer,
> Taisoit le pour, ne parloit que du contre;
> Car pour le contre il s'étoit fait payer.
> Il empruntoit sur-tout une figure
> Du vif métal, furet de la nature.
> On admiroit un morceau si brillant :
> Merveille n'est, dit quelqu'un, le galant
> Connoît à fond les vertus du Mercure.

29 *Août* 1779. Entre les pieces de poésie qui ont concouru pour le prix, excepté les deux dont on a parlé, l'académie n'en a jugé aucune digne d'une mention honorable, ou dont on pût extraire quelque morceau détaché susceptible d'éloge ; un seul vers a trouvé grace, & a paru mériter d'être cité pour sa beauté, & comme capable de servir d'inscription à un buste de Henri IV, dont il s'agit :

> Le seul roi dont le pauvre ait gardé la mémoire.

Le sujet du prix de poésie désigné pour l'année prochaine, est conçu ainsi : *la servitude abolie dans les domaines du roi, sous le regne de Louis XVI*. L'académie qui avoit si fort critiqué ses prédécesseurs imposant des entraves au génie des jeunes poëtes, a cru devoir déroger à la regle qu'elle s'étoit faite en faveur de cette loi, dont la philosophie se fait gloire & qu'elle s'attribue.

Pour laisser aux auteurs le temps de faire les recherches nécessaires, on a proposé dès-à-présent le sujet du prix d'éloquence à décerner en 1781 : c'est *l'éloge de Charles de Saint-Maure, duc de Montausier, pair de France, gouverneur du Dauphin fils de Louis XIV*.

M. d'Alembert a ajouté que M. le comte de Montausier, ancien colonel du régiment Royal-Infanterie, & dont M. le duc de Montausier étoit le trisaïeul maternel, ayant appris que l'académie devoit proposer cet éloge pour le concours, & desirant de contribuer à tout ce qui peut honorer la mémoire de l'homme respectable dont il porte le nom, a prié la compagnie de permettre qu'il ajoutât la somme de 600 liv. à la valeur du prix ; ce que la compagnie a accepté.

29 Août 1779. Un évêque Anglois, homme d'esprit, parlant très-bien le françois, & qu'on soupçonne un honnête espion dans ce pays-ci, dînoit derniérement avec neuf autres Anglois chez le maréchal duc de Biron. Il y avoit un évêque François, qu'il affectoit d'appeler toujours son confrere, & celui-ci, au contraire, de le qualifier toujours de Milord. « Pourquoi donc, lui dit le prélat hérétique, ne frater-

» nisez-vous pas avec moi ? Je ne vois qu'une
» différence entre nous : c'est que j'ai une
» femme & des enfants autorisés par la loi. »
Quelques temps après, comme on le pressoit de
questions indiscrettes sur la politique : « quand
» je pourrois répondre, reprit-il, vous sentez
» bien que je ne le ferois pas. Tout ce que
» je puis vous avouer, c'est que si nous
» avions joué votre rôle, la flotte de la Ja-
» maïque ne seroit jamais rentrée dans nos
» ports. »

30 *Août* 1779. Outre l'éloge de M. le comte de Valbelle, l'académie a voulu lui donner une autre marque de sa reconnoissance, en faisant faire son buste par M. Houdon. Elle l'a placé dans la salle de ses assemblées particulieres, où il figure avec les académiciens. On lit au bas : *Joseph-Alphonse-Omer, comte de Valbelle, bienfaiteur des lettres.*

30 *Août.* M. l'archevêque de Paris a gagné au parlement un procès très-important pour son objet utile. Il s'agit d'environ trente mille li-vres de rentes, & d'une somme de plus de 500,000 livres déposée. Son premier soin, en touchant celle-ci, a été de l'envoyer à Ma-dame Necker pour les pauvres. Madame Necker est directrice générale en cette partie : elle est à la tête des hôpitaux, des maisons de charité, de toutes les institutions tendantes à soulager l'humanité. Elle a dans ce genre de vastes projets, comme son mari dans le sien. Le prélat s'en est rapporté à elle, quoique hé-rétique.

31 *Août* 1779. Comme la machine de M. de Bernieres, adaptée au puits de bicêtre, offre

l'avantage spécial d'occuper un grand nombre de prisonniers, l'administration l'emploie jusqu'à ce qu'elle ait définitivement adopté un moyen. L'auteur la soumet à l'examen de tous ceux qui voudront la critiquer ou l'améliorer, jusqu'à ce que le concours soit fermé.

Ce spectacle a donné lieu d'aller voir plus particuliérement le château de bicêtre, & d'y applaudir aux heureux changemens opérés dans cette maison, depuis la trop courte influence de M. de Malesherbes. On y voit un attelier pour le poli des glaces ; on y voit les moulins pédales, dont on obtient une farine égale à celle que produit la meilleure moûture ; on y a fait aussi des changements heureux pour la fabrication du pain.

Ce qui frappe sur tout, c'est l'empressement des prisonniers à être occupés. Le travail est devenu pour eux une récompense, par le pécule & la meilleure nourriture qu'il leur procure : il ne s'accorde qu'à la bonne conduite précédente ; ce qui tend nécessairement à la réforme de ces malheureux, qui devenoient trop souvent plus mauvais sujets dans cette prison.

1 *Septembre* 1779. Le Sr. Favart, cet auteur aimable d'une foule d'ouvrages restés aux deux théatres, a un fils qui n'ayant pas les talents de son pere, cultive avec succès ceux de sa mere, & est excellent acteur de société. Malgré l'argent immense que madame Favart & son mari ont gagné, ce dernier est resté peu à son aise, & le jeune homme est obligé de chercher des ressources. On prétend que c'est ce qui le réduit à prendre le parti de se faire comédien. Il doit débuter demain dans les rôles de la Ruette.

Son nom fait fenfation, & tous les amateurs fe difpofent à l'aller voir.

2 *Septembre* 1779. Ces jours paffés l'académie royale de peinture & de fculpture a jugé les tableaux & bas-reliefs des éleves concourants aux grands prix. Elle a mis en réferve les premiers, tant en peinture qu'en fculpture, & n'a accordé que les feconds dans l'une & dans l'autre. Celui de peinture a été décerné au fils de M. Vernet, âgé de dix-neuf ans; & quant à la fculpture, c'eft le Sr. Lotta qui a été couronné.

3 *Septembre* 1779. Il n'a point paru de mémoire dans les affaires du châtelet dont on a parlé. MM. de Kercado ont été mis hors de cour à l'égard de leur agreffion contre M. de la Fortelle & Mlle. d'Eon, ainfi que ceux-ci refpectivement.

Quant au Sr. Marquis prétendu de Caraccioli, qui vouloit forcer le libraire Lottin à recevoir fa paraphrafe des pfeaumes à un prix convenu, il a été débouté de fa demande, attendu que le contrat n'étoit pas *fynallagmatique*, c'eft-à-dire, obligatoire des deux parts.

4 *Septembre* 1779. M. le duc de Chartres a témoigné la plus grande fenfibilité à la vue de fon coureur bleffé à la chaffe par fon alteffe; il a lui-même déchiré fa chemife pour le panfer fur le champ. On efpere qu'il n'en mourra pas. Comme il eft chez fa femme, rue des Poulies, & que l'on a mis du fumier devant fa porte, tout Paris a été bientôt inftruit de ce fatal événement.

5 *Septembre* 1779. Le Sr. Favart a paru dans e *Tableau parlant* & *les trois Fermiers* : il fait es rôles de la Ruette ; c'eft-à-dire ceux de

vieillard. Comme il est très-jeune, sa figure & sa voix répugnent à cette sorte de personnage. Malgré cette difficulté, il a réussi & à reçu les plus vifs applaudissements. Ce qui n'a pas peu contribué à le rendre plus agréable au public, outre l'intérêt qu'il prend à lui par reconnoissance pour le pere & la mere, c'est un couplet que le débutant a trouvé à insérer & à chanter à la fin du *Tableau parlant*. Il est peu spirituel, mais flatteur pour le parterre, & c'est tout ce qu'il faut dans ces sortes de circonstances :

> Je ne mets qu'en tremblant
> Le pied dans la carriere,
> Et mon foible talent
>   Est chancelant :
> Mais le but nécessaire,
> Messieurs, est de vous plaire :
> Je brûle du desir
>   D'y parvenir.

5 Septembre 1779. On sait aujourd'hui que le Sr. Gudin est l'auteur de la piece dont on a cité le seul vers rapporté sur Henri IV.

6 Septembre 1779. Le maréchal de Duras, excité par Mlle. Vestris, qui remue cet amant à son gré, a engagé le roi à donner au Sr. Brizard, l'un des plus acharnés de la troupe contre la Dlle. Sainval l'aînée, des marques de sa satisfaction par une gratification considérable. Cependant S. M. s'est radoucie sur le surplus des peines. Son exil va finir incessamment ; elle aura la liberté de venir passer quelques jours à

Paris pour arranger ses affaires, mais ne pourra y rester plus long-temps. Du reste, il lui sera permis de prendre parti dans les spectacles de province, ou de passer chez l'étranger.

On admire beaucoup la fermeté généreuse du Sr. Molé, qui est presque le seul de ses camarades dans les intérêts de l'actrice expulsée, & les soutenant avec une chaleur extrême, sans crainte de déplaire au *supérieur*.

6 Septembre 1779. Le programme des prix de l'académie d'architecture à distribuer cette année, étoit un *Musæum* sur un terrein de cent cinquante toises sur cent, avec des détails imposés & désignés. Comme les deux de 1778 avoient été remis, il y en a eu quatre. Les quatre couronnés ont été les Srs. Gisor, Launoy, Durand & Barbier.

6 Septembre. Le chevalier Gluck est rétabli, & l'on a repris les répétitions d'*Echo & Narcisse*.

7 Septembre 1779. La société royale de médecine a tenu le mardi 31 août son assemblée publique d'usage pour la distribution des prix. Elle n'a pas été courue comme les précédentes. Les éloges lus par le secretaire n'avoient rien de curieux par le peu d'intérêt qu'on prenoit aux personnages. L'un étoit d'un M. Arnault de Nobleville, auteur de quelques ouvrages de médecine; l'autre de M. Macbride, prétendu, par son panégyriste, célebre docteur en médecine, & chirurgien à Dublin.

M. d'Aubenton a lu le seul mémoire qui pût fixer l'attention de l'assemblée *sur le régime le plus nécessaire aux troupeaux*.

8 Septembre 1779. Billet *du roi à madame la duchesse de Duras, sœur du vicomte de Noailles.*

« Je reçois dans le moment, madame la
» Duchesse, des nouvelles de M. d'Estaing ; il
» s'est emparé de la Grenade ; le vicomte de
» Noailles commandoit une attaque & s'y est
» très-bien conduit : il y a eu plusieurs balles
» dans ses habits, mais n'a pas été blessé.
» Il étoit deux jours après à un combat naval,
» où M. d'Estaing a forcé Byron de se retirer
» avec perte. Voilà ce que j'ai appris sur son
» compte.

» La reine m'a chargé de vous faire tous ses
» compliments. Elle a mandé à M. de Sartines
» que s'il avoit des lettres pour vous, de vous
» les envoyer tout de suite. Je pars pour la
» chasse dans le moment, & vous souhaite le
» bon jour. Ce lundi 6 septembre 1779. »

On voit dans cet écrit authentique, la bonté
du roi & son honnêteté. On est fâché cependant qu'en traitant un de ses sujets de monsieur, S. M. appelle le général étranger seulement
Byron.

8 *Septembre* 1779. On trouve beaucoup de
forfanterie dans la relation de la prise de la
Grenade, publiée sous les auspices du gouvernement, qui n'a pu être envoyée que par le
comte d'Estaing, & où il se loue avec une impudence révoltante. Ce n'est pas ainsi que César
écrivoit ses commentaires. Malgré cet étalage,
on juge que le succès n'est dû qu'à la foible défense de la garnison. Du reste, c'est une de
ces conquêtes qui se font & se reprennent comme
l'on veut.

Le récit du combat naval est plus gascon encore. Dans celui imprimé sur les lieux, on faisoit au moins mention de la perte : elle est absolument supprimée ici ; & tout considéré, il n'y a d'avantageux que de n'avoir pas sur le champ reperdu la conquête.

9 *Septembre* 1779. La reine, *madame*, madame la comtesse d'Artois, madame Elisabeth, *monsieur* & le comte d'Artois sont venus hier à Saint-Cloud, honorer de leur présence la fête d'usage ; le comte d'Artois servoit de cocher à S. M. qui étoit en caleche, & l'on admiroit la bonne mine de ce superbe *Automédon*. *Monsieur* étoit seul, enfoncé dans son carrosse, avec deux seigneurs de sa suite sur le devant. La reine a bien voulu se trouver au feu d'artifice exécuté chez Griel dans la salle de bal. Elle s'y est rendue en simple particuliere, y a assisté de même, & l'on a admiré sa bonté de souffrir qu'une foule de femmes & d'hommes vînt se mettre debout devant elle & lui masquer le spectacle, sans que l'avertissement, plusieurs fois répété à ces indiscrets, qu'ils empêchoient sa majesté de voir, les ait engagés à se déranger. Sa patience n'a pas été moins grande pour attendre que l'illumination, très-longue, s'exécutât ; & toute cette brillante & auguste compagnie s'est ensuite promenée à pied quelque temps dans le bal. On a été surpris qu'il n'y ait pas eu la moindre acclamation, le lendemain d'une victoire annoncée.

10 *Septembre* 1779. Les naturalistes s'occupent beaucoup de l'*Arbor incognita sinarum*, qui a fleuri cette année & a fixé pour la premiere fois leur attention. On prétend aujourd'hui qu'il a la qualité singuliere de purger par l'odorat. On raconte qu'un particulier ayant

voulu le travailler pour en faire quelque ouvrage, fut attaqué de colique & de dévoiement; qu'ayant repris le lendemain son exercice, il éprouva un effet semblable ; qu'ayant appellé un tourneur, celui-ci ressentit le même accident, ainsi que deux autres consécutivement employés.

10 Septembre 1779. M. de la Harpe annonce au public dans le *Mercure* du quatre de ce mois, que ses importantes occupations ne lui permettent plus de s'occuper de cet ouvrage périodique, & que depuis quelques ordinaires M. le Vacher de Charnois étoit chargé des spectacles. C'est celui qui avoit aussi indécemment supplanté M. le Fuel de Méricourt, que M. de la Harpe avoit succédé à M. Linguet.

11 Septembre 1779. Il est décidé que la demoiselle Raucoux rentre. On peut se rappeller que les comédiens ont fait tous leurs efforts pour s'opposer à ce qu'elle revînt, & ont même éludé la protection de la reine, à laquelle ils représenterent que l'inconduite & le libertinage de cette actrice répugnoient à l'honnêteté de leur société. Tous ces obstacles sont levés par un ordre du roi.

Mlle. Raucoux est descendue chez mademoiselle Arnoux, où elle loge. Elle commence aujourd'hui par le rôle de *Didon*. Toute la secte des Tribades est sur pied pour la faire triompher, & c'est une fureur non moins grande que celle de son début.

12 Septembre 1779. M. le marquis du Hullay, premier véneur de M. le comte d'Artois, a composé une chanson à l'honneur de son cousin le comte d'Estaing, & elle court actuellement les rues. Elle est adressée aux Anglophiles, & est excellente pour sa destination.

12 *Septembre* 1779. Hier à Versailles il y a eu un *Te Deum*, pour remercier Dieu solemnellement de la conquête de la Grenade & du combat naval dans lequel, avec l'aide du Toutpuissant, M. d'Estaing a repoussé l'amiral Byron. Le roi, la reine, la famille royale, toute la cour ont assisté *in fiocchi* à cette cérémonie, où l'on a vu pour la premiere fois, depuis long-temps, trois pavillons & deux drapeaux ennemis flottants au pied de l'autel de la chapelle. Ils doivent être transférés aujourd'hui à Paris & déposés à Notre-Dame, où un nouveau *Te Deum* sera chanté en grande pompe.

13 *Septembre* 1779. On a fait sentir à madame la duchesse de Duras son indiscrétion d'avoir laissé prendre copie du billet familier du roi, qui aime beaucoup cette dame & la considere. Elle a sur le champ envoyé un courier à cheval pour retirer ces manuscrits; mais elle n'a pu ravoir tout, ou plutôt des copies prises sur l'original, s'étoient multipliées dans d'autres mains.

13 *Septembre*. On peut se rappeller la jolie piece des *Tu* & des *Vous* de Voltaire. Une dame ayant fait derniérement un voyage à Ermenonville, demanda sur les lieux si Rousseau tutoyoit sa femme. Sur l'affirmative elle fit les couplets suivants.

AIR : *Chantez, dansez, amusez-vous*, &c.

De Jean-Jacques prenons le ton,
Et ne parlons que son langage,

Que *vous* ne soit plus de saison,
D'un couple heureux soyons l'image.
Vous effarouche les Amours,
Et *toi* les ramene toujours.

Tu tiens à *vous*, peut-être à moi,
Moi j'aime *toi*, c'est ma folie,
Et tel est mon amour pour *toi*,
Que pour *toi* seul j'aime la vie.
Vous effarouche, &c.

Ce vilain *vous* peint la froideur,
Ce joli *toi* peint la tendresse;
Vous souvent afflige le cœur,
Toi bien placé comble d'ivresse.
Vous effarouche, &c.

Plus donc de *vous*, mais fêtons *toi*,
Toi fixe à jamais mon hommage;
Quelqu'un dira : mais c'est la loi :
Je suis mon cœur & non l'usage.
Vous effarouche les Amours,
Et *toi* les ramene toujours.

13 *Septembre* 1779. La Dlle. Raucoux paroît avoir conservé les beaux moyens que la nature lui avoit donnés, & du reste avoir rapporté les défauts qu'on lui reprochoit, tels qu'une affectation outrée dans sa façon de scander les vers, une lenteur ennuyeuse, de grands vilains bras, une inclinaison de corps continuelle, peu de sensibilité, & quelquefois un jeu faux. Ses partisans l'ont applaudie à tout rompre, & la Dlle. Arnoux, avec quantité d'autres tri-

bades, faisoient cabale à l'orchestre pour cette sœur illustre.

14 *Septembre* 1779. La Dlle Raucoux a surtout rapporté une grande insolence. Elle a fait sentir à la Dlle. Sainval cadette, la supériorité des protections qu'elle avoit, & lui a déclaré qu'elle la dépouilleroit de ses rôles. Celle-ci en conséquence demande qu'on les lui assure, ou sa retraite : nouvelle fermentation dans le tripot.

14 *Septembre*. Les deux drapeaux qui ont donné matière aux *Te Deum*, étoient du régiment dont des détachements formoient la garnison de Grenade, & les trois pavillons ceux de la Dominique, de Saint-Vincent & de la Grenade. Le roi, dans sa lettre, comprend toutes les conquêtes, ainsi que le combat naval. Comme il y a long-temps qu'on n'a vu de ces cérémonies, voici la marche. Ils ont été apportés de l'hôtel de la guerre de Versailles aux invalides ; de là transférés au palais des Tuileries par un détachement de l'hôtel. Le gouverneur, peu au fait, avoit d'abord ordonné que chacun feroit confié à un bas-officier. On a représenté à M. d'Espagnac qu'un tel fardeau étoit une fonction honorifique dont les officiers seroient jaloux. En conséquence la destination a été changée ; on a promené ces dépouilles en pompe, tambours battants, dans tout le fauxbourg Saint-Germain. L'après-midi les cent-suisses arrivés de Versailles, qui les avoient reçus au château, ont fait le même rôle pour les conduire à Notre-Dame, où des détachements de la maison du roi & des cours ont aussi grossi le cortege. Ces dépouilles profanes ont été reçues par l'archevêque, qui les a bénites,

H 6

puis par une procession solemnelle ; on les a en quelque sorte proposées à la vénération des fideles. Trois salves d'artillerie ont annoncé le triomphe de la France, & une illumination générale a marqué l'alégresse des Parisiens.

M. Garceron, notaire, à la pointe de la Croix des Petits-Champs, homme peu fastueux, modeste & même simple, a frappé les regards des curieux par une décoration plus brillante que celle des hôtels & des palais. On y lisoit, à l'aide d'un transparent, ces quatre mauvais vers.

 Louis fait gronder son tonnerre
 Pour confondre l'orgueil Anglois ;
 D'Estaing, dans un autre hémisphere,
 Venge l'honneur du nom François.

On a supposé pour motif de ce zele extraordinaire, que cet officier de justice étoit vraisemblablement le notaire du comte d'Estaing.

15 *Septembre* 1779. Les badauds de Paris, qui admirent & dépriment sur parole & sans savoir pourquoi, s'étoient imaginés que le comte d'Orvilliers alloit conquérir l'Angleterre : aujourd'hui, avant de connoître les raisons & les excuses qu'il peut alléguer, ils font des épigrammes contre lui. En voici une qui roule sur la qualité de dévot qu'a depuis long-temps ce général. On l'apostrophe:

 Vous entendez toujours la messe,
 Et n'entendez jamais raison ;
 On vous voit aller à confesse
 Quand il faut tirer le canon.

Grand dévot n'eſt qu'un petit homme ;
Quittez vos profanes deſſeins ;
Aujourd'hui que chacun vous nomme
Vice-amiral des capucins.

16 Septembre 1779. La fermentation a été très-violente lundi à la comédie françoiſe, où Mlle. Raucoux jouoit le rôle de de *Phedre*. Les amis des Sainval ont pris leur revanche & l'ont ſifflée durant preſque toute la piece par des alluſions malignes à chaque vers, ſuſceptible d'être interprété contr'elle. Ils lui prodiguoient des applaudiſſements outrés, & l'obligeoient de recommencer, pour rire après de nouveau. Le ſupérieur par excellence, comme on qualifie aujourd'hui le maréchal duc de Duras, avoit fait donner à la garde les ordres les plus ſéveres ; en ſorte qu'on a arrêté deux jeunes gens, qu'on a conduits en priſon. Le lendemain on répandoit, le ſoir, dans le palais royal des copies multipliées du brûlot ſuivant, dont l'allée s'eſt trouvée couverte.

« Le comte d'Eſtaing bat les Anglois, pour
» leur faire reconnoître l'indépendance Amé-
» ricaine. M. de Duras empriſonne les Fran-
» çois, qui n'applaudiſſent pas la Veſtris & la
» Raucoux.

Mlle. Raucoux, pour regagner l'indulgence du public, a fait inſérer dans le *Journal de Paris* du 15, une lettre humble, où elle déclare qu'elle n'ambitionne la place de perſonne, & eſt venue au contraire pour doubler tout le monde.

16 Septembre. Après la cent quarante-deuxieme repréſentation des *les Battus paient l'amende*, on les avoit interrompus, mais il a fallu y revenir, pour satisfaire l'avidité insatiable du public, & ils en ont eu déja peut-être vingt autres depuis. Il n'y a point d'exemple d'un succès aussi extraordinaire. Aussi l'auteur, M. d'Orvigny, sifflé deux fois aux Italiens, en est d'un orgueil qui se manifeste dans son *épître à son libraire*, dont il a fait précéder l'impression de ce *proverbe, comédie-parade, ou ce que l'on voudra* : c'est ainsi qu'il l'intitule. Il faut convenir qu'à la lecture même on trouve une si grande naïveté dans cet ouvrage, qu'elle se supporte sans insipidité. C'est une caricature sur un ton de vérité qui fait illusion, & qui, sous son enveloppe grossiere & basse, contient une morale juste & très-philosophique. On a gravé M. Jeannot, & c'est le portrait à la mode.

17 Septembre 1779. On évalue jusqu'à deux cent mille livres les dettes de Mlle. Raucoux, & l'on croit que la cour n'est pas éloignée de les payer. En attendant, il paroît un réglement, ou plutôt une déclaration du roi, qui semble avoir été rédigée en sa faveur, dont la principale disposition est de rendre libres & affranchis de toutes saisies, arrêts & oppositions, les gages & appointements des régisseurs, receveurs, inspecteurs, comédiens & autres personnes attachées aux spectacles, jusqu'à la concurrence des deux tiers, sauf pour raison de nourriture & logement.

Il est à observer cependant que ce réglement n'est que pour les spectacles établis à la suite de la cour ; mais par l'abus qu'ont introduit les gentilshommes de la chambre de faire évoquer au conseil toutes les contestations élevées contre les comédiens de Paris, il y a grande apparence qu'on autorisera le même réglement à l'égard de ceux-ci.

La déclaration donnée à Versailles le 18 août a été enrégistrée le 3 septembre, les sémestres assemblés au grand-conseil, auquel S. M. attribue l'appel des procédures qui doivent s'instruire par-devant le prévôt de l'hôtel.

18 *Septembre* 1779. *Extrait d'une lettre de M. Céré, directeur du jardin de Montplaisir, à l'Isle-de-France, en date du 5 janvier.* « En 1776, on eut 2,500 clous de girofle, 5,000 en 1777, & infiniment davantage en 1778. La plupart de ceux-ci sont tombés avant ou après l'épanouissement de la fleur ; mais il en reste un grand nombre sur les arbres destinés ou réservés pour baies. Treize girofliers fleurirent la premiere année, treize la deuxieme, & trente-un la troisieme. Il y en a un Créole de baies de 1776, & il en reste deux cents de sauvés de 1777. A trois mois ils étoient plus forts que celui de l'année précédente. Clous, baies, plans, en général tout ce qui provient de nos girofliers, n'est pas encore si fort qu'aux Moluques, par la raison que nos arbres, quoique superbes, bien verds & bien vigoureux, ne sont encore que des enfants eux-mêmes. Mais cela viendra & ne m'inquiete plus. Nous ne sommes pas si avancés pour le muscadier ; nous n'avons que le nombre de femelles reconnues, c'est-à-dire huit, & que celui planté par M. Poivre : de ces floraisons subséquentes il n'a rien noué. Il y a apparence que la floraison à fruit n'arrivera qu'une fois par an, dans le mois

» de février. La muscade envoyée au roi a
» neuf mois & dix jours de floraison ; une autre
» dix mois & onze jours : les quatre autres,
» destinées à être plantées, je les laisserai s'ou-
» vrir, & je les planterai avec des remarques &
» des observations. »

18 *Septembre* 1779. Mlle. Raucoux continue à faire l'entretien de la ville & même de la cour. Il en fut question l'autre jour au coucher du roi. S. M. demanda au maréchal de Duras, gentilhomme de la chambre de service, comment cela s'étoit passé le mercredi ? Elle s'informa qui étoient les deux étourdis arrêtés le lundi. Il fut sur-tout question d'un, qui est Me. Ader, avocat. Le maréchal assura que c'étoit un mauvais sujet, & le maître dit qu'il le connoissoit pour tel. Le singulier, c'est que Me. Ader ne va jamais à la comédie, & il est vérifié que le maréchal s'est trompé de nom.

D'un autre côté, la fermentation est grande dans le tripot. Les comédiens sont outrés de la maniere dont Mlle. Raucoux s'est présentée à leur assemblée, sans les prévenir, & son ordre de début à la main. Plusieurs menacent de quitter & demandent leur retraite.

19 *Septembre* 1779. Vendredi les comédiens Italiens ont fait l'essai de leurs forces pour jouer des pieces nouvelles. Ils ont donné la premiere représentation des *Bourgeois du jour*, comédie en cinq actes & en prose, de M. le chevalier de Rutlidge. Les deux premiers actes, d'un excellent comique, ont été bien reçus & ont fait beaucoup de plaisir. Malheureusement ils étoient trop bons ; l'auteur a foibli dans le troisieme & le quatrieme ; & le cinquieme, tout-à-

fait froid romanesque, a donné trop de prise aux détracteurs & aux envieux pour ne pas tomber complétement. On ne peut refuser un talent décidé au poëte, mais il faut qu'il étudie l'art davantage, ménage mieux ses forces & châtie plus son style ; car il a plus que tout autre le sel & la gaieté, les deux premieres qualités du genre.

20 *Septembre* 1779. On a repris les répétitions d'*Echo & Narcisse*, opéra en trois actes du chevalier Gluck ; car il ne faut pas s'imaginer que ce soit une pastorale : c'est du tragique véritable. On devoit donner la premiere représentation du mardi 21, c'est-à-dire demain, mais on ne croit pas qu'elle puisse avoir lieu de la semaine.

21 *Septembre* 1779. Les avis sont très-partagés sur la répétition générale d'*Echo & Narcisse*, qui a eu lieu hier. Elle étoit aussi nombreuse que la plus belle chambrée. On convient généralement que le poëme est détestable ; qu'il y a de beaux effets de musique, mais déplacés & trop vigoureux pour un sujet aussi simple : Les partisans même de Gluck ne peuvent le dissimuler ; ses adversaires trouvent l'ouvrage trop long & d'un ennui excessif. Qoique le musicien ait monté son harmonie sur le plus haut ton, il a plus donné que de coutume au goût françois, & il y a quantité de ballets, dont quelques-uns peu pittoresques.

Ce qui a fait le plus de plaisir dans tout ce spectacle, ç'a été de voir reparoître Mlle. Théodore, danseuse, qui avoit quitté, entraînée par la cabale générale contre M. de Vismes. Ce jeune sujet, qui joint la noblesse à la gaieté, les graces à la légéreté, la précision à la gentillesse, réunit tous les suffrages. Elle est en femme ce que le célebre Pic est en homme, & fait le plus grand honneur au sieur Lany, son maître.

22 *Septembre* 1779. Madame Necker, dans l'espoir de se donner une consistance de son côté, a imaginé de se mettre à la tête des hôpitaux du royaume, pour l'administration intérieure des œuvres de charité. Elle a fait goûter son projet à la reine & à madame, sous leurs augustes auspices. C'est un intrigant, nommé Colombier, membre de la société royale, qui est son agent pour la partie médicale. Elle est allée derniérement à la conciergerie, & a trouvé à redire à l'infirmerie de cette prison. Elle a envoyé chercher le sieur Couture, architecte du parlement & l'a réprimandé. Ce subalterne en a rendu compte à M. Pasquier, doyen de la grand'chambre, commissaire des prisons & des édifices qu'on construit. Ce magistrat a été furieux, & a donné les ordres les plus séveres pour s'opposer aux entreprises de la femme du directeur général des finances, ce qui ne met celui-ci que plus mal avec le parlement.

22 *Septembre*. L'inquisition mise par le maréchal duc de Duras, pour empêcher qu'on ne siffle Mlle. Raucoux, & que les partisans des Sainval ne cabalent contre Mlle. Vestris, continue à augmenter le nombre des mécontents, & faute de mieux, l'indignation se manifeste par des pamphlets manuscrits. Il paroît une facétie intitulé : *Supplément à la gazette de France, du vendredi 17 septembre*, où par une allégorie soutenue, on raconte tout ce qui s'est passé dans le tripot, en termes de marine : ce qui

donne lieu à quelques sarcasmes assez piquants pour ceux qui sont au fait de l'historique & des anecdotes.

23 *Septembre* 1779. La reine & la famille royale ne pouvant venir décemment chez l'Ecluse, pour voir *les* BATTUS *paient l'amende*, n'ont pu tenir à leur desir, & cette troupe a été mandée à Versailles, pour y jouer sur le théatre de la ville, le mardi 21. La directrice a eu permission d'augmenter les places, ce qui lui a fourni une très-bonne chambrée.

24 *Septembre* 1779. Dans le temps de l'incendie de l'hôtel-dieu, on avoit donné divers projets, soit pour transférer cet hôpital ailleurs, soit pour l'anéantir entiérement & y suppléer d'une autre maniere. Un des spéculateurs sur cette matiere avoit proposé que chaque paroisse eût le sien. On n'y a point eu d'égard, & l'on a non-seulement conservé ce réceptacle de toutes les maladies de Paris, mais on l'a laissé où il est.

Aujourd'hui sous les auspices de madame Necker, M. le curé de Saint-Sulpice a imaginé de construire un hôpital particulier pour sa paroisse, & il seroit à souhaiter que cet exemple fût suivi des autres pasteurs.

24 *Septembre.* Aujourd'hui les comédiens Italiens donnent la seconde représentation des *Bourgeois du jour.* Ils ont réduit cette piece en quatre actes, & elle n'est peut-être que meilleure. Il seroit même à desirer qu'on l'eût resserrée en trois. Elle est imprimée depuis long-temps sous le premier titre du *train de Paris,* qui la caractérise mieux, & qu'on a ajouté.

25 *Septembre* 1779. Il faut rappeller que

M. Linguet, dans un de ses derniers numéros, en parlant de la querelle élevée parmi la troupe des comédiens François, à l'occasion de la Dlle. Sainval l'aînée, appelle le *supérieur*, c'est-à-dire le maréchal duc de Duras, le *Bâtonnier*, & faisant allusion au bâtonnier des avocats, ordre contre lequel il est constamment élevé, persifle cruellement ce seigneur. Il l'avoit déja maltraité dans ses diatribes contre l'académie, dont M. de Duras est membre. Le maréchal, outré de colere, a fait écrire au journaliste qu'il eût à s'abstenir d'entretenir le public de lui, ou qu'il lui feroit donner des coups de bâton. *Tant mieux*, fait-on répliquer au libelliste, *je serai fort aise de lui voir faire usage de son bâton une fois en sa vie.*

26 *Septembre* 1779. Il couroit depuis quelques jours un quatrain sur le prince d'Henin, capitaine des gardes-du-corps du comte d'Artois, qu'on n'a pas daigné recueillir dans le moment parce qu'il ne contenoit qu'un calembour. Malheureusement sous cette pointe grossiere étoient renfermées des vérités dures, concernant la bêtise, la crapule & la nullité de ce seigneur, lié avec toutes les impures de Paris, & sur-tout ne désemparant pas de chez Mlle. Arnoux, qu'il ennuie du matin au soir. Il a su que le quatrain étoit de M. le marquis de Champcenets, gouverneur des châteaux de Meudon, Belle-vue & dépendances, en survivance de son pere, un des chansonniers de la cour & rival en ce genre du marquis de Louvois. Il s'est plaint au comte d'Artois son maître, & Mr. de Champcenets a été condamné par le roi à être exilé pendant deux ans, dont six mois dans un château-fort,

& pour le reste, sa famille a obtenu qu'il le passeroit à voyager. Cette anecdote rend précieux les vers qu'on dédaignoit :

Depuis qu'auprès de ta catin
Tu fais un rôle des plus minces,
Tu n'es plus le prince d'Henin; (des Nains)
Mais seulement le Nain des princes.

27 *Septembre* 1779. Il y a parmi les danseuses de l'opéra une Dlle. Vernier, dans les doubles, roulant son corps depuis long-temps & renommée pour ses tours & ses perfidies. Un chevalier de Grille, suivant un quolibet de ses camarades, *donnant dans les vieux corps*, s'étoit attaché à cette courtisanne. Ces jours derniers il l'a surprise couchée avec un guerluchon : celui-ci s'est apparemment échappé, & toute la colere du chevalier a tombé sur l'infidelle, qui a fui nue en chemise. Il l'a poursuivie à coups de canne jusques dans la rue, où il l'a laissée presque morte. Le roi informé de cette vengeance lâche & contraire aux loix, a ordonné que M. de Grille fût enfermé au château de Ham : d'autres disent qu'il n'est qu'exilé.

27 *Septembre.* Les partisans de la facétie intitulée *les battus paient l'amende*, enchantés de l'honneur que le roi avoit fait au sieur l'Ecluse de demander sa troupe à Versailles pour l'y jouer, ne doutoient pas que le suffrage de la famille royale n'y mît le dernier sceau. Ils ont été bien étonnés de voir tous ces augustes personnages y bâiller à qui mieux, & s'écrier; *n'est-ce que cela ?*

28 *Septembre* 1779. M. de Foncemagne, après avoir donné plusieurs fois l'espérance à ceux qui aspirent à l'académie françoise de leur céder bientôt la place, a enfin réalisé tout de bon leur attente. C'étoit un littérateur estimable, qui avoit produit beaucoup de choses peu recherchées. Il s'étoit sur-tout attaché à la partie de l'histoire, dans laquelle il avoit des connoissances très-étendues; mais il l'avoit traitée plus en savant qu'en homme de génie. Il avoit eu l'honneur d'être sous-gouverneur de M. le duc de Chartres.

28 *Septembre*. Outre le quatrain sur le prince d'Henin, on attribue au jeune Champcenets les couplets sur la comédie & beaucoup d'autres choses sur la cour. Il paroît que le père sachant le sort dont son fils étoit menacé, a mieux aimé le prévenir, en demandant lui-même au roi un ordre pour le faire arrêter.

29 *Septembre* 1779. On est indigné de la ligue générale des peintres contre le tableau de monsieur Bonnieu, qu'ils cherchent à décrier à l'envi par leurs propos & leurs critiques injurieuses. Mais ce qui marque plus particuliérement la jalousie dont ils sont dévorés, c'est leur acharnement à obtenir du gouvernement qu'il empêche les ouvrages périodiques de payer à cet artiste le tribut de louanges qui lui est dû. Aucun n'a osé en faire mention.

M. le duc de Chartres, à peine arrivé de son voyage, est allé chez M. Bonnieu & a acheté cette *Bethsabée* 6,000 livres, le prix auquel l'artiste, trop modeste, l'avoit mis.

29 *Septembre*. Madame Elisabeth ayant désiré être inoculée, elle doit se soumettre incessam-

ment à cette opération, qui aura lieu au château de Meudon.

30 *Septembre* 1779. Dès la seconde représentation, les balcons, l'amphitéatre & les premieres loges se sont trouvés vuides, en sorte qu'on regarde l'opéra d'*Echo & Narcisse* comme presque tombé ; & s'il se soutient un peu, c'est par les ballets du Sr. Noverre. Le chevalier Gluck, dans le principe, n'en vouloit pas ; il prétendoit que ses ouvrages n'en avoient aucun besoin ; ce n'est pas même lui qui a fait les airs. Ses partisans, qui cette fois l'abandonnent, c'est-à-dire son opéra, en rejetent principalement sa chûte sur le poëme, du baron de Tschudi. Il est vrai qu'il n'est pas possible de lire de plus mauvaises paroles. Le style guindé, précieux, amphigourique de ce poëte, est porté à un degré dont il n'y a pas d'exemple, & son plan même, absolument contraire à la fable, est la plus ridicule chose qu'on puisse imaginer.

Quant au chevalier, il se moque de cela ; il a touché d'avance, suivant son usage, les dix mille francs, prix de sa musique, & l'on calcule qu'avec les autres revenants bons, il en aura 22,000 livres.

M. de Vismes, peut-être pour la premiere fois, a fait beaucoup de dépenses pour l'exécution de cet opéra, le premier où il y ait unité de lieu. Il n'y a cependant qu'une seule décoration charmante, dont les sites variés donnent lieu à des ballets très-pittoresques pour le coup d'œil, & remarquables par des effets piquants & neufs, qu'on n'avoit pu saisir aux répétitions.

30 *Septembre* 1779. *Supplément à la gazette de France, du vendredi* 27 *septembre* 1779.

d'Amathonte, le 17 septembre 1779.

La division s'est mise dans les flottes combinées des reines *Vénus* & *Melpomene*, & les deux partis sont prêts d'en venir à une guerre civile. La jalousie est le principe du désordre.

L'amiral *Vestris* n'a pu soutenir l'éclat de la gloire de l'amiral de *Sainval* l'aînée & a résolu la perte de cette rivale, dont les grandes qualités attiroient l'admiration publique.

ESCADRE BLANCHE, *portant le Pavillon de la reine Vénus.*

CAPITAINES.	VAISSEAUX. Ca.	NOTES.
VESTRIS, amiral.	Le Duras. 100 Vaisseau qui a plus d'apparence que de solidité.	Le maréchal duc de Duras, gentilhomme de la chambre de service, supérieur des comédiens, & amant de la dame *Vestris*, bavard, sans parole & sans fermeté.
BRIZARD.	L'intérêt. 90 Vieux bâtiment.	Ce comédien, le chef du parti de Mll. *Vestris*, est âgé & très-ladre.
PRÉVILLE.	Le Courtisan. 75 Bâtiment ruiné.	Ce comédien cherche à se mettre bien avec le *supérieur*, & d'ailleurs est usé de débauches.

DESES-

CAPITAINES.	VAISSEAUX. Can.	NOTES.
DESESSARTS.	Le Balourd. 74 Mauvais voilier.	C'est un acteur très-épais & très-bête.
LA RIVE.	Le Belâtre. 74 Bâtiment mou.	Bel acteur, ayant des dents bien blanches, qu'il montre, mais froid.
PONTEUIL.	L'Inutile. 64 Bâtiment radoubé	Comédien médiocre, qui a reparu depuis peu au théatre.
VANHOVRE.	Le Tartuffe. 64 Louvoye supérieurement.	Avoit paru du parti de Mlle. Sainval, & en a changé, voyant l'autreparti l'emporter.
COURVILLE.	Le Ridicule. 64 Porte bien la voile.	Il est hué dès qu'il paroît & va toujours son train.
BOURET.	L'Honnête. 64 Bâtiment plat.	Comédien qui a des mœurs, mais est un piétre homme.
DU GAZON.	L'Intrigant. 50 Bâtiment sujet à ployer.	Comédien qui cherche à faire sa cour aux dépens de tous ses camarades.
Mad. PRÉVILLE.	La Vengeance. 50 Bâtiment lent à la marche, mais sûr.	Bonne actrice, froide, facile à irriter & implacable.
Madame BELLECOUR.	Le Profond. 50 Sujet aux voies d'eau.	Vieille actrice dévergondée.

Tome XIV   I

FRÉGATES.

Mlle. LUZY.	*La Coquette.* 32 Mal radoubée.	Cette actrice a une maladie de femme incurable.
Mad. DUGAZON.	*L'Effrayante.* 32 File 15 nœuds par heure.	Allégorie relative à son intérieur & à sa lubricité.
Mad. SUIN.	*La Fatigante.* 20 File 18 nœuds.	Même caractere, même tempérament.

ESCADRE ROUGE, *portant le pavillon de la reine Melpomene.*

CAPITAINES.	VAISSEAUX. Ca.	NOTES.
SAINVAL l'aînée, Amiral.	*Le Talent.* 120 A une superbe batterie.	La meilleure actrice actuelle, vigoureuse & dans le genre de Mlle. Dumesnil.
MOLÉ.	*Le Ferme.* 100 Peut servir encore long-temps.	C'est l'acteur qui a déployé le plus de vigueur dans le tripot en faveur de l'expulsée.
MONVEL.	*L'Ingénieux.* 90 Vaisseau rare pour les qualités.	Ce comédien est en même temps auteur & fait des pieces de théatre.
AUGÉ.	*L'Admirable.* 90 Vaisseau à conserver.	Excellent comédien dans les rôles de valet & d'un genre difficile.
D'AZINCOUR.	*Le Neuf.* 80 A examiner.	Ce comédien n'est reçu que de 1778.

CAPITAINES.	VAISSEAUX. Ca.	NOTES.
FLEURY.	*Le Véridique.* 64 Vaisseau d'une batterie qui fait fuir tout ce qui l'approche.	Éloge du caractere de cet acteur.
Mlle. SAINVAL, cadette.	*La Sensible.* 54 Bâtiment peu durable.	Cette actrice a de l'ame, mais de foibles moyens.
Mlle. DOLIGNY.	*Le Séduisant.* 64 Vaisseau à réformer.	Actrice qui a plu long-temps, sans qu'on sache trop pourquoi & sans moyens.
Mlle. FANIER.	*Le Prétendant.* 64 Vaisseau qui a besoin d'un fréquent calfatage.	Actrice très-apprêtée dans son jeu & sur-tout dans sa toilette.

FRÉGATES.

Mlle. LA CHASSAIGNE.	*L'Insouciante.* 32 Durera long-tems	Caractere de cette actrice.
Mlle. CONTAT.	*La Dédaigneuse.* 32 N'attrape rien.	Caractere de cette actrice, peu renommée pour ses conquêtes.

Le capitaine *Raucoux*, corsaire vigoureux, montant la *Sophie* (1), avec 500 volontaires, *des deux sexes*, vient de se joindre à l'Escadre blanche. Ce bâtiment armé à Florence, est

---

(1) Il faut savoir que Mlle. Arnoux se nomme *Sophie*, & c'est ainsi qu'elle est sur-tout appellée parmi les Tribades.

malheureusement, quoique construit depuis peu, très-fatigué, vu son service fréquent, sur-tout dans son arriere, par une artillerie trop forte. On ne croit pas qu'il puisse tenir la mer long-temps, & le lundi 13 il a essuyé un grain violent, à la hauteur de l'isle *Phedre* (1) qui l'auroit fait relâcher, si le capitaine *Raucoux* n'étoit intrépide. Il a seulement usé de prudence, & vogue sous ses basses voiles.

L'amiral *Vestris* a commencé les hostilités & donné chasse à l'amiral *Sainval*, qui, contrarié par le vent, sans munitions & mal secondé des siens, a été coupé & forcé de gagner quelque port neutre.

Le commandement auroit dû être dévolu à *Sainval* cadette, capitaine du *Sensible*; mais n'étant pas mieux secondée, elle est allée solliciter les secours de la reine *Melpomene*.

Pendant ce temps toute l'escadre rouge, affamée, s'est rendue au *Duras*, sauf le capitaine *Molé*, qui s'est expliqué hautement, au risque d'être démonté; & si les renforts de la reine *Melpomene* n'arrivent promptement, ses états sont absolument à la veille d'être dévastés par les ennemis.

On assure que la retraite du capitaine *Sainval* cadette ayant donné des inquiétudes, on a fait l'impossible pour le ramener, & qu'il servira sous les ordres de l'amiral de l'escadre blanche; lâcheté dont on s'indigne.

Le prince des *Nains* (2), qui aime singulié-

―――――――――――
(1) Mlle. Raucoux a été violemment sifflée à une représentation de la tragédie de *Phedre* où elle jouoit.

(2) Le prince d'*Henin*, l'amoureux de Mlle. Arnoux, & qui en conséquence protege Mlle. Raucoux.

zement le corsaire *Raucoux*, à cause du bâtiment qu'elle monte, sur lequel il a fait quelques traversées, s'intéresse fortement à elle, & lui a concilié la reine & les princes de la famille royale.

1 *Octobre* 1779. Une société avoit proposé un prix de 1,200 livres pour l'éloge de Louis, dauphin, pere du roi. Il devoit être décerné au commencement de juillet dernier. Cette fois ce n'étoit aucune académie qui dût en décider. Les juges étoient dix particuliers choisis ; savoir, messieurs Guenée, Gerard, Chevreuil, de Milou, Godescard, Pey, Asseline, Royou, Geoffroy & Grosier. Ces arbitres n'ayant trouvé aucune piece digne d'être couronnée, la même société, en augmentant le prix de 1,200 livres, propose le même sujet une seconde fois. Cette fois elle donne des indications plus précises. Elle desire que les auteurs ne s'asservissent pas à parcourir l'historique de la vie du héros, mais qu'ils s'appliquent à considérer l'esprit qui anima ce prince, & à le présenter comme plein de cette religion qui a consacré toutes ses vertus, & dont la premiere a été de se dérober à l'admiration de son siecle. Le concours sera ouvert jusqu'au premier septembre 1780 exclusivement, & le prix sera décerné au commencement du mois de décembre.

1 *Octobre*. L'opéra a donné hier sur son théatre la premiere représentation d'un intermede italien : *il Matrimonio per inganno*, ou *le Mariage par supercherie*, en deux actes, dont la musique del signor Anfossy. Nous avons une piece françoise sous ce titre qui est charmante : *l'Epoux par supercherie*, de Boissy. On

préfumoit que l'auteur Italien en auroit tiré parti; mais il est décidé que ces intermedes doivent absolument ne pas avoir le sens commun : les poëtes y veulent laisser au musicien tout l'honneur du succès.

Quant à la musique, elle a été fort goûtée du petit nombre d'amateurs qui suivent ce genre de spectacle.

2 *Octobre* 1779. On a réduit dans un quatrain le bon mot prétendu de Me. Linguet : il devient ainsi plus vif. D'ailleurs, la pointe de cette épigramme est une épée à deux tranchants : *in utrumque feriens.*

Au maréchal duc de Duras, tourné en ridicule par Me. Linguet, dans un de ses derniers numéros :

Monsieur le maréchal, pourquoi cette réserve,
Lorsque Linguet hausse le ton,
N'avez-vous pas votre bâton ?
Au moins qu'une fois il vous serve.

2 *Octobre*. Dans les démolitions & fouilles faites à Belleville & aux environs des carrieres par ordre de la police, on a trouvé une pierre avec des caracteres : on l'a cru digne de l'examen de messieurs de l'académie des inscriptions & belles-lettres ; en conséquence elle leur a été apportée à grands frais : les commissaires nommés pour l'explication se sont donnés beaucoup de peine, afin de rendre les lettres lisibles. Voici quelles elles sont, & l'ordre figuré de leur arrangement :

```
         J             C.
             J
             L
             B
    C                     H
         E       M
             I       N
             D
    S        A   N   E   S.
```

Mais quand il a fallu rechercher dans quelle langue étoient écrits ces caracteres & ce qu'ils signifioient, ils se sont inutilement cassé la tête. Ils ont consulté M. Court de Gebelin, le savant auteur du *Monde primitif*, & l'homme le le plus versé dans la connoissance des hiéroglyphes ; il s'est avoué incapable d'y rien comprendre.

Le bedeau de Montmartre entendant parler du fait & de l'embarras des académiciens, a prié qu'on lui fît voir la pierre, & sans doute instruit de son existence antérieure, il en a donné sans difficulté la solution, en assemblant simplement les lettres, qui forment ces mots françois : *ici le chemin des ânes*. Il y avoit dans ces cantons des carrieres à plâtre, & c'étoit une indication aux plâtriers qui venoient en charger des sacs sur leurs ânes, dont ils se servent pour cette expédition.

Si l'on trouvoit une pareille anecdote dans quelque *ana*, on la prendroit pour une plaisanterie : on ne peut contester l'authenticité de celle ci.

3 Octobre 1779. *Extrait d'une lettre de Bordeaux, du 25 septembre*...... Jeudi 23 nous

eûmes un *Te Deum* pour la conquête de la Grenade par le comte d'Estaing ; mais les négociants sont si contents, qu'ils firent des illuminations qui n'étoient point ordonnées. Le soir on donna *Gaston & Bayard* exprès, parce qu'il s'y trouve ces quatre vers, les plus mauvais peut-être de du Belloy, mais précieux par le nom du héros :

Ecoute, ô mon éleve, espoir de ta patrie,
D'Estaing, cœur tout de flamme à qui le sang me lie,
Toi, né pour être un jour, par tes hardis exploits,
Ainsi que ton aïeul le bouclier de tes rois !

A ces vers trop vagues de la cinquieme scene du cinquieme acte, un de nos Bordelois en avoit ajouté d'autres, & l'on reçut avec les plus vives acclamations la tirade en l'honneur de ce général, qui dissipoit enfin la tristesse & le deuil de ce port.

3 *Octobre* 1779. Les comédiens françois ont donné hier la premiere représentation de *Roséide*, comédie en cinq actes & en vers de M. Dorat. L'auteur se proposoit d'abord de faire paroître sa piece sous le titre de l'*Intrigant*, le principal caractere qui y domine ; mais comme ce caractere, plutôt défini que mis en action, n'auroit pas répondu à l'attente que le titre auroit exité, on a conseillé au poëte de se contenter de celui plus vague du nom de l'héroïne, qui ne présente que l'idée d'un drame romanesque. Des vers, des portraits, des tirades ont excité des applaudissements, & c'est tout. Les reins de M. Dorat sont trop foibles pour soutenir le fardeau qu'il s'étoit imposé : il est

hors d'état de conduire l'intrigue qu'exigeoit son sujet. Nulle gaieté, un froid continuel & beaucoup d'ennui ; c'est ce qui résulte de cette nouvelle production, plus propre à l'écarter qu'à le rapprocher de l'académie, à laquelle il comptoit s'ouvrir un accès par cet à propos.

4 Octobre 1779. Les artistes enchantés du bruit qu'on a fait courir qu'on n'avoit jamais vu de si beau sallon que cette année, pour jouir plus long-temps de l'enthousiasme public, ont engagé M. le comte d'Angiviller à le prolonger de huit jours.

Hier 3, jour de la clôture, on y a exposé deux nouveaux tableaux représentant la ville de Malines & le château de la Tamise. On en a admiré l'extrême fini, les détails les mieux entendus, l'intelligence des plans de chaque fabrique dont ils sont composés. La veille, l'auteur, M. de Cort d'Anvers, avoit été agréé de l'académie sur leur seule inspection.

5 Octobre 1779. Il paroît imprimé : *précis de la campagne de 1779*, par M. du Bourg, officier au régiment de Languedoc, embarqué sur le vaisseau du roi *l'Indien*.

Ce pamphlet vient de Brest, où l'impression en a été autorisée le 23 septembre, de l'agrément du commandant de la marine.

Il est couru avec avidité, mais on n'y trouve qu'un peu plus d'ordre & de précision dans les faits (1) qu'on savoit déja. Plusieurs même y sont omis, & une réticence totale des anecdotes qui pourroient satisfaire, laisse le lecteur

---

(1) Encore les dates ne sont-elles pas exactes.

dans le même embarras. On y remarque du reste, un génie rodomont, suite sans doute de la contagion des Espagnols. Cette forfanterie est encore plus déplacée, vu la supériorité excessive que nous avions, & le peu de succès qui en a résulté.

5 Octobre 1779. *A celle qui se reconnoîtra.* Tel est le titre d'une épître nouvelle adressée à Mlle. Raucoux. C'est un persiflage en vers, où il y a de la facilité, de la saillie, une critique des mœurs du jour vraie & piquante. On l'attribue à M Dorat. Cependant par sa méchanceté, sa hardiesse, & sur-tout par son genre, elle est encore plus dans la maniere du marquis de Villette.

6 Octobre 1779. Depuis les disputes élevées dans le sein de la comédie au sujet des Sainval, le Sr. Préville & sa femme s'étoient retirés & ne vouloient plus représenter. Celle-ci, connue pour une des ennemies des deux actrices opprimées & chéries du public, avoit été huée dans *la Gageure imprévue*, piece où elle avoit joué délicieusement. Son mari avoit pris fait & cause pour elle, & ils avoient envoyé leur renonciation au théatre. Leurs camarades éprouvant le vuide laissé par ces deux coryphées, ont député quatre d'entr'eux pour les ramener: tels les Grecs envoyerent autrefois vers Achille. Ils ont répondu, en prescrivant certaines conditions, qui consistent à mettre plus d'union dans la troupe, plus de fermeté dans les délibérations, & sur-tout plus de zele à empêcher le parterre de prendre en grippe les meilleurs acteurs & de les huer. Les articles ont paru si

durs, si difficiles à exécuter, qu'on ne leur a pas répondu.

7 *Octobre* 1779. Le prince de Nassau-Saarbruck, qui a épousé mademoiselle de Monbarrey, a moins de treize ans & demi, il n'en a que onze & demi, & la demoiselle doit revenir sur le champ après la cérémonie. Il est protestant, & elle catholique. Beaucoup de gens blâment son pere de cette alliance, & craignent qu'il n'en résulte un divorce lorsque le jeune prince sera majeur. On s'est trompé du reste, & il a encore son pere.

7 *Octobre*. M. Dorat a tenu une assemblée chez Mlle. Fannier, après la premiere représentation de sa piece, pour savoir s'il la retireroit. La pluralité a été pour forcer le public à la recevoir & à la pousser toujours. Cet auteur avoit pris pour modele de son *Intrigant* le Marquis de Pezay, dont il étoit autrefois l'ami, & qui s'étant méconnu dans son élévation, avoit donné de l'humeur au poëte; mais ce caractere est si mal mis en action, qu'on n'en a pas senti l'effet, & sur-tout qu'on n'y a reconnu en rien le prototype.

M. Dorat est d'autant plus désespéré que ses affaires se dérangent chaque jour; qu'il doit au moins 60,000 livres, & n'est à l'abri des poursuites de ses créanciers que par un sauf-conduit.

8 *Octobre* 1779. *Echo & Narcisse* n'a rapporté mardi, jour de la troisieme représentation, que 1,500 livres. Cette époque critique décide de sa chûte absolue.

M. Robinot, ci-devant abbé, en a présenté aux Italiens une parodie intitulée : *les Narcisses* ou *l'Ecot mal payé*. Elle a été accueillie avec transport. Mais comme il y a beaucoup de personnalités contre le chevalier Gluck, l'abbé Arnaud, M. Suard, le chevalier de Chatelux & ses autres partisans connus, on doute que la police la tolere, sans la châtrer étrangement.

9 Octobre 1779. Le chevalier Gluck, dont l'amour-propre, comme celui de tous les gens à talents, est très-susceptible, dégoûté du peu de succès d'*Echo & Narcisse*, sur le point de partir pour Vienne, est allé prendre les ordres de la reine, & n'a point dissimulé à S. M. sa douleur & son projet de ne plus revenir. La reine voulant le détourner de ce dessein, lui a fait donner la place de maître de musique des enfants de France, & lui a permis de partir seulement pour l'arrangement de ses affaires, avec injonction de revenir pour toujours se fixer ici.

10 Octobre 1779. *Vers à mademoiselle de Monbarrey, sur son mariage avec le prince de Nassau-Saarbruck.*

Vous partez, vous allez loin de votre patrie,
Passer des tendres mains d'une mere chérie
Dans les avides bras d'un époux enchanté :
Déposant un fardeau si cher, si regretté,
  L'une l'arrosera de larmes,
  L'autre, possesseur de vos charmes,
  Sera de plaisir transporté :
Dans ce monde admirable, ainsi tout se compense :
  Votre beauté mettoit en France
  Mille esclaves à vos genoux :
Sur de nouveaux sujets par votre bienfaisance

Vous allez exercer un empire plus doux :
    Ici l'on vous auroit maudite,
    Se voyant par vous dédaigner :
    Là vous serez toujours bénite :
D'une ou d'autre façon il vous falloit régner !

    11 *Octobre* 1779. On prend toutes les mesures pour faire l'édition générale des œuvres de Voltaire, dont le sieur de Beaumarchais & consorts s'occupent depuis long-temps. Quoique le *Prospectus* ne paroisse pas encore, on sait que le nombre des volumes sera de soixante in-8°., & la souscription de 300 livres.

    Afin de pouvoir éviter les censeurs de France & leurs scrupules, les éditeurs ont obtenu de monter leur imprimerie au fort de Kehl, appartenant à l'Empire, non loin de Strasbourg. S. M. impériale leur fournira des gardes pour veiller, tant au dehors que dans l'intérieur de l'imprimerie, & sur-tout pour empêcher qu'aucun des travailleurs n'emporte, suivant l'usage, des feuilles des épreuves : au moyen duquel larcin la contrefaçon a lieu presqu'aussi-tôt que l'édition originale.

    12 *Octobre* 1779. Un des bâtiments de Paris qui attirent aujourd'hui la curiosité des habitants de cette capitale & des étrangers, c'est le petit palais Bourbon : colifichet ingénieux, riche, élégant, plein de recherches voluptueuses : on ne peut y entrer qu'avec un billet de la propre main du prince de Condé. Ce n'est qu'un accessoire du grand palais, qui n'est point fini, & dont les travaux sont suspendus faute d'argent : il y a en outre le palais moyen. Par la réunion de ces trois espèces de bâtiments,

S. A. fera logée pour 600,000 livres de rentes environ. On évalue à douze millions ce vaste édifice, supérieur pour l'étendue à tous les palais connus d'aucun souverain en Europe.

12 *Octobre* 1779. L'*Ecole de la jeunesse*, ou *le Barnevelt François*, drame tragique, si jamais il en fût, & appellé par les comédiens italiens improprement comédie, en trois actes & en vers, mêlée d'ariettes, paroles du sieur Anseaume, avoit eu pour musicien le sieur Duny, mort, dont le genre facile & doux ne convenoit guere à la noirceur de cet ouvrage. Un sieur Prati, éleve de Piccini, a imaginé de refaire cette musique, & son ouvrage a été exécuté lundi dernier, mais avec un succès très-médiocre, & qui laisse encore beaucoup à desirer.

13 *Octobre* 1779. M. Dorat, au moyen des retranchements considérables faits à sa piece, des billets qu'il distribue abondamment à chaque représentation, & de la complaisance des comédiens à y joindre des petites pieces jolies, jouées rarement & accompagnées de leurs agrémens, se traîne avec une sorte d'ostentation aux yeux des bonnes gens qui ne voient pas tous ces ressorts, & ne connoissent pas son manege.

Cet auteur marche déja à un nouveau triomphe; il nous annonce aujourd'hui une tragédie, qui doit être jouée incessamment; c'est un sujet fort intéressant, *Pierre le Grand* : pour que le public soit prévenu d'avance & exciter son attente, il répand des vers à Mlle. Sainval cadette, en lui envoyant le rôle d'*Ametis* :

Diogene, avec sa lanterne,
Cherchoit un homme & ne le trouvoit pas.
Plus d'un Diogene moderne
Et même sort en pareil cas ;
La chose est, dit-on, bien prouvée ;
Moi je suis plus heureux. Las des talens trompeurs
De l'ampoule tragique, avec soin conservée,
Ma lanterne à la main, me moquant des railleurs,
Je cherchois une ame éprouvée,
Tendre, sensible, ouverte aux doux charmes des pleurs :
C'est une rareté chez messieurs nos acteurs,
Et dans Sainval je l'ai trouvée.

14 Octobre 1779. Il matrimonio per inganno, est un opéra bouffon tout nouveau & donné à Naples il n'y a guere que six mois : la musique en est admirée de plus en plus ; cependant, comme la Signora Chiavacci veut toujours une ariette de bravoure à chanter, le sieur Piccini a été obligé d'y en ajouter une de sa composition pour elle. Cette cantatrice n'a pas un organe fort étendu, mais elle est parfaite musicienne ; elle travaille beaucoup, elle a le plus grand goût, elle est pleine de graces & surmonte par son art toutes les difficultés : elle est en outre excellente actrice, principalement pour les rôles de fourberie hypocrite, dans le caractere de sa nation & dans le sien.

La Signora Chiavacci excite la jalousie de nos courtisannes, & sur-tout des demoiselles de l'opéra, dont elle surpasse par sa magnificence les plus riches ; outre un train considérable, elle a un coureur, & joue la femme de qualité : elle appartient actuellement à M. Amelot.

15 *Octobre* 1779. Il s'éleve dans le sein de l'académie une division sourde d'abord ; mais qui éclate insensiblement & pourroit causer des effets funestes. M. de la Harpe s'étoit impatronisé chez M. Suard, son confrere, & il s'y étoit tellement ancré qu'il a passé pour le cocufier. M. Suar n'a pas trouvé cela bon, & a expulsé l'ami de la maison. Celui-ci piqué à l'occasion du chevalier Gluck, extrêmement prôné par M. l'abbé Arnaud, & conséquemment par M. Suard son écho, a pris parti en faveur du sieur de Marmontel, à la tête des Piccinistes : le *Journal de Paris* a servi de champ de bataille à tous les champions qui, déguisés sous des noms empruntés, se sont dit beaucoup de choses grossieres à la faveur du masque.

M. Suard est un fier à bras : il n'est sorti de Besançon sa patrie & venu à Paris que pour une affaire d'honneur avec des officiers du régiment du roi : M. de la Harpe a fait, au contraire des preuves de couardise & de poltronnerie ; il a reçu des croquignoles de tous ceux qui ont voulu lui en donner, & ne s'est vengé que par sa plume, qui ne l'a pas toujours bien servi. Son confrere a trop abusé de sa supériorité : mais encore un coup l'*incognito* couvroit tout cela. Le dythirambe a donné de nouveau prise à M. Suard, qui a fait insérer dans le *Mercure* une critique sanglante de ce poëme ; & même tombant indirectement sur l'académie, le panégyriste de Voltaire a été furieux, & ne trouvant pas vraisemblablement le défenseur assez chaud, a fait insérer une lettre en réponse, où il est si fadement adulé, qu'on sent qu'elle ne peut venir que de lui. Tout a transpiré aujourd'hui, & M. d'Alembert, outré que des académiciens se donnent ainsi en spectacle, fait de son mieux pour assoupir la querelle & l'éteindre; mais M. Suard est implacable & menace toujours de couper les oreilles au cocufiant. Volà l'état actuel de cette guerre devenue ouverte, & qui amuse les malins, dont cette capitale abonde.

15 *Octobre* 1779. Un mémoire qui dans le temps n'avoit fait aucune sensation, est très-recherché aujourd'hui, depuis qu'il est supprimé par un arrêt du conseil du 25 septembre. Il est au nom des *épingliers, merciers, tabletiers*, contre M. *le chevalier Dubois, commandant la garde de Paris*. Me. Prevost de St. Lucien, avocat, en est l'auteur : la causticité qui y regne contre le militaire, auquel on reproche un despotisme vexatoire, en fait le mérite & le piquant.

15 *Octobre*. On cite un bon mot de M. le duc de Chartres à madame la duchesse accouchée : *quoi!* lui dit l'époux en soupesant le nouveau-né, *vous ne me donnez qu'un enfant, à moi qui ai travaillé pour quatre*.

16 *Octobre*. A celle qui se reconnoîtra.

Toi, la plus belle des *Didons* (1),
Chaste un peu moins que Pénélope,
Dans ce pays d'illusions;

―――――

(1) Mlle. Raucoux joue le rôle de *Didon* avec succès, & y a toujours brillé.

Il n'est rien que nous ne fassions
Pour fuir l'ennui qui nous galoppe.
Plumes en l'air, nez en avant,
On court grimpé sur la chimere
Vers le plaisir qui fuit d'autant ;
On aime, on plaît à sa maniere :
Le plus sage tourne à tout vent,
L'un atteint l'Amour par devant,
L'autre l'attrape par derriere.
Le caprice est ce qui nous meut ;
Le diable emporte les scrupules.
Enfin on fait du pis qu'on peut :
Tout le monde a des ridicules,
Mais n'a pas des vices qui veut.
Du tien ne va pas te défaire,
Dans la Grece on en faisoit cas
Et sur le vice on sait, ma chere,
Que les Grecs étoient délicats ;
Dans Rome encor, ville exemplaire,
Messaline, Actée ou Glycere,
Ne t'auroit pas cédé le pas.
Jours de débauche & de lumiere,
Beaux jours de la corruption,
Les petits soupers de Néron
Auroient bien été ton affaire :
Là nul censeur contredisant,
Jeunes bacchantes très-humaines,
Au corps souple, au geste agaçant,
Auroient imité tes fredaines
Et sû provoquer ton talent.
Saint Jérôme cite souvent
Le tempérament des Romaines,

Quoi qu'il en soit, au gré du tien
Eduque nos Parisiennes ;
Il est des excès qu'en tout bien
Il faudra que tu leur apprennes.
Ceignant le pampre & le laurier
N'obéis qu'à ta fantaisie,
Garde ton essor cavalier
Et ton audace & ton génie,
Et cet amour peu familier,
Dont le costume irrégulier
Tente la bonne compagnie.
Monte le matin un coursier
D'Angleterre ou d'Andalousie ;
Aime le soir Souck & Julie (1) ;
Le lendemain viens larmoyer
Tenant l'urne de *Cornelie*.
Le parterre a beau guerroyer,
Laisse à tes pieds siffler l'Envie :
Tout va, tout prend, tout nous est bon,
Nous aimons à voir une reine
En pet-en-l'air, en court jupon,
Beaucoup plus lascive que vaine
Faire de myrthes une moisson,
De ses bras lier sa *Climene*,
Et mettre sans tant de façon
La cocarde du fier dragon
Sur l'oreille de Melpomene.
Va, dans ce siecle de bon ton,
Les mœurs sont une singerie,
Les préjugés une chanson,

---

(1) Deux fameuses tribades entre nos courtisannes.

Et la sagesse une folie.
Nous sommes libertins à fond,
Par nous tu dois être accueillie.
L'oubli joyeux de la raison
Est un don du ciel qu'on t'envie ;
Nargue les sots, cede à tes goûts,
Donne aux femmes des rendez-vous ;
Parle aux hommes philosophie ;
N'en aime aucun, trompe les tous :
Sois gaie, insolente & jolie :
Sur la scene, avec énergie,
Prends le sceptre, regne sur nous ;
Tiens le thyrse dans une orgie
Et tu n'auras que des jaloux !

17 *Octobre* 1779. On peut se rappeller l'inculpation répandue il y a près de deux ans, contre N. le comte Desgrées, comme s'étant laissé corrompre par le maréchal duc de Duras commandant en Bretagne, lorsqu'il avoit l'honneur de présider l'ordre de la noblesse, & d'en avoir reçu une somme de 1,500 livres pour faire passer une délibération favorable à la cour. Ce gentilhomme a porté sa plainte au parlement de Bretagne contre cette diffamation calomnieuse : depuis ce temps, comme le maréchal de Duras y est gravement compromis, il a intrigué pour empêcher que cette plainte n'éclatât & qu'on n'y donnât suite : cependant elle commence à acquérir de la consistance, & il paroît un *Mémoire pour le comte Desgrées*, qui jette un grand jour sur toute cette affaire. L'autorité semble disposée à s'armer pour l'arrêter ; déja même elle empêche la distribution

de l'écrit en question, dont cependant quelques exemplaires ont percé. Pour peu que l'accusé mette de fermeté, que le parlement s'obstine à instruire l'affaire, & que le ministere continue à user des voies despotiques pour étouffer les gémissements de ce gentilhomme, sans lui rendre justice, cela peut produire une très-grande fermentation dans la province, sur-tout si elle se fomente jusqu'à la tenue des états, & devenir presqu'aussi grave que l'histoire de M. de la Chalotais.

18 *Octobre* 1779. Un sieur Daudé de Jossan, connu dans la littérature par quelques opuscules, sur-tout par des critiques sur le sallon très-ingénieuses, s'imaginant que ce n'étoit pas le meilleur parti à tirer de son esprit, & que cette faculté nous étoit spécialement accordée par la nature pour faire des dupes, s'est jeté dans les intrigues de toute espece, & a escroqué tant qu'il a pu : abymé de dettes, mis en prison, châtié par la police, il ne s'est rebuté de rien; il est sorti de la sphere des courtisannes dans laquelle il s'étoit concentré d'abord, il s'est faufilé chez les grands, chez le prince Louis, chez la baronne de Neukerque, chez le duc de Chartres, chez le duc d'Aiguillon, &c. Chassé de ces divers endroits, il s'est relevé de nouveau, & tout récemment a gagné la confiance du prince de Monbarrey. Comme il est Allemand & parle la langue de cette nation, il lui a servi d'agent pour négocier à l'occasion des difficultés élevées sur le mariage projeté du prince de Nassau avec la fille de ce ministre; & pour récompense celui-ci vient de le faire nommer syndic de la ville de Strasbourg, par

adjonction avec M. Gerard, & en ayant l'exercice. Cette place, la plus belle après celle de préteur, le met à la tête du corps municipal de cette ville, composé de la plus haute noblesse. On ne sait comment elle souffrira d'être présidée par un polisson de cette espece, petit-fils de Mlle. le Couvreur, ci-devant abbé & précepteur du fils de M. de Lucé, ancien intendant de la province. En un mot, c'est le second tome du marquis de Pezay; mais ayant plus d'esprit, d'adresse & de fourberie, d'imprudence, de figure & de jeunesse, il peut aller encore plus loin.

18 *Octobre* 1779. *Vision du prophete Daniel, trouvée nouvellement dans les ruines de Jérusalem, traduite de l'Hébreu par un amateur.*

Et le premier jour du mois de Nisam, j'étois couché sur les bords de l'Euphrate, déplorant dans mon cœur les malheurs de Sion, & je me flattois qu'un jour Jéhova laisseroit désarmer la colere, que nous reverrions le grand fleuve Jourdain, qui a quarante-cinq pieds de large, & le beau pays qu'il arrose, & que l'heureux temps reviendroit où nous pourrions encore égorger nos ennemis, comme Adonaï nous le prescrit, piller leurs possessions comme il nous l'ordonne, massacrer leurs femmes & leurs filles, brûler des milliers de vieillards, & écraser sur la pierre les têtes des petits enfants, pour accomplir la loi de l'Eternel.

Et je me réjouissois dans ces douces pensées.
Et tout d'un coup mes yeux se fermerent.

Et un doux sommeil s'empara de mes sens.

Et je m'endormis profondément sur le rivage.

Et je me figurois être dans le palais de Babylone.

Et comme je suis curieux, je parcourois ce vaste édifice, & j'entrai dans une grande salle.

Elle étoit partagée par le milieu.

Et la partie qui étoit devant moi représentoit un palais, & il étoit formé de chassis recouverts de toiles peintes, le tout assez mal illuminé.

Et je fus étonné quand je me retournai de voir l'autre partie de l'appartement entouré de trois rangs de cages remplies de femmes Caldéennes, brillantes de pierreries, assez mal assises, entassées les unes sur les autres, & plongées dans une obscurité qui m'empêchoit de discerner leurs traits.

Et au milieu de cette enceinte j'epperçus quatre à cinq cents hommes, tant jeunes que vieux, debout, pressés l'un contre l'autre, tous le visage tourné vers le palais de toile peinte, gardant quelquefois un profond silence, & en l'interrompant quelquefois pour frapper dans leurs mains, & pour crier *bravo*, ou *paix là*.

Et je me dis, ces gens-là sont fous ou ivres.

Et je vis qu'ils écoutoient attentivement ce que disoient des hommes & des femmes qui s'entretenoient tout haut de leurs affaires dans ce palais de chassis recouverts de toiles peintes.

Et ils avoient l'air d'éprouver de grands malheurs, de ressentir de vives afflictions, de se parler d'amour, de se prodiguer des injures, de se confier des secrets, & ils crioient à tue-tête.

Et personne ne leur disoit : *taisez-vous donc, ne criez pas si fort, vous êtes des imprudents, on entend tout ce que vous dites.*

Et j'avois envie de les avertir ; mais quand je vis que tout le monde avoit du plaisir à être de moitié dans leurs confidences, je fis comme les autres.

Et il y en avoit quatre ou cinq qui s'égosil-loient, & on leur crioit *bravo*, & moi je disois ces gens-là m'étourdissent.

Et ils ont beau se frapper l'estomac, lever les mains au ciel, trépigner sur le carreau, secouer leurs plumes, & se déchirer la poitrine, ils ne me touchent point, & je sens que s'ils parloient de ce qu'ils disent, cela est fait pour m'intéresser.

Et je fis cette réflexion tout haut, & un vieux Caldéen qui étoit à mes côtés, m'entendit, & me dit : tu as raison, esclave, tous ceux que tu vois-là sont des braillards.

Et ils ignorent que les grandes passions sont muettes, & ne s'expriment que par des accents étouffés.

Et leur ame n'est que dans leur cerveau.

Et leur sensibilité n'est que dans leur gosier.

Et leur chaleur n'est que dans leurs gestes.

Et leurs effets ne sont que des pantomimes outrées

Et leurs grands traits ne sont que des dissonances perpétuelles, des sons insupportables.

Et ne font que crier, parce qu'ils ne savent point parler.

Et leur physionomie grimace toujours, ou n'exprime

n'exprime rien, parce que l'ame seule donne aux traits du visage l'expression propre à chaque sentiment.

Et leur voix saute toujours du haut en bas & du bas en haut, parce qu'ils ne connoissent rien au langage des passions, à la marche de la nature & à l'expression du sentiment.

Et ce qu'ils font s'appelle jouer la tragédie, c'est-à-dire, exécuter les chef-d'œuvres des plus grands maîtres qui ont mis en action les dits & faits, les actes de vertu, les crimes, les malheurs des hommes célebres ou les révolutions des empires.

Et pour rendre ces chef-d'œuvres, il faut du talent.

Et ces gens-là n'en ont point.

Et tu vois bien cet homme noir (1), dont le visage seroit assez bien, s'il disoit quelque chose, qui a la jambe grêle, le buste mal attaché, les bras longs & la tête roide, qui s'admire avec le sot orgueil d'un paon, & se retourne tout d'une piece, comme un loup, & c'est-là l'homme qui succede au plus grand tragédien (2), dont s'honore notre patrie. Et pour le remplacer celui-ci n'a qu'une grosse voix, une poitrine forte, des poumons d'airain, beaucoup d'amour-propre & un grand fond d'impudence; & pour suppléer à l'ame & à l'intelligence qui lui manque, il crie, se bat les

---

(1) Portrait mal fait, qui convient à certains égards au Sr. la Rive & à d'autres, au Sr. Ponteuil, & ne caractérise réellement bien ni l'un ni l'autre: ainsi le lecteur choisira.

(2) Le Kain.

flancs, frappe des pieds fur le parquet, & jette à chaque inftant fes bras par deffus fa tête, & Babylone a été quelque temps dupe de fes contorfions; mais l'erreur n'a pas duré, & l'on fait maintenant l'apprécier.

Et écoute ces brouhaha, ces ris qu'il excite; cela s'appelle des huées ; c'eft avec cela que l'on acceuille & que l'on récompenfe des automates comme lui, qui ont l'audace d'entreprendre plus qu'ils ne peuvent faire.

Et tu entends comme ces huées redoublent, & tu vois bien comme il les mérite.

Et tu peux t'imaginer qu'il aura la bêtife & l'orgueil de ne les imputer qu'à des ennemis qui veulent lui nuire : & moi qui le connois je dis que cela fera mal-à-propos; & je te jure par Belus que, s'il annonçoit feulement des difpofitions, il n'éprouveroit que des encouragements ; mais on défefpere avec raifon de lui, & l'on punit à jufte titre fes prétentions & fon impudence.

Et tu vois bien cette petite femme (1), dont la tête eft trop groffe pour fon corps, dont les yeux font éteints, & qui a recouvert fon teint gréneleux & tanné, & fes traits effacés par un triple enduit de cérufe & de vermillon : eh bien ! fous ce paftel impofteur, fous ce mafque qui de loin, & graces aux lumieres, lui donne encore un certain éclat, elle cache une ame plus fauffe encore que fa beauté d'emprunt. Et vois-tu ces geftes compaffés, & entends-tu ces fons aigus de fa voix, ou rauque, ou glapiffante, qui détruit la nobleffe & l'éner-

―――――――――――

(1) Madame Veftris.

gie du caractere passionné qu'elle doit nous peindre ? & que penses-tu de la voir perpétuellement courbée en deux, gesticuler à tour de bras, mettre la main sous le nez de son pere ou de son amant, & dire *je vous aime*, comme on dit une injure ? Et remarques-tu que, malgré ses contorsions d'énergumene, malgré ces haut-de-corps & ces cris qui ne partent que du gosier ou du cerveau, cette femme ne dérange jamais l'édifice de sa coëffure ni la symétrie de son ajustement, & que son visage qu'on croiroit découpé d'un tableau, a toujours le même coloris, la même expression, & ne varie jamais ? & fais-tu attention que les applaudissements qu'elle reçoit, rares & clair-semés, partent de quelques pelotons d'ignorants soudoyés, que l'on va ramassant de carrefours en carrefours, & qui n'entendent que le signal convenu pour étourdir leurs voisins ?

Et t'apperçois-tu de ces *chut*, de ces *paix-là*, *paix*, dont le nombre & la force étouffent les applaudissements mercenaires ? L'indignation les arrache aux gens de goût, qui ne peuvent voir accorder à l'impudente & orgueilleuse nullité ce qui ne doit être que la récompense du talent.

Et je regardois tout ce que montroit le Babylonien.

Et j'écoutois tout ce qu'il me disoit.

Et je voyois qu'il avoit raison.

Et je lui dis, on ne sait donc point à Babylone faire justice de l'orgueil & de l'impudence, & j'ajoutai si Jéhova qui a montré son derriere à Moyse dans le buisson ardent, nous avoit accordé un autre spectacle, s'il nous avoit envoyé de mauvais comédiens bien impudents & bien orgueilleux, nous l'aurions prié de les traiter comme il a fait des peuplades entieres, qui n'avoient d'autres torts que d'être chez elles, & de ne pas permettre que nous les en chaſsions.

Et Jéhova nous auroit exaucés, car il n'entend pas raillerie, & je trouve que vos dieux sont bien patients, de ſouffrir comme cela qu'on ennuie impunément le public ; mais chacun fait chez ſoi comme il juge à propos.

Et quel est ce vieillard aveugle (1) qui paroît là-bas, ſoutenu par une jeune fille : ſes cheveux blancs impoſent le reſpect.

Et le Chaldéen me répondit : celui-ci que tu vois-là, n'a beſoin que de ſe montrer pour affecter l'ame & pour toucher le cœur.

Et conſidere un peu la nobleſſe & la ſimplicité de ſes mouvements & le pathétique de ſon organe, & il n'eſt pas néceſſaire que je t'avertiſſe qu'il peche pas l'intelligence, qu'il entend à peine ce qu'il dit, & qu'il déraiſonne le plus ſouvent.

Et tu t'en appercevras facilement, mais laiſſe-le s'échauffer, laiſſe l'action l'entraîner ſans qu'il s'en doute, à quelque morceau de force & & d'énergie.

Et tu ſeras toi-même entraîné.

Et tu entendras le cri de la nature retentir juſqu'à ton cœur.

Et l'exploſion de l'ame de ce vieillard remuera tes entrailles.

---

(1) Le Sr. Brizard faiſant le rôle d'Œdipe dans la tragédie de M. Ducis.

Et il aura l'air d'avoir de l'esprit.

Et si l'âge qui s'avance ne détruit pas entiérement ses forces, l'ensemble de son talent te fera toujours plaisir.

Et tu lui pardonneras ses défauts en faveur de ses bonnes qualités.

Et je trouvai que le Babylonien raisonnoit juste.

Et je lui dis, cette jeune (1) qui soutient le vieillard, ne t'émeut-elle pas comme moi ?

Et sa figure ne te paroît-elle pas douce & intéressante ?

Et il répartit, sa voix arrive jusqu'à mon cœur, son ame me parle, elle séduit, elle touche, elle enchaîne tout ce que le sentiment a de plus doux, elle sait l'exprimer ; tout ce que les passions ont d'orageux & de terrible, elle a l'art de le peindre, rien n'est étranger à son talent.

Et cet homme fluet & délicat (2) que tu découvres dans l'éloignement, va compléter l'illusion qui s'empara de tes sens.

Et tu ne l'entendras pas hurler comme cet énergumene qui t'étourdissoit il n'y a qu'un moment (3).

Et il maîtrisera toutes tes facultés.

Et son ame brûlante entraînera la tienne.

---

(1) Mlle. Sainval cadette, faisant le rôle d'*Antigone* dans la même tragédie.

(2) *Le Sr. Molé*, faisant le rôle de *Polinice* dans la même tragédie.

(3) Partialité aveugle, car le Sr. Molé crie plus qu'aucun acteur.

Et en l'écoutant tu ne t'appercevras plus de ce que la nature lui a refusé.

Et je vis effectivement un tableau qui déchira mon cœur.

Et je me crus transporté dans un autre pays ; ce vieillard, la jeune fille & son frere me firent éprouver tous les sentiments dont ils étoient animés.

Et je conclus que le peuple Babylonien n'avoit pas tort de chérir ceux qui lui procuroient des plaisirs aussi vifs.

Et bientôt je cessai de voir : une nuit profonde m'environna, & je me trouvai dans un bois, au milieu duquel il y avoit un tombeau.

Et des soldats traînerent ce jeune homme à ce tombeau.

Et j'apperçus une femme échevelée (1), armée d'un poignard, qui s'avançoit, le désespoir dans les yeux, pour immoler le jeune homme.

Et une voix lui crioit, *c'est Egiste !*

Et dans cette femme égarée & furieuse, je ne vis qu'une tendre mere craintive, agitée, tremblante pour les jours de son fils.

Et son action forte & vigoureuse, le jeu de sa physionomie, les accents étouffés de sa voix, ses discours, d'autant plus persuasifs qu'ils sembloient l'expression forte de son ame, m'arracherent à mes réflexions, réveillerent mes esprits & firent palpiter mon cœur.

Et je partageai les alarmes de cette mere infortunée. Ses cris désespérés retentirent jusqu'au fond de mon ame ; sa position affreuse

―――――――――――――――――

(1) Mlle. Sainval l'aînée, faisant le rôle de *Mérope* dans la tragédie de ce nom.

& le choc perpétuel de ses sentiments, tous variés, tous distincts, tous frappants, tous naturels, me transporterent hors de moi.

Et mes larmes avoient coulé en abondance; mon cœur étoit oppressé; je ne respirois plus qu'à peine.

Et de nouveaux tableaux, moins terribles, mais non moins séduisants, vinrent frapper mes regards.

Et je vis une jeune beauté (1), douce ingénue, dont le maintien annonçoit la candeur.

Et elle parloit d'amour avec le ton qui persuade.

Et elle intéressoit tous les sentiments, parce que son ame étoit de moitié dans tout ce qu'elle disoit, que sa voix avoit un charme inexprimable, & que l'honnêteté, que la décence accompagnoit ses regards, ses gestes & ses discours.

Et elle adressoit la parole à un homme (2) que j'aurois cru jeune, à n'en juger que par les agréments de sa physionomie, par l'élégance de sa taille & les graces de tous ses mouvements.

Et cet homme étoit plein de feu, & tout ce qui sortoit de sa bouche étoit autant de saillies rendues encore plus brillantes par la maniere dont il les exprimoit.

Et il avoit un ami auquel il se confioit.

Et cet ami (3), plus jeune que lui, plaisoit à ma raison & touchoit mon cœur: moins bril-

───────────────

(1) Mlle. Doligny, qui n'est cependant ni jeune ni jolie.
(2) Le Sr. Molé, dans le comique.
(3) Le Sr. Monvel.

lant que l'autre perſonnage, il n'en étoit pas moins agréable ; il avoit de la fierté, de la nobleſſe, des graces dans le maintien, de la fineſſe dans ſes regards ; je remarquai qu'il étoit à ſon aiſe dans tout ce qui exige l'ironie maligne & la plaiſanterie de ſang froid ; ſa voix & ſa prononciation le trahiſſoient quelquefois, mais il réparoit ce défaut par une intelligence ſûre & une ſenſibilité vraie.

Et voici qu'après eux m'apparurent trois eſclaves de différents ſexes, deux hommes & une femme, & la femme (1) étoit vive, gaie, & me communiqua bientôt le plaiſir qui l'animoit, & le déſordre charmant de ſes idées.

Et ſa phyſionomie brillante & ſon petit nez retrouſſé ſe graverent dans ma tête, & n'en ſont pas encore effacés.

Et les deux hommes m'amuſerent également : l'un (2), grand, bien découplé, plaiſant ſans chercher à l'être, l'œil expreſſif & plein de feu, portoit ſur ſon viſage tout le caractere & l'audace de la fourberie.

Et mille voix répéterent autour de moi : c'eſt un honnête homme ! & l'autre (3), taillé délicatement, annonçoit plus la ruſe que la ſcélérateſſe, ſavoit exciter le rire ſans outrer la plaiſanterie, & ne ſacrifioit jamais la raiſon au deſir de paroître comique.

Et chacun diſoit, j'aimerois mieux être ſervi par lui toute ma vie, qu'un quart-d'heure par

---

(1) Mlle. Fanier.
(2) Le Sr. Augé.
(3) Le Sr. Préville.

ce bouffon dégoûtant (1), que nous sommes condamnés à supporter vingt ans, vil histrion, dont la gaieté n'est que grimace, dont la plaisanterie n'est qu'une charge infame, digne en tout de ses sœurs (2) par sa nullité, son effronterie, son orgueil & sa méchanceté.

Et je m'applaudis de n'être point obligé de voir celui que l'on peignoit sous ces affreuses couleurs.

Et j'admirois les autres.

Et j'applaudis à leurs talents.

Et dans l'ivresse où me plongeoit une si douce illusion, je m'écriois : *Dieu d'Israël ! conserve des êtres qui produisent en nous des sensations si vives & si touchantes.*

Et comme j'adressois ma priere à Jéhova, je vis cette petite femme à la grosse tête, au teint plâtré, qui crioit, se démenoit & tâchoit d'animer ceux qui l'entouroient, contre cette mere intéressante, dont l'ame de feu avoit pris tant d'empire sur mes sens.

Et elle prononçoit d'une voix forte : *chassez-la ! chassez-la !* elle a plus de mérite que moi : *chassez-la !* tant qu'elle sera parmi nous je ne servirois qu'à augmenter son triomphe : *chassez-la !*

Et cette petite femme, telle que les Chaldéens représentent le mauvais principe, étoit armée de serpents, & elle les jetoit sur tous ceux qui l'environnoient.

Et tout ceux qu'avoient touché ces reptiles impurs, se rangeoient du côté de l'Arimane

---

(1) Le Sr. Dugazon.
(2) Mlle. Dugazon & madame Vestris.

femelle, & ils crioient *chaſſez - la ! chaſſez-la !*

Et un de ces ſerpents couleur d'or & d'argent, s'élance ſur le vieillard aveugle (1), dont j'avois été ſi ſatisfait, & le venin agiſſant dès l'inſtant il ſe mit à crier comme les autres: *chaſſez-la ! chaſſez-la !*

Et vainement neuf, où dix eſprits bienfaiſants s'armerent pour la défendre, ils furent repouſſés, & la petite femme aux traits effacés, à la voix rauque & glapiſſante, hurlant comme une forcenée, traînoit par les génitoires un vieux ſatrape (2), à qui elle crioit : vous avez le pouvoir, abuſez - en : j'ai forniqué avec vous ; ſouvenez vous - en ; vengez mon amour propre offenſé : *chaſſez - la ! chaſſez-la !*

Et le public crioit, *haro !*

Et le ſatrape dit à ſa vieille concubine : *je n'oſerois, on me crie haro ; que diroit le public ?*

Et la concubine répondit : moquez - vous du *qu'en dira-t-on* ; vous connoiſſez mes talents au jeu d'amour, narguez le public & vengez moi ; vous aurez du plaiſir.

Et comme il ſe défendoit moitié par honte, moitié par probité, elle lui lança le plus venimeux de ſes ſerpents, celui qu'elle avoit nourri de ſon lait.

Et alors le vieux ſatrape devint furieux, & il

---

(1) Le Sr. Brizard étoit un des plus acharnés de la troupe contre Mlle, Sainval.

(2) Le maréchal duc de Duras, gentilhomme de la chambre, ſupérieur des comédiens & l'amant de la dame Veſtris.

se mit à crier *de par le roi qu'on a trompé*, je t'ordonne de sortir de Babylone, & de ne point approcher de la banlieue ; tu seras punie d'avoir plus de talents que ma concubine.

Et tu seras rayée du nombre des élus, parce que tu as eu l'audace de plaire.

Et seront traités comme toi, si Dieu me donne vie, tous ceux qui se déclareront de ton parti, ou qui auront plus de mérite que ma concubine.

Et nul n'aura de talents hors nous & nos amis.

Et le public aura beau se plaindre, il faudra qu'il avale ma créature.

Et l'on me traitera d'imbécille, je le sais.

Et ma concubine viendra me voir le matin.

Et je serai consolé.

Et je rappellerai la prostituée de Babylone (1) ; elle reviendra parmi vous, qui déja très-avilis par le préjugé le plus injuste, serez couverts de fange par moi, votre protecteur, en vous forçant de recevoir celle qu'ont rejetée toutes les nations : & le peuple qui l'écoutoit, se mit à crier : *au scandale ! à l'impureté !*

Et l'on entendit crier : *place, place au prince des Nains* (2) !

Et je regardois, croyant voir à la tête d'une troupe de pygmées un avorton, rebut de la nature.

Et j'apperçus un grand homme pâle & maigre, à l'œil bête, au rire niais, affectant un air d'importance ; & quelle fut ma surprise quand

---

(1) Mlle. Raucoux, rentrée à la comédie.
(2) Le prince d'Hénin, protecteur de Mlle. Raucoux, & son amant aujourd'hui.

Je vis à travers son corps diaphane, qu'au lieu de sang une boue noire & empestée circuloit dans ses veines, & que ce rayon émané de la Divinité qui nous anime, par qui nous pensons, qui ennoblit notre tête, s'étoit éteint chez lui dans cette fange impure.

Et son cœur corrompu tomboit en pourriture.

Et l'on n'y distinguoit aucun de ces sentiments qui caractérisent la noblesse : la lâcheté, la poltronnerie, la débauche infame, le mensonge, la flatterie, l'avarice & la duplicité se partageoient le reste de ce cœur gangréné.

Et il perça la foule, conduisant sur le poing une femme que je pris pour un homme, à sa démarche effrontée, à sa voix forte, à sa taille gigantesque.

Elle jetoit des regards lascifs sur toutes celles de son sexe (1), & une voix cria : *la voilà, celle qui a renchéri sur toutes les abominations dont les peuples se sont souillés.*

Et elle va renouveller ici les scenes de débauche & de luxure, qu'elle y donna jadis : meres ne quittez pas vos filles ; amants, veillez sur vos maîtresses ; maris, prenez garde à vos femmes.

Et si vous vous relâchez un moment, elle entrera dans votre lit, elle polluera ce que vous avez de plus cher.

Et le vieux satrape s'efforçant de couvrir cette voix, montroit au public la prostituée de Babylone & répétoit fortement : elle n'a ni ame ni intelligence ; elle n'effacera pas ma concubine ; c'est ce qu'il nous faut.

Mlle. Raucoux est une tribade renommée.

Et j'entendis tout cela.

Et je vis toutes les abominations de l'homme de boue & de son Androgine.

Et furieux, je donnois à tous les mauvais principes du monde le satrape, la concubine & tous ceux qui avoient conspiré la perte de cette mere infortunée & proscrite, dont le crime étoit d'avoir plus de mérite ; & comme je jurois de toutes mes forces, le peuple de Babylone & des contrées adjacentes s'ameuta, se mit à crier comme moi, & l'on n'entendoit que brocards, coups de sifflets, huées & malédictions.

Et ce tapage affreux me réveilla.

Et je me trouvai assis sur les bords de l'Euphrate, & je vis que tout ce qui venoit de se passer à mes yeux n'étoit que l'effet d'un songe.

Et il avoit fait une telle impression sur moi, qu'il sera toujours présent à ma mémoire.

18 *Octobre* 1779. *Le mémoire pour messire Jacques-Bertrand Colombau, comte Desgrées, chef de nom & d'armes, chevalier, seigneur du Lou & de Lesne, ancien président de l'ordre de la noblesse de Bretagne*, a pour but de prouver :

1°. Que sa conduite ne permet pas qu'on lui impute d'avoir trahi les intérêts de la patrie.

2°. Que la délibération sur laquelle on suppose qu'il a influé, n'est pas contraire aux droits de la province.

3°. Que le comte Desgrées n'a rien reçu.

Ce mémoire très-long & très-ferme en même temps, est signé de Me. Gohier, avocat, & est suivi d'une consultation de six des plus fameux jurisconsultes de Rennes, en date du 26 juillet

1779, qui déclare que le comte Desgrées a très-fort le droit de poursuivre son calomniateur, & qu'il lui importe, ainsi qu'à tous les ordres de la société, que celui-ci soit connu, poursuivi & jugé suivant les loix.

18 Octobre 1779. *Monsieur* est enfin en possession du Luxembourg; les Suisses ont pris sa livrée : on travaille à force au petit palais pour le mettre en état de le recevoir ; mais on retarde l'arrivée de ce prince en ce lieu, jusqu'à ce qu'on ait commencé à abattre les arbres pour commencer à aligner les rues qu'on se propose de faire dans le jardin, ce qui le resserrera beaucoup : on craint que si S. A. royale le voyoit avant, elle ne fût tentée de le garder tel qu'il est, & cela détruiroit les espérances de fortune de ceux qui doivent être employés aux bâtiments projetés. Dès que la seve sera arrêtée, on procédera à la besogne.

18 *Octobre*. Enfin la Dlle. Sainval cadette a reparu hier à la comédie, avec des applaudissements, dans le rôle d'*Ariane*.

19 *Octobre* 1779. M. le comte Desgrées attribue à son zèle pour faire élire aux états de 1770 le Sr. Beauregard, trésorier de la province, au lieu du Sr. de la Balue, l'aigreur & l'activité de ses ennemis ; ils publierent que ce gentilhomme étoit à la tête d'un parti qui faisoit tout, qui disposoit de tout ; c'étoit pour le perdre dans l'esprit du ministere, & par un rafinement d'atrocité pour le perdre en même temps dans celui de ses concitoyens. On dit qu'aux états de 1768 il avoit reçu une gratification pour faire passer la délibération du 5 mars 1769, contraire aux intérêts de la province. Il écrivit au maréchal de Duras,

alors en Bretagne, & premier commissaire du roi, pour savoir d'où provenoit cette imputation flétrissante. Par sa réponse datée de Catuélan le 28 septembre 1777, le maréchal, loin de nier le fait, l'affirma positivement au contraire. Tout décidé à poursuivre l'auteur d'une pareille calomnie, il crut ne pouvoir s'adresser à la justice, qu'après avoir prévenu son ordre. Il attendit l'ouverture des états de 1778 ; il en fait part à la noblesse, qui lui déclare n'avoir pas diminué de confiance à son égard, & lui en donne des preuves en le nommant à la premiere commission........ C'est au premier travail qu'on lui fit les reproches dont il a été question dans le temps : il se démet alors, & déclare qu'il ne s'occupera des affaires nationales que lorsqu'il sera vengé.

Le 16 Novembre il met sa plainte en calomnie devant le parlement de Bretagne, & demande des juges pour informer : le parlement ne commet point de juges, & le 26 rend l'arrêt suivant.

» La cour, avant de faire droit sur la susdite requête, & faisant droit sur les conclusions du procureur-général du roi, ordonne que ledit Desgrées déposera au greffe, garde-sac de la cour, toutes les lettres & pieces le concernant, dont il a donné lecture aux états ; permet au procureur-général du roi d'informer devant M. Ruart de la Bourbansais, doyen de ladite cour, de la remise, soit réelle, soit supposée, des 1,500 livres, dont est cas, pour le tout communiqué audit procureur-général du roi, être, sur ses

» conclusions, statué ce qui sera vu apparte-
» nir, sauf passé de ce, à être permis au sup-
» pliant, s'il y a lieu, à informer de ses faits;
» défenses, sauf au contraire, &c. »

Quelque satisfaisant que fût cet arrêt, puisqu'il transformoit le comte Desgrées d'accusateur en accusé, il a satisfait à l'arrêt, il a déposé au greffe le 9 décembre les lettres dont il est question.

Le 7 janvier 1779, le procureur-général lui a fait signifier l'extrait d'un prétendu état de distribution, & une lettre du sieur Mesnard de Conichard, qui tendroient à favoriser l'inculpation : tel est l'état où en étoit la procédure à la distribution du mémoire.

20 *Octobre* 1779. Le comte d'Arcy, membre de l'académie des sciences, vient par sa mort de laisser une place vacante de pensionnaire ordinaire dans la classe de géométrie. Il ne se livroit pas tellement aux hautes spéculations qu'il ne s'occupât de sa fortune; & lors des assemblées orageuses de la compagnie des Indes, il s'étoit fort distingué, & secondoit le comte de Lauraguais pour secouer le joug d'une administration perverse & tyrannique.

21 *Octobre* 1779. *L'Ambigu comique* a attiré beaucoup de monde à la foire St. Laurent, par un spectacle à machines, intitulé *les quatre fils d'Aymon*, pantomime en trois actes. La grandeur du théatre & sa forme très-avantageuse ont permis de le rendre dans toute sa beauté, & il faut convenir qu'on ne sauroit exécuter la foule de tableaux militaires & pittoresques que présente l'action, avec plus de vivacité, de précision & de vérité. Tous les gens de guerre

ont applaudi à ce qui concerne leur partie. Cette représentation, où tout retrace les mœurs de l'ancienne chevalerie, ne pouvoit que plaire infiniment, & certaines situations ont attendri jusqu'aux larmes beaucoup de spectateurs assez froids naturellement. On distribuoit un programme étendu de la piece, annonçant du génie dans le compositeur, digne émule de Noverre & de Servandoni.

22 Octobre 1779. La possession des épiceries étant un des événements les plus curieux de la marine, voici comment cette conquête, plus précieuse que celle de la toison d'or, a été faite, suivant le rapport d'un témoin oculaire & digne de foi.

Dès 1768, on s'occupa du projet à l'Isle-de-France : M. Prevost fut chargé de la part de M. Poivre, alors intendant des isles de France & de Bourbon, de la recherche, conjointement avec M. de Tremignon, lieutenant des vaisseaux du roi. Ils partirent en mai 1769 sur le *Vigilant*, commandé par le dernier ; après différents séjours ils ne mirent à la voile qu'en janvier 1770 pour les Moluques, & ils revinrent avec leurs plans de muscadiers & de girofliers en juin 1770. Le procès-verbal est du 27 de ce mois.

Cette premiere importation n'ayant pas réussi, on s'occupa, en 1771, d'une seconde expédition ; & le même M. Prevost, de retour le 4 juin 1772, rapporta des plans & des graines, qui après la vérification furent distribués aux habitants des isles de France, de Bourbon & des échelles. Ce sont ces derniers qui ont réussi.

Après avoir relâché à Pondichery, & ensuite

à Achen, les Argonautes avoient été joints la premiere fois par M. Cherry, lieutenant de frégate, commandant l'*Etoile du matin*, ainſi qu'on en étoit convenu.

De-là ils allerent à Gueda, où des opérations tentées l'année précédente n'avoient pas réuſſi; ils paſſerent enſuite aux Manilles pour y prendre des renſeignements; les mouſſons devenus favorables, pour des Philippines ſe rendre aux Moluques, ils firent voile en janvier 1771; ils toucherent à Meudona, iſle la plus au ſud des premieres, & la plus voiſine des Moluques, pour acquérir plus de notions: de-là ils paſſerent l'iſle de Jolo, où ils furent très-bien reçus par le roi du pays, qui s'engagea à leur procurer des plans d'épiceries à un autre voyage.

Ils aborderent avec peine à Mino, iſle où ils chercherent en vain pendant deux jours des plans: le 21 mai 1771 ils ſe partagerent: monſieur Prevoſt avec l'*Etoile du matin* fut à Ceram & dans les autres iſles dépendantes des Hollandois, & M. Tremignon à Timor.

Le premier toucha en divers endroits à Ceram, entr'autres à la Baye ee Saway, où il apprit que les Hollandois avoient détruit récemment tous les plans de muſcadiers & de girofliers. De-là il paſſa à Gueby, où il obtint des naturels & du roi des plans & des graines, qu'il rapporta par une traverſée de deux mois.

Nota. M. Poivre prétend qu'il n'y a jamais eu de girofliers ni de muſcadiers dans cette iſle, dont les habitants ne ſont que de pauvres pêcheurs.

M. de Commerſon, célebre botaniſte, ſe

trouvant alors à l'Isle-de-France, revenant de faire le tour du monde avec M. de Bougainville, attesta par un certificat du 27 juin, la vérité des plans.

Le 16 juillet, le gouverneur & l'intendant rendirent une ordonnance pour défendre l'exportation de ces plans, qui fut enrégistrée au conseil supérieur.

Ce fut par ordre du chevalier des Roches & de M. Poivre que M. Prevoft partit la seconde fois le 25 juin 1771, sur la flûte du roi l'*Isle-de-France*, commandée par M. de Coetery, enseigne de vaisseau, & la corvette *la Nécessaire*, commandée par M. Cordé, ci-devant officier de la compagnie des Indes.

L'académie des sciences de Paris approuva les plans envoyés par M. Poivre.

23 *Octobre* 1779. Ce sont des plans conditionnés par M. Poivre, & sur le point de partir, qui ont été envoyés à Cayenne par son successeur, M. Maillart Dumesle : il expédia ces girofliers & muscadiers sur un bâtiment, qui arriva dans cette isle le 3 février 1773, seulement après 64 jours de traversée, capitaine Abram.

En 1774, M. de Ternay & M. Dumesle firent un second envoi, qui ne réussit pas par des avaries que le bâtiment éprouva : on a vu que le premier a eu un succès véritable.

23 *Octobre*. Les dissentions de la comédie françoise ne tarissent point. C'est aujourd'hui le sieur la Rive, qui menace de quitter ; il prétend que ses camarades, jaloux de la supériorité de son talent naissant, le tracassent, & qu'ils poussent l'indignité jusqu'à aposter &

gager des gens dans le parterre pour le siffler. Ceux-ci assurent qu'il n'est rien de si faux, qu'il n'est pas besoin d'employer une pareille ruse.

14 *Octobre* 1779. Le fils de M. de la Borde, enseigne de vaisseau, embarqué sur l'armée navale, atteint de la maladie régnante, qui est une dyssenterie épidémique, est venu chez son pere, mourant. Le docteur Petit en désespéroit; cependant il l'a réchappé aujourd'hui. Une de ses précautions a été de changer le malade deux fois par jour de matelas, & de lui en donner de neufs chaque fois. Ce soin excessif ne pouvoit avoir guere lieu que chez un richard, comme ce banquier de la cour.

15 *Octobre* 1779. Dans le procès du comte Desgrées, le procureur-général a voulu d'abord éclaircir un fait important ; il a voulu découvrir s'il s'étoit formé une association criminelle entre deux hommes qui seroient également coupables ; il a voulu savoir s'il y avoit un corrupteur & un corrompu, pour les livrer tous deux à la rigueur des loix.

Rassurée aujourd'hui sur l'intérêt public, la justice ne peut plus se dispenser d'entendre le cri du citoyen opprimé. Le comte Desgrées justifié à la fois, par l'invraisemblance des faits qu'on lui impute, par sa conduite, par la délibération qui a servi de prétexte à la calomnie, par la nature même des pieces qu'on lui a fait signifier, a demandé à informer des faits qu'il a dénoncés à la justice.

Son crime n'est pas celui dont on l'accuse, mais d'avoir reçu en 1778 l'hommage le plus flatteur qu'on puisse rendre à un gentilhomme, d'avoir été choisi, d'une voix unanime, pour remplacer le président de son ordre : son crime est d'avoir réuni la pluralité des suffrages pour présider pendant les états de 1772 ; son crime est de s'y être comporté avec distinction, d'y avoir montré un zele inflexible, une fermeté inébranlable dans les circonstances les plus critiques ; son crime est d'avoir été nommé député en cour, & de s'y être conduit de maniere à mériter la délibération du 30 décembre 1774, d'avoir, suivant les termes de cette délibération glorieuse, des droits à *l'estime publique, à l'attachement & à la reconnoissance de tous ses concitoyens* ; son crime est d'avoir eu son nom placé dans les inscriptions honorables, faites à l'occasion du rappel de la magistrature ; son crime est d'avoir été du nombre des procurateurs qui furent chargés en 1776 de se rendre en cour, pour défendre, pour réclamer un droit essentiel & inhérent à la constitution nationale, celui de choisir ses députés ; son crime est d'avoir sollicité pour le St. Beauregard, & d'avoir, en remplissant les devoirs de l'amitié, sans manquer à ceux de citoyen, traversé des vues secretes & des intérêts privés ; son crime enfin est d'avoir pénétré & dédaigné de servir les intrigues de ceux qui prétendent devoir influer sur le succès des affaires, qui veulent paroître tout protéger pour tout asservir, & qui parviennent ainsi à s'acquérir eux-mêmes des droits à la protection.

25 *Octobre* 1779. On ne peut assez s'indigner au milieu de bâtiments élevés par le luxe dans cette capitale, lorsqu'on s'occupe à l'embellir de toutes parts de pompeuses bagatelles, dans un siecle où l'on affecte de prôner si fort

Henri IV., on laisse sa statue élevée sur le pont-neuf dans un état de dégradation qui indigne ceux qui adorent véritablement ce bon roi. Quelques particuliers, pour exciter le corps municipal, ont offert d'ouvrir une souscription à ce sujet, & tout récemment M. Gois, sculpteur de S. M. offre d'y concourir de tous ses soins & peines : c'est ce qu'on voit dans une lettre qu'il a adressée aux auteurs du Mercure.

26 Octobre 1779. Un monsieur d'Huès, fameux sculpteur de l'académie, ces jours derniers étant venu ouvrir sa porte à quelqu'un qui frappoit, a été atteint d'un coup de pistolet à l'œil. Le quidam, qu'on assure être une femme, s'en est retourné avec tant de tranquillité & de sang froid, que les voisins accourus au bruit ne l'ont pu soupçonner & arrêter. Cet assassinat singulier passe même aujourd'hui, au moyen des éclaircissements, pour un acte de vertu & de courage maternel. On prétend que cet artiste très-vicieux, abusant de son état, avoit l'habitude de débaucher de petites filles, non encore nubiles ; qu'il avoit usé du même stratagême avec l'enfant de la femme en question, décidée à venger son outrage à quelque prix que ce fût. On ajoute que les lettres de grace sont toutes prêtes, lorsqu'elle se fera connoître. Quoi qu'il en soit, on ne peut attribuer à un motif ordinaire & vil, ce meurtre commis sans aucun vol préalable ou subséquent.

26 octobre. Depuis quelques années nos sculpteurs ont imaginé de faire des figures en plâtre colorées & drapées d'une maniere très-ressemblante : ils réussissent sur-tout dans les abbés,

& la mode eſt aujourd'hui d'en orner les jardins ; il en eſt de faits à tromper les yeux. M. Carmontel, auteur d'opuſcules dramatiques connus & joués dans les ſociétés, a imaginé d'en faire un ſujet de comédie, & ſa piece intitulée *l'Abbé de plâtre*, doit être jouée ce ſoir à la comédie Italienne : cette bagatelle eſt en un acte en proſe.

28 *Octobre* 1779. *Extrait d'une lettre de Rennes, du* 24 *Août* 1779. " L'affaire du comte Deſgrées prend couleur & fera bruit : il a enfin mis ſa requête & y a attaché un mémoire.

L'Evêque Girac a été trois heures ventre à terre auprès de M. de Caradeuc pour engager ce procureur-général à ne pas donner de concluſions: mais il a répondu *qu'on l'avoit trompé une fois, & qu'on ne la tromperoit pas deux.* ,, On lui a repliqué : " *conſultez au moins* M. *le garde-des-ſceaux; vous allez vous compromettre* : ,, il a répondu qu'il ne conſulteroit que les loix.

Le Doyen nommé par l'arrêt de 26 novembre 1778 pour faire l'information, attendoit depuis huit mois les preuves du procureur-général ; il repréſenta qu'il étoit temps de permettre au comte Deſgrées de faire les ſiennes : le procureur-général, ſans approbation de ce qui eſt contenu dans le mémoire, y a conſenti.

Arrêt du 13, qui permet d'informer : je le crois très-entortillé, & je ne ſais s'il pourra lui ſervir.

M. Deſgrées avoit prié M. le premier préſident de Catuelan de n'en point connoître ; mais ce dernier ne reconnoiſſant en ſoi aucun moyen de récusation, n'a pas cru devoir priver la justice d'un si bon juge.

Le mémoire imprimé à Nantes s'y vend trois livres : il est malheureux d'être le plastron des grands, car on ne peut en avoir justice, & je ne crois pas que M. Desgrées soit plus heureux; il s'y ruinera, mais son honneur l'exige.

28 *Octobre* 1779. L'*Abbé de Plâtre* n'est point digne de son auteur ; c'est une facétie, tout au plus bonne à être jouée en société : encore n'y trouve-t-on ni gaieté, ni saillie. M. Carmontel n'a tiré en rien parti de son sujet, qui auroit pu fournir à quelque chose de mieux ; nulle invention dans les situations, nulle finesse dans les moyens, nul esprit dans le dialogue ; c'est une véritable platitude.

28 *Octobre 1779. Lettre de madame la duchesse de Rohan à M. Desgrées.*

A Blains, ce 22 août 1779.

Je viens, Monsieur, de lire votre mémoire; j'y ai trouvé en notes deux lettres de moi des 4 & 12 janvier 1775. Elles portent entr'autres choses ces mots : " je compte aller demain à „ Versailles, je verrai M. de Maurepas, j'ap- „ puierai fortement pour qu'il fasse mettre par „ la cour le sceau pour le don des Etats, &c. „

Vous dites que je fis cette demande de mon propre mouvement, & que ce témoignage est d'autant plus flatteur pour vous que j'ai été témoin de vos démarches.

C'est donc mon témoignage que vous invoquez aujourd'hui, & vous le fondez sur les lettres que vous faites imprimer en 1779, sans
ma

ma permission : vous n'ignorez pas, Monsieur, les égards qui sont dus en pareil cas.

Je crois pouvoir interpréter votre conduite : vous m'avez fait l'honneur de penser qu'en montrant l'intérêt que j'ai pris pour vous, cela pourroit faire impression. Je serois fort embarrassée à m'exprimer de cette maniere en parlant de moi, si je ne fondois la considération que je puis avoir en cette province sur l'attachement que j'ai voué à ses intérêts & à sa gloire; sentiments qui, je crois, sont généralement connus. En pensant que mon témoignage pourroit vous être utile, vous m'avez crue en même temps assez foible pour le laisser passer, sans vous demander pourquoi il se trouvoit-là ?

J'ai eu de l'estime pour vous, Monsieur, j'en conviens; j'ai cherché à vous servir & à vous faire valoir : mais vous me forcez à vous le dire, j'ai changé, & j'ai changé pour d'autres causes que celles qui sont l'objet de votre imprimé. C'est à vous à juger s'il est de votre intérêt que je vous déclare sur quoi est fondée mon opinion actuelle.

Extrait d'une lettre de Rennes, du 26 août.
» Rappellez-vous, Monsieur, que le 5 octobre
» 1774, vous me marquiez : il n'y a encore
» que Douai de rétabli, je ne sais rien par
» rapport à vous, mais seulement que votre dé-
» puté le comte Desgrées n'y perd pas un instant;
» c'est un homme rare. »

Eh bien ! cet homme rare, cet homme qui a si bien servi toute la province, est le persécuté & presque l'abandonné. Il faut que ses ennemis soient bien puissans, ils remuent ciel & terre, & les opposent à sa justification.

Cette lettre de la duchesse de Rohan ne doit pas être sans réponse; cette réponse doit être ferme; & sans s'écarter de la considération due à cette dame, on doit la presser de déclarer les motifs nouvellement survenus qui l'ont fait changer de sentiment. La destruction de ces nouveaux motifs doit tenir essentiellement à une pleine justification.

L'évêque de Rennes & le premier président sont souvent chez la duchesse de Rohan.

28 Octobre 1779. Le Sr. Préville, après avoir parlementé long-temps depuis sa retraite avec ses camarades & le supérieur, s'est enfin déterminé à revenir, & il a paru le dimanche 24 avec le plus grand éclat : l'on sait que le revenant a toujours ces jour-là des battoirs gagés pour l'applaudir, & les benêts suivent, au lieu de huer un histrion insolent, qui se fait ainsi valoir, qui, au lieu de remplir exactement son devoir, s'en dispense, comme bon lui semble, paroît & disparoît à son gré.

29 Octobre 1779. *Stances sur les Insurgents.* Tel est le titre d'une satire charmante, pleine de graces & de philosophie, en 52 couplets & trop courte, malgré sa longueur. Elle est censée faite par un voyageur, qui est allé sur les lieux sur la foi de l'abbé Raynal, s'imaginant y trouver un peuple libre, fier & vertueux. Il part delà pour se récrier contre cet auteur crédule, & pour peindre les Américains & les Américaines d'une toute autre touche : il n'épargne pas les chefs du parti, même Franklin ; le général Washington est le seul qu'il loue, il le repré-

sente comme un très-grand homme. On seroit tenté d'attribuer cet ouvrage à monsieur Dorat, s'il n'y avoit beaucoup plus de fonds, de faits & d'anecdotes, que dans ses frivolités; si le poëte ne paroissoit avoir infiniment plus de vigueur, de connoissances & de saine raison que lui.

30 *Octobre* 1779. Mlle. Sainval l'aînée a pris le parti d'aller jouer à Bordeaux, où, sans être excessivement applaudie, elle a du succès.

30 *Octobre*. Extrait d'une lettre de Rennes, du 20 septembre. En parlant du mémoire du comte Desgrées, vous dites quelle force! quelle noblesse! quelle évidence! mais quelle justice! Vous avez raison, il n'est peut-être pas d'exemple d'une procédure criminelle ainsi conduite; si elle partoit d'une jurisdiction inférieure, elle seroit cassée & refaite aux dépens des premiers juges.

M. Desgrées a présenté requête à la chambre des vacations pour lui être nommé un commissaire qui pût entendre les témoins : on a nommé M. de la Gascherie.

Le dernier jour de la séance fut le jour du rapport de la requête du comte. M. le Doyen qui est de droit commissaire, & qui l'étoit sur le réquisitoire du procureur-général, prévint le premier président qu'il ne pouvoit l'être à présent, étant fatigué de la derniere séance & ayant besoin de repos. Comme cela se dit de l'un à l'autre seulement, le premier présiden n'en tint pas compte & le nomma. Quand il se vit dans l'arrêt, il fut fort étonné, il en fit faire des reproches au premier président, & il n'étoit plus temps : la mission du premier président étoit passée, mais le doyen assurant qu'il n'y avoit de sa faute, partit : de sorte que M. Desgrées a été obligé de se pourvoir à la chambre.

M. de la Gascherie a entendu des témoins mardi & mercredi; ce dernier jour arriva un arrêt du conseil, qui fut signifié au procureur-général, au greffe du parlement & à M. Desgrées. La chambre s'assembla jeudi.

Le greffier a envoyé à la chambre l'arrêt du conseil, & depuis on a cessé d'entendre des témoins.

Cet arrêt est signifié au procureur-général pour qu'il envoie les motifs de l'arrêt du 23 août au greffier, pour qu'il envoie la procédure; à quoi contraint par corps : on a fait au parlement défense de poursuivre.

A-t-on jamais obtempéré à un pareil arrêt du conseil ? Le garde-des-sceaux ne doit-il pas savoir que les cours souveraines ne peuvent reconnoître les volontés de S. M., que lorsqu'elles sont indiquées par des édits, déclarations & lettres-patentes ?

L'arrêt du conseil en date du 30 août est motivé sur ce que S. M. a remarqué que son procureur-général n'avoit pas satisfait à l'arrêt du 29 octobre, en ce qui touche la permission d'informer de la remise vraie ou supposée de 1,500 livres, &c. & veut s'instruire des motifs qui ont déterminé à permettre, au contraire, au comte Desgrées de faire informer, &c.

L'arrêt a été signifié au greffier, au procureur-général & à M. Desgrées.

Le greffier a envoyé sa copie au parlement : on a arrêté de continuer d'entendre des témoins, &

on les entend, c'est-à-dire, ceux qui sont arrivés ; car M. Desgrées ne sait s'il doit en faire assigner d'autres, attendu l'arrêt : on croit pourtant qu'il le peut, dès que le parlement va son train. Ce dernier a écrit au garde-des-sceaux pour lui rappeller les principes.

31 Octobre 1779. Extrait d'une lettre de Rennes, du 25 septembre. Il est venu depuis des lettres-patentes ; le roi ne s'est pas borné à demander des copies de la procédure, il a exigé qu'on la suspendît pendant qu'il s'instruiroit de cette affaire : & comment pouvoir s'instruire d'une affaire dont on arrête l'instruction ? C'est un prétexte pour arrêter tout : ce n'est pas s'éclairer qu'on veut, c'est servir un grand qui se trouve dans l'embarras.

Dimanche dernier on fit partir les copies de cette procédure, & l'on envoya en même temps, à ce qu'on croit, car la chose s'est faite très-secrétement, des arrêtés de remontrances, qui exposoient tous les inconvénients & tous les dangers d'une pareille demande.

31 *Octobre*. Au palais Bourbon moyen, il y a une vaste galerie consacrée en l'honneur du grand Condé & ornée sur-tout de ses batailles. Quatre tableaux immenses la remplissent. On en connoît déja deux de M. Cazanova, exposés au sallon il y a quelques années & dont on a rendu compte; les deux autres sont d'un M. de Pan qui, sans être de l'académie, lutte avantageusement contre ce rival.

1 *Novembre* 1779. Extrait d'une lettre de Rennes, du 27 septembre. " Notre évêque est parti pour Paris, il se démene fortement pour

son bon ami *le maréchal des Menus* (de Duras.)

Les lettres-patentes ne se bornent pas à demander des copies, elles cassent toute la procédure faite au mépris de l'arrêt du conseil signifié.

La chambre des vacations a fait partir des copies de toute la procédure, avec un arrêté, où elle en soutient fortement la validité; elle ajoute que l'arrêt du conseil, ainsi que les lettres-patentes, sont évidemment l'effet de la surprise, qu'elle ne peut y avoir égard conformément aux ordonnances, qui reglent la conduite des magistrats à l'égard des actes du souverain, qu'il a déclarés lui-même n'être souvent dus qu'à l'importunité. En conséquence la chambre des vacations a donné ce matin une commission aux juges de Quimper pour entendre M. de Kersaleum, témoin assigné dans cette affaire. M. de la Gascherie va reprendre son travail, & l'information continuera. Je ne sais quel parti le ministere prendra dans la position présente. Le système du gouvernement est bien toujours le même au fond, mais on prétend que pour se donner un air de modération, il veut gagner par ruse ce que l'ancien ministere emportoit l'épée à la main. Si cela est, la résistance qu'il éprouve, sans s'y être attendu, pourra lui faire abandonner cette affaire, ou prendre une marche plus timide & plus cachée.

M. de Crequi arriva ici, il y a peu de jours, venant de Paris; il fut descendre à l'évêché, qui est devenu l'auberge des grands seigneurs venant en Bretagne : aussi l'appelle-t-on *l'auberge de la croix d'or, tenue par la* Violette, *servie par*

Sapin, *bon vin, bon logis, jolies servantes, à pied & à cheval.* M. de Crequi, aussi-tôt son arrivée, envoya un de ses gens savoir des nouvelles de M. Desgrées, & lui annoncer qu'il étoit descendu à l'évêché. Monsieur Desgrées répondit par un billet, qu'il étoit fort sensible à l'attention du voyageur, & qu'il se présenteroit pour le voir, s'il n'étoit pas logé dans une maison dont il s'étoit interdit l'entrée pour de très-fortes raisons. Cette réponse donna matiere à beaucoup de plaisanteries que M. de Crequi fit à l'évêque de Rennes : « M. Desgrées, dit-il, ne peut venir ; il faut que j'aille chez lui de ce pas, car j'ai trop d'envie de le voir, pour ne pas m'accorder cette satisfaction : il parla du mémoire de son ami à l'évêque, & dit que c'étoit une bombe qui avoit écrasé M. de Duras, sans qu'il pût jamais en revenir. »

1 *Novembre* 1779. Nous n'avons pu nous procurer qu'en ce moment une copie exacte des couplets sur la comédie françoise & nous nous hâtons de les insérer ici.

Chanson à l'endroit des dames de la comédie françoise, par leur très-humble serviteur Luxembourg. Sur l'air, des trois fermiers... **C'est bien doux,** *&c.*

La Vestris achete à grand prix
Les bravo de la populace ;
A force d'art & de grimaces
Elle fait applaudir ses cris ;
Elle ne vaut pas à tout prendre   (Bis.)
Pas un sou.

Pas un fou
Pas un soupir tendre. (Bis.)

Sainval cadette a des talents,
Elle plaît sans aucunes ruses,
C'est la favorite des muses,
C'est la reine des sentiments ;
Mais elle emploie avec fréquence (Bis.)
Trop de vi
Trop de vi
Trop de violence. (Bis.)

Quand' sa sœur se possede un peu,
C'est le chef-d'œuvre le plus rare ;
Mais lorsque son esprit s'égare,
D'un diable en fureur c'est le jeu.
On frémit, elle est redoutable (Bis.)
Comme un con
Comme un con
Comme un connétable. (Bis.)

Luzzy obtient avec raison
Les éloges les plus sinceres ;
Elle rend tous les caracteres,
On l'applaudit à l'unisson.
Mais où Luzzy est précieuse, (Bis.)
C'est en cu
C'est en cu
C'est en curieuse. (Bis.)

Fanier, que chante maint auteur,
Inspire ce qu'ils disent d'elle,

Toujours vive & toujours nouvelle
De leur verve excite l'ardeur ;
Et pour augmenter leur flamme, (Bis.)
Elle fou
Elle fou
Elle fournit l'ame. (Bis.)

D'Oligny bravant les amours,
Plaît sans avoir fait parler d'elle ;
Son cœur est pur, son ame est belle,
Elle se rit des vains discours,
En réduisant le cœur des femmes, (Bis.)
Ebranlant
Ebranlant
Ebranlant leurs ames. (*On la dit Tribade.*)

Préville eut d'abord du malheur,
Mais on la connut à l'usage,
Et le public qui l'encourage
Claqua dans le *Dissipateur*,
Ce sein jadis si plain de charmes (Bis.)
Et si mou
Et si mou
Et si mouillé de larmes. (*Elle pleure dans la piece.*)

Il reste Belcour & Drouin,
Dont le théatre est bientôt quitte,
Toujours déchirant le mérite
Le public les connut enfin :
Il fut dégoûté de l'usage (Bis.)
De leur com
De leur com

De leur commérage. (Bis.)

Molé, Suin, ne croyez pas
Mériter qu'ici l'on vous chante,
Avec Dugazon l'insolent
Rampez dans le rang le plus bas,
Qu'avec Hus vous alliez en outre, (Bis.)
Vous alliez
Vous alliez
Alliez vous faire... &c. (Bis.)

1 *Novembre* 1779. Le Sr. de la Rive, excédé effectivement des tracasseries de ses camarades & de la jalousie des sieurs de Monvel & Ponteuil, a demandé sa retraite, qui lui a été accordée sur le champ.

L'inquisition continue, & un commis des domaines, le jour qu'on a joué *Adelaïde du Guesclin*, ayant pris la liberté de critiquer un peu haut le Sr. Monvel, a été arrêté & mis en prison.

C'est une suite du traité du Sr. Préville avec ses camarades, dont il a exigé qu'on se réuniroit, qu'on députeroit au supérieur, & qu'on le supplieroit de faire donner à la garde les ordres les plus séveres pour contenir les mutins & mécontents du parterre, enfin pour empêcher le public de huer, s'il ne vouloit applaudir.

2 *Novembre* 1779. C'est à Issi que M. le comte de Thélis a formé sous les yeux du gouvernement l'*Ecole Nationale*, dont on a parlé, & dont il avoit commencé des essais dans ses terres : elle est composée de 24 orphelins pauvres. On les reçoit dès l'age de douze à treize ans, pour les garder jusqu'à seize & même au-delà. On a

dit qu'on leur apprenoit leur religion, à lire & écrire. On leur enseigne en outre l'art du pionnier, du maréchal taillandier, & du charpentier-charron; on les fait travailler à la construction des chemins & on les instruit aux exercices militaires; en sorte que s'ils ne peuvent devenir soldats, ils seront toujours bons pionniers.

On les exerce aux évolutions guerrieres tous les jours après leur travail : ils ont à leur tête un commandant en chef, qui a sous lui plusieurs adjoints; on choisit pour ces emplois-là parmi les militaires, ceux qui sont les plus irréprochables du côté de la bravoure & de la probité. Chaque adjoint a la direction d'un certain nombre d'éleves, & il rend compte de leur conduite au commandant, qui seul a droit de les punir.

A chacun des trois repas qu'ils font par jour, ils ont de la soupe grasse pour les jours gras, & on leur donne à discrétion du pain de seigle, purgé du premier son.

Il y a toujours une souscription ouverte pour suppléer aux ressources de l'auteur du projet; le roi, la reine, & toute la famille royale sont à la tête des souscripteurs.

Le duc de Charost vient de s'associer au comte de Thélis pour multiplier des établissements si utiles à l'humanité.

Quand la saison le permet, ces éleves vont camper dans la plaine; ils couchent alors sous des tentes, où l'on a écrit pour devise : *tout pour la patrie.*

Depuis trois mois ces vingt-quatre éleves ont fait environ 300 toises de chemin.

Le comte de Thélis se propose actuellement de faire entrer dans son école de jeunes gentilshommes, dont l'éducation peu dispendieuse, en les rendant plus utiles à l'état, pourra soulager nombre de familles. Mais n'est-il pas à craindre que cette agrégation ne devienne funeste par l'orgueil des uns & la jalousie des autres ?

3 *Novembre* 1779. Pour conserver les bouffons en France, s'il est possible, M. de Vismes a imaginé de faire un mélange de leurs opéra avec des fragments françois : en conséquence dimanche il a fait exécuter *les deux Comtesses* & l'acte de *Théodore*, & réuni ainsi les bouffonnistes & les amateurs de notre genre : pour faire mieux encore, il se propose d'y faire joindre incessamment un ballet pantomime ; ce qui forcera les enthousiastes de la danse à entendre aussi ces Italiens & façonnera peu-à-peu les oreilles les plus ineptes à leur musique.

3 *Novembre.* Le Sr. Poissonnier, conseiller d'état, médecin revêtu de la dignité d'inspecteur & directeur-général des hôpitaux de la marine, s'est transporté à Brest à l'occasion de l'épidémie ; mais il se contentoit de se faire rendre compte des malades par les docteurs subalternes ses confreres, & n'entroit point dans les hôpitaux ; ce dont M. le comte Duchaffaut lui a fait de vifs reproches ; il l'a obligé de remplir ses fonctions & de traiter les malades par lui-même.

4 *Novembre* 1779. Extrait d'une lettre de Rennes, du 30 septembre. La cour n'a encore rien envoyé depuis le dernier arrêté sur l'affaire de M. Desgrées. On pense qu'elle est dans l'em-

barras : elle ne s'attendoit pas à toute la fermeté qu'on a montrée dans cette occasion ; notre évêque, qui est à Paris, remue ciel & terre.

Autre lettre 13 octobre. L'affaire de M. Desgrées ne reste point dans l'inaction. Il y a deux commissions expédiées, l'une pour Quimper, l'autre pour la Rochelle ; celle pour Quimper ne pourra avoir lieu : M. de Kersaleum est parti pour le Périgord : M. de la Gascherie s'en est aussi allé, & c'est M. de Bon-amour qui le remplace ; il aura, dit-on, au premier jour, l'honneur de faire lever la main au premier président, que M. Desgrées a fait assigner comme témoin. Voilà le premier président dans la position la plus critique, il n'en peut sortir que très-entaché : il est vrai que cela ne touche plus les grands.

S'il ne dit rien, il est certainement parjure, car personne ne sait mieux que lui tout ce qui s'est passé ; personne après l'évêque ne doit avoir entendu plus souvent que lui les propos du maréchal de Duras, & je suis persuadé que la réponse de ce dernier, datée de Catuelan à M. Desgrées, a été combinée avec le maître du château.

D'un autre côté, si le premier président dit la vérité, il se contredit, ayant dit à M. Desgrées, accompagné de son procureur, quand il fut le voir & le prier de ne pas connoître de l'affaire, qu'il n'avoit connoissance de rien. De plus, ce seroit avouer qu'il a connu d'une affaire à laquelle il avoit pris trop de part, pour conserver l'impartialité nécessaire.

Comment se tirer de là ? On compte que M. Desgrées n'espere tirer d'autre avantage de son témoignage, que celui de l'écarter de la connoissance de l'affaire : ce qui n'est pas flatteur.

4 Novembre 1779. Le Sr. Philidor fit exécuter l'hiver dernier à Londres le poëme séculaire d'Horace qu'il avoit mis en musique : on assure que cette entreprise hardie & originale eut un prodigieux succès, les trois fois que le morceau fut exécuté. Les savants, les musiciens & le beau sexe en furent également satisfaits. A son retour ici cet artiste a répété chez lui cet essai, où les sieurs Richer, Narbonne & la dame Philidor étoient les coryphées; on ne peut savoir au juste à quoi s'en tenir, parce que les spectateurs étant tous amis, partisans ou enthousiastes du musicien, deviennent très-suspects. On dit aussi qu'il est rappellé en Angleterre pour y faire un opéra Italien, & qu'on s'occupe à Londres d'y établir un opéra comique françois.

5 Novembre 1779. On ne peut qu'applaudir au zele & à l'activité du Sr. de Vismes, qui en huit jours aura donné cinq & même six opéra différents. Dimanche 31 octobre on a joué *les deux Comtesses*, opéra bouffon italien, & l'acte de *Théodore de Floquet*; mardi *Echo & Narcisse*; jeudi *la buona figliuola*; vendredi on doit jouer *Alceste*, & dimanche *Iphigénie*.

6 Novembre 1779. Trois nouveaux écrits se répandent & grossissent la liste des libelles contre la société royale : 1°. *Lettre d'un sociétaire non pensionné à un correspondant en province.* Elle est déja ancienne & datée du 7 mars dernier : 2°. *Lettre d'un amateur à un médecin de province, aspirant à l'honneur d'être correspondant de la société royale de médecine.* Celle-ci est datée du 31 août 1779 : enfin, *Lettre à M. de Lassone*, sans date. Quelques faits & anecdotes contenus dans ces pamphlets les rendent précieux pour les amateurs. On y reviendra.

6 *Novembre* 1779. Depuis long-temps on avoit annoncé une piece aux Italiens de M. de Florian, l'auteur *des deux Billets*, le succès de celle-ci, où l'on remarquoit un talent décidé en donnoit une excellente opinion, & le titre singulier d'ailleurs excitoit la curiosité. Elle a été jouée hier. Son intulé est : *Arlequin, Roi, Dame & Valet*, comédie héroïque en trois actes & en prose, suivie d'un divertissement.

Une anecdote avoit accru la foule des amateurs ; on publioit que le duc de Penthievre qui aime singuliérement ce jeune militaire, ainsi qu'on l'a dit dans le temps, avoit voulu lire la piece entiérement & en être le censeur. On en citoit un trait de critique retranché par ce prince : Arlequin Roi marchandoit quelque chose, il le trouvoit trop cher, il disoit au vendeur : *donnez-le moi à tel prix, vous vous en dédommagerez en le vendant plus à mon peuple*.

Cette comédie n'a point répondu à l'attente du public, ni même à son commencement, où l'on remarquoit du sel, de la gaieté, une critique vive, légere & philosophique : elle a bientôt dégénéré en une farce médiocre, ne valant pas les pieces italiennes, dont l'imbroglio est ordinairement excellent. Le parterre a eu peine à la soutenir jusqu'au bout, & elle est absolument tombée.

Arlequin est venu annoncer immédiatement

& convenant bonnement de la chûte, a dit : *Messieurs, je suis fâché que la tierce au roi pour la premiere fois ne l'ait pas emporté sur la tierce de l'or* : quolibet dont personne n'a senti la finesse.

7 Novembre 1779. La *Lettre d'un sociétaire non pensionné,* &c. est censée écrite la veille du jour où la société s'installa au louvre sous des lambris dorés, tandis que la faculté sans asyle, est obligée de tenir les siennes dans des masures. Elle roule sur le mécontentement de quelques membres à l'égard de certaines dispositions des lettres-patentes. Les unes tendent trop à fomenter le despotisme du chef & à avilir les confreres; les autres sont trop insultantes pour la faculté, trop dérisoires. Le membre qu'on fait parler, convient aussi de la division élevée dans le sein même de la compagnie; il en craint les suites funestes, il ne dissimule pas le refus injurieux que les facultaires font de consulter avec les sociétaires, schisme que ceux-ci sont résolus de consommer, en usant de représailles; enfin il est question d'une résolution que l'académie royale des sciences semble disposée à prendre, en forçant d'opter ceux de ses membres agrégés à la société royale qui ne pourront lui apporter en tribut que des mémoires déja lus dans *celle-ci,* rivale pour cette partie de la physique, qu'elle doit d'ailleurs envisager de mauvais œil. Tel est le précis de ce pamphlet, qui offre des objections assez difficiles à résoudre.

7 Novembre. Il y a eu hier une course de chevaux à Vincennes, qui a été annoncée avec beaucoup d'appareil; le comte de Lauraguais, de retour de son exil, y a figuré.

La premiere étoit de *Miss Musk*, à ce seigneur, courant un mille contre *Coiner*, à M. le comte d'Artois; le dernier a gagné.

La seconde du *poulain françois*, au duc de Chartres, courant trois milles contre un poulain françois au comte d'Artois : le premier a gagné.

La troisieme enfin du *fils d'Hérode*, au comte de Lauraguais, courant trois milles contre un *fils* de *Rélario*, au duc de Chartres : le prince a gagné.

8 *Novembre* 1779. La *Lettre d'un amateur*, &c. est plus gaie, mieux écrite que la précédente, c'est un persiflage de la séance publique de la société royale de médecine. On y observe malignement que le secretaire y avoit lu l'éloge du célebre *Macbridge*, qui n'avoit jamais pu être associé étranger de la société; celui de monsieur *Navier*, médecin de Châlons, qui n'avoit pas voulu en être & avoit renvoyé ses patentes. On y plaisante ingénieusement M. de Lassone sur son mémoire, où avec du persil dans du lait il prétend arrêter les progrès de la petite vérole, & remédier à ses plus funestes effets. Remede de bonne femme, ancien, dont, fût-il aussi excellent que l'annonce l'auteur, il n'auroit pas le mérite de la découverte. Quoi qu'il en soit, vu le rare service qu'il rend à l'humanité, on parle de le couronner, non de chêne ou de laurier, mais de persil. L'eau rose, que le même médecin annonce comme un préservatif pour les yeux des belles en pareil cas, ne donne pas moins lieu à l'ironie & aux sarcasmes. Les mémoires de l'abbé Tessier sur la construction

de nouvelles étables à vaches ; celui du docteur Carrere sur la Dulcamore & les autres sont également tournés en ridicule : on croit ce pamphlet du docteur le Preux ; il a l'élégance & la finesse des premiers écrits en ce genre, dont il semble rester incontestablement le pere.

9 Novembre 1779. Pour la premiere fois de sa vie Louis XVI a joué aux jeux de hasard au dernier voyage de Marli, & a fait des pertes considérables, relativement à ce qu'il risquoit auparavant. Il a tenu le lansquenet, auquel il a pris goût. On est fâché de le voir se départir de sa sagesse austere : on attribue ce changement au maréchal duc de Richelieu, que S. M. ne pouvoit supporter, qu'elle méprisoit, & qui à force de constance & de souplesse, a vaincu cette répugnance ; il a fait les beaux jours du voyage & a singuliérement amusé leurs majestés par ses saillies, ses anecdotes & ses sarcasmes.

Enfin, un soir le roi à souper, la reine n'y étant point, a regardé avec plaisir une jeune personne des spectateurs, l'a considérée avec sa lorgnette & a envoyé demander qui elle étoit. Les courtisans remarquent toutes ces petites circonstances pour en tirer parti & chercher à faire entrer les passions dans un jeune cœur, lorsqu'ils croient l'en voir susceptible. Les bons patriotes, au contraire, en sont très-affligés.

Du reste, on peut juger des pertes du comte d'Artois, par les arrangements qu'il a pris avec M. de Chalabre, le banquier du jeu : il lui a fait payer cent mille écus argent comptant, & passé en outre un contrat de rentes viageres de 15,000 liv.

9 Novembre. Depuis long-temps les dévots

gémissoient de voir un nouvel ouvrage de M. de Buffon se répandre dans le public avec approbation & privilege, sans essuyer aucune contradiction des théologiens; ce sont *les époques de la Nature*, ouvrage hardi, où fixant la formation du monde, il établit un système destructeur absolument de la Genese, qu'il s'efforce cependant de concilier avec ses idées. Enfin le docteur Ribalier a dénoncé l'ouvrage au *prima mensis* dernier; il a fait frémir toute la faculté de théologie du danger où se trouve la foi, si l'on laissoit subsister une telle impiété, & l'on a nommé des commissaires pour examiner le livre.

9 *Novembre* 1779. La faculté de médecine s'est assemblée samedi pour le choix d'un doyen, & l'on avoit élu unanimement le docteur Maloet: mais ce personnage prudent a senti le danger d'une pareille place; il a refusé sous prétexte qu'étant attaché à des personnes de la famille royale, son service ne lui permettroit pas de vaquer aux fonctions importantes de la dignité dont on l'honoroit; on lui a substitué alors le docteur le Vacher de la Feutrie.

10 *Novembre* 1779. Extrait d'une lettre de Rennes, du premier novembre. On parle toujours ici & dans toute la province de l'affaire de M. Desgrées. On a adressé dans toutes nos villes des paquets de mémoires imprimés sur quelques feuilles, & c'est un gentilhomme qui les distribue *gratis*. C'est un homme vendu à l'autorité & à tous les gens puissants. Quant au mémoire, ce sont des *Observations du Sr. Mesnard de Conichard*, sur la partie du mémoire de M. Desgrées, qui le regarde; il voudroit prouver qu'il n'est point en

contradiction avec lui-même dans ses deux lettres; & pour cela il dit que la distribution du Port-Louis est chiffrée de la main de M. d'Invau & le renvoi à M. Mesnard de son écriture. Les lecteurs observent à leur tour, pourquoi monsieur Necker, qui a eu l'attention de réfuter dans l'extrait adressé à M. le procureur-général du parlement de Bretagne la date du jour, le mois & l'année, & de dire que le bon étoit écrit de la main du roi, n'a-t-il pas réfuté également que les chiffres, le mois, l'année & le renvoi à M. Mesnard étoient de la même écriture & de la même main de M. d'Invau? Le collationné qui devoit paroître en justice exigeoit cette exactitude; & cette circonstance devoit d'autant moins s'oublier, que les vues de Mesnard étoient de faire croire que M. d'Invau en avoit connoissance, & que c'étoit lui qui avoit fait l'ouvrage.

Une raison sans réplique, qui devoit obliger le Mesnard à faire faire cette réflexion à monsieur Necker, c'est qu'il avoit sous les yeux copie du dépôt des pieces, & qu'au nombre de ces pieces étoit la lettre de M. d'Invau, qui donne un démenti formel à ce qu'il disoit.

Au surplus, dit Mesnard dans ses observations, il sait que le bon fut remis au maréchal; mais, dit-on, à quoi cela sert-il? Le bon est au nom de M. Desgrées; il faut donc prouver qu'il l'avoit touché, ou qu'il ait donné une procuration à M. le maréchal pour toucher en son nom, car on ne peut pas supposer que celui qui paie, le fasse sans une reconnoissance de la part de celui qui touche.

Enfin, dit-on, il n'est pas question d'un bon de 1,500 liv. qui n'auroit été accordé qu'au mois de novembre 1769 en forme de gratification; mais d'une somme de 1,500 liv. comptée en petits écus aux états de 1768, par M. de Duras, pour faire passer une délibération. La lettre même de M. de Duras porte, qu'il a compté cette somme aux états de 1768. Voilà ce qu'on a à prouver pour rendre M. Desgrées suspect ou criminel. Mais ce qu'on trouve de la derniere importance, c'est qu'on permette la circulation du mémoire de M. Mesnard, signé par lui seul, tandis que la police intercepte les mémoires de M. Desgrées, signés d'avocats, dans une instance liée.

Le second arrêt du conseil du 13 octobre 1776, signifié au procureur-général & à monsieur Desgrées, casse l'arrêt du parlement de Bretagne du 23 août dernier, & toute la procédure qui s'en est suivie, comme contraire à celui du 23 novembre 1778, qui n'a point été rapporté.

Or, dit-on, il est de toute évidence que l'arrêt du 26 novembre 1778 n'avoit pas besoin d'être rapporté, puisque l'arrêt du 23 août suivant n'ordonnoit ni ne permettroit à M. Desgrées d'informer de ses faits qu'en exécution de ce précédent arrêt du 26 novembre, & cela est très-clair.

M. Desgrées met sa plainte; avant de l'expédier, le procureur-général demande à informer de la remise vraie ou supposée des 1,500 liv. dont il est cas, pour, sur le tout communiqué, être statué ce qui sera vu appartenir; sauf au suppliant à informer de ses faits. Arrêt en conséquence, qui ajoute seulement, *s'il y a lieu*.

Naturellement, & avec justice, au bout de trois mois le procureur-général auroit dû se pré senter & exposer que ne trouvant aucune preuve de la remise des 1,500 liv. dans ce cas, il consent à ce qu'il soit permis au sieur Desgrées de faire preuve de ses faits, en conséquence l'arrêt du 29 novembre : au lieu de cette marche qui eût été de toute justice, il laisse à M. Desgrées à faire les premiers pas : en conséquence le Sr. Desgrées, au bout de neuf mois, présente sa requête, fait mention de l'arrêt du 29 novembre ; & sur le motif de cet arrêt & le silence du procureur-général, demande, &c.

Ce qu'il y a d'admirable, c'est que cet arrêt du conseil porte *in fine* : « sauf au procureur-général » & au Sr. Desgrées, s'il y a lieu, à procéder en » exécution de l'arrêt du 26 novembre 1778. »

Combien le public se récrie sur la force de l'imagination, qui a fait trouver au conseil un moyen si conséquent de mettre les parties sur la voie de se faire rendre justice !

On dit ici qu'on est fort occupé à Blain chez madame la duchesse de Rohan à faire un mémoire, pour le maréchal de Duras. Je suis bien étonné qu'on fasse à Blain ce mémoire, que les avocats de Paris auroient été plus capables de composer.

10 *Novembre* 1779. Dans la *lettre à M. de Lassonne* on pose deux questions : la société de médecine est-elle établie pour s'occuper des progrès de la médecine & de la conservation des sujets du roi ? Est-elle seulement instituée pour satisfaire la cupidité, l'ambition de celui qui en est le chef ?

Le refus des médecins les plus estimés d'entrer dans ce corps, répond à la première question, & il résulte de la seconde qu'on ne peut nier qu'il doit devenir bientôt non-seulement un objet de dérision, mais un fléau public, en augmentant les abus auxquels, depuis si long-temps, la médecine sert de prétexte; dès-lors il ne doit plus se trouver que des sujets tarés pour remplir les places, & quand alors la sagesse du gouvernement n'anéantiroit pas la société, le temps seul la détruiroit.

L'auteur exalte dans ce pamphlet M. Lieutaud, le premier médecin, qui loin, comme M. de Lassone, de vouloir détruire la faculté pour élever la société, accueille la premiere, veut lui servir de défenseur auprès du roi, & a présenté à S. M. le plan fait par la faculté, *qui contient des réglements pour obtenir tous les avantages possibles de la médecine, & pour obvier aux abus auxquels elle sert de prétexte.* On ne doute pas que le jeune monarque ne l'agrée, & en conséquence, on envoie d'avance à M. de Lassone, *le canevas d'un discours à faire pour être prononcé dans la derniere séance de son établissement.* La plaisanterie assaisonne cette harangue, que la méchanceté nourrit d'anecdotes curieuses & diffamantes.

11 *Novembre* 1779. Madame de Palerne vient de mourir. On a remarqué sur ses billets d'enterrement que, contre l'usage, on ne désignoit aucun parent comme faisant part. On auroit dû mettre naturellement : *de la part de M. le duc & de madame la duchesse de Gontaut, ses filles & gendre*; on a su que ce seigneur n'avoit pas voulu que son nom fût au-dessous de celui de Palerne. Belle leçon aux financiers & bourgeois riches, qui ont la sotte manie de donner leurs filles à des gens de la cour !

11 *Novembre*. Les logogryphes font, en général, un jeu d'esprit trop puéril & souvent trop bête pour mériter l'attention des vrais littérateurs ; cependant tous les genres peuvent être poussés à un point de perfection qui fasse distinguer certaines pieces : tel est le logogryphe suivant, composé par une dame, & qui se sent des graces & de la finesse de son auteur :

  La nuit j'habite sur la terre,
   Et le jour je remonte aux cieux :
  J'éblouis les regards d'un éclat radieux,
   Mais je n'ai qu'un matin pour plaire.
  Cinq lettres font mon nom : supprimez la premiere,
   Je suis un prophete fameux,
  Je deviendrai la fleur que l'on aime le mieux
   En retranchant l'avant-derniere.
  Otez-les toutes deux, j'offre un mot précieux,
   Dont l'amour même fait mystere,
   Et qu'à l'amant qui lui sait plaire
    L'amante ne dit que des yeux.

Le mot est *rosée* : on y trouve *Osée*, *rose*, *ose*.

12 *Novembre* 1779. Il est des personnages sur qui le public a si constamment les yeux que leurs actions les plus indifférentes sont remarquées ; tel est M. d'Alembert, aujourd'hui le patriarche de la secte philosophique ; il vient de prendre carrosse, & dans l'instant tout Paris en a été instruit ; c'est un quanquan qui ne finit pas.

Une autre de ses actions moins connue & qui, lorsqu'elle le sera, malgré son excellence, ne manquera pas d'être tournée en ridicule par les

les détracteurs de ce grand homme ; c'est sa générosité envers arlequin. On sera d'abord surpris de voir une affinité entre ces deux hommes ; quoi qu'il en soit, arlequin se trouvant compris pour une somme de 50,000 livres dans la banqueroute du Sr. Roland, est venu confier sa douleur à son ami : le philosophe l'a consolé efficacement, en lui disant qu'il se chargeoit de sa fille qui est aveugle. Tout cela se trouve dans un paragraphe du Journal de Paris, N°. 312, où l'historiette est racontée sans nommer personne. Mais les partisans de M. d'Alembert ont trahi sa modestie & ce beau trait commence à se répandre dans les sociétés.

12 *Novembre* 1779. On attend bientôt monsieur Olivier, conseiller au châtelet, envoyé comme commissaire pour faire les informations ordonnées par le parlement dans l'affaire du jeune Solar : il étoit parti avec un substitut du procureur du roi & un greffier ; ils doivent être de retour avant la fin du mois. Suivant ce qu'il a écrit, il a trouvé bien du faux dans les faits allégués par l'adversaire pour sa justification, & le procès tourne mal pour lui.

13 *Novembre* 1779. Un gros livre in-4°. très-volumineux & très-ferré, ayant pour titre de *l'administration des états provinciaux & de la nature de l'impôt*, perce difficilement & excite beaucoup de curiosité. On a lieu de présumer & l'on a même des notions assez certaines qu'il est, sinon de la composition de M. Necker, au moins dans son génie, ses principes, & qu'il se produit sous ses auspices ; que ce ministre a fait les frais de l'impression & qu'il

Tome XIV M

le fait distribuer, attendu qu'il se délivre *gratis*. C'est un ouvrage qui coûteroit chez les libraires 12 livres. Il n'est qu'un homme très-riche, ayant de grandes vues, & intéressé à leur propagation, qui puisse avoir fait un pareil sacrifice.

Le motif du mystere de cette distribution lente, c'est qu'on craint d'ameuter le clergé, contre lequel il est spécialement dirigé. Au premier apperçu, on juge que le plan de l'administrateur général seroit de revenir au système de M. de Machault, & de l'imposer comme les autres. Les chefs de l'église en ont déja l'éveil & se remuent en conséquence.

14 Novembre 1775.) Suivant les dernieres nouvelles de Bordeaux, les spectateurs s'étoient échauffés enfin pour Mlle. Sainval l'aînée, avoient reconnu la sublimité de son talent, & lui avoient procuré les distinctions qu'elle méritoit. On avoit donné pour elle une représentation, & ce voyage devoit lui rendre 16,000 livres de bénéfice : elle partoit pour aller jouer aux états de Montpellier.

Quant ici, depuis son expulsion les jalousies, les haines, les noirceurs ne font que s'accroître dans le tripot; ils cherchent naturellement à se rendre le jouet du public. Dernièrement le Sr. Ponteuil a été hué dans *l'Orphelin de la Chine*, depuis le commencement de son rôle jusqu'à la fin; les partisans du sieur Larive, indignés qu'on eut obligé celui-ci de quitter, ont voulu le venger par ce traitement, moins l'effet du mauvais jeu de l'acteur que de la cabale. On ne sait quand finira ce désordre

& l'anarchie qui regnent dans l'aréopage comique.

15 *Novembre* 1779. On a joué famedi à la comédie italienne *les événements imprévus*, comédie nouvelle en trois actes en profe, mêlée d'ariettes. Cette premiere repréfentation a répondu à la haute opinion qu'on avoit des auteurs; c'eft M. d'Hell, qui a compofé les paroles & M. Gretry la mufique : la piece a eu le plus grand fuccès dans les deux genres. L'excellence du poëme a rendu le muficien encore fupérieur à lui-même; le théatre avoit befoin d'un pareil fecours pour fortir de la langueur où il étoit depuis long temps.

15 *Novembre*. L'académie royale de peinture & de fculpture, &c. s'étoit affemblée ces jours derniers pour prendre en confidération la cataftrophe de monfieur d'Huès, que fa dignité de profeffeur devoit rendre plus inftruit fur les mœurs & plus délicat fur fa réputation. Il étoit queftion de le rayer : mais le grand nombre n'a pas trouvé des preuves affez fortes pour fe porter à cet acte déshonorant : on a prétendu que la leçon que venoit de lui donner la poiffarde, & la perte d'un œil dont il étoit menacé, feroient peut-être fuffifants pour le corriger.

15 *Novembre*. L'académie françoife a déjà tenu un comité pour fe concilier fur l'élection future du fucceffeur de M. de Foncemagne. Il paroît que tous les partis font à peu près d'accord & fe réuniffent en faveur de M. de Chabanon de l'académie de belles-lettres. C'eft un garçon bien né, de mœurs douces & liantes, porté ci-devant par M. de Voltaire

chez lequel il avoit résidé long-temps & qui postule depuis dix ans. Son mérite littéraire est médiocre, & de ce côté il auroit dix concurrents à passer devant lui : c'est ce qui a donné lieu à l'épigramme suivante, pour l'intelligence de laquelle il faut savoir que c'est en même temps un excellent violon ; il passe entre les amateurs pour le premier coryphée en ce genre après M. de St. George.

 A Foncemagne on veut, dit-on,
 Pour le fauteuil soporifique,
 Faire succéder Chabanon :
 Mais son mérite académique ?
 Aucun : il est grand violon ;
 Dans le sein de la compagnie,
 Manquant d'accord & d'unisson,
 Il rétablira l'harmonie.

17 Novembre 1779. La piece de M. d'Hell n'a qu'un intérêt de curiosité, comme le plus grand nombre des comédies d'intrigue, mais soutenu & croissant avec un grand art. Dès le premier acte on croit déja toucher à la fin, & l'on est inquiet comment feront remplis les deux autres : à l'instant même le nœud, par un incident préparé & entrevu, sans que le spectateur s'en doute, se forme & occasione l'imbroglio ; il semble encore devoir s'éclaircir infailliblement au second ; mais un jeu de théatre très-adroit ne fait que jeter plus d'embarras dans la scene. On sent qu'à mesure que chemine le troisieme, il faut que le fil de l'action conduise au dénouement, sans que le spectateur puisse assigner la maniere dont il s'opérera, & il est arrivé avant de l'avoir imaginé : ce qui donne lieu au critique de le juger trop brusque. L'auteur a préféré de sacrifier un peu de vraisemblance à la rapidité, toujours nécessaire en pareil cas : d'ailleurs, le parterre étant dans la confidence, on suppose que les acteurs sont plus aisément instruits de la bonne gaieté, du comique de situation, & des saillies heureuses qui continuent à caractériser cette nouvelle production du poëte.

M. Gretry accoutumé à faire d'excellente musique, ne pouvoit que réussir avec un fond aussi bien disposé : la veine est devenue plus abondante & plus variée, & le musicien à chaque instant produit presque autant d'étonnement que le poëte. Il a jugé à propos d'amener des finales à la fin de chaque acte, à la maniere des Italiens : on sait que par finales on entend la réunion de tous les acteurs sur la scene, chantant ensemble ; mais ce n'est pas en quoi M. Gretry a le mieux réussi ; soit par sa faute, ou plutôt par le défaut d'habitude des chanteurs, il en résulte une cacophonie peu agréable, embrouillée & discordante.

17 *Novembre* 1779. *Stances sur les Insurgents.*

1.

Ami, je suis parti de France,
Le cœur plein d'un noble projet,
L'esprit content, car l'espérance
Embellit toujours son objet.

2.

Je m'embarquai pour l'Amérique,
Je quittai mon pays natal,

Traversant la vaste atlantique
Sur la foi de l'abbé Raynal.

3.

Mais lui peu chiche de l'étoffe
Dont son esprit chaud s'empara,
Comme un moderne philosophe
A taillé l'erreur en plein drap.

4.

Dans la douce ivresse où nous plonge
Le charme d'un style divin,
Les prix fous sont pour le mensonge,
Le vrai moisit au magasin.

5.

De ce peuple encore dans l'enfance,
J'ai vu les asyles divers :
Son orgueil, son indépendance
Préparent sourdement ses fers.

6.

Il est sobre par indolence,
A peine l'on peut l'emouvoir,
Et la liberté qu'il encense
N'est que la haine du devoir.

7.

J'ai vu le quaker pacifique,
Dont l'orgueil perçoit le manteau,
J'ai vu l'insolence cynique
Qui fixa son vaste chapeau.

8.

Je n'épouse point la manie
Qui le porte à braver les rois,

Et qui le fait par modeſtie
Tutoyer frere George Trois.

9.

L'air philoſophe qu'il ſe donne,
En ſa faveur conclut-il bien !
Le ſage qui ne hait perſonne
Eſt aſſez près de n'aimer rien.

10.

Moi j'ai vu ces hommes integres
Vantés par tant d'honnêtes gens,
D'une main affranchir des negres,
Et de l'autre acheter des blancs.

11.

La probité de ces ſectaires
N'étoit pas ce qui m'étonnoit,
J'admirois de vieilles ſorcieres
Chez qui Dieu ſe réincarnoit.

12.

Ah ! dis-je, ah ! quels monſtres farouches
Le ſaint-eſprit daigne inſpirer ;
C'eſt dans de ſi vilaines bouches
Que le diable va ſe fourrer.

13.

Parmi tant de cultes fantaſques,
L'homme ſimple reſte abattu,
Et ne ſait plus ſous tant de maſques
Comment diſcerner la vertu.

14.

Enfin telle eſt la digne race
De ces ſoldats fiers & cruels,

Qu'un hypocrite plein d'audace
Arma sous l'abri des autels.

15.

Le bonheur d'autrui les irrite,
Jaloux sans foi, sans amitié,
Ils cherchent par-tout le mérite ;
Mais c'est pour le fouler aux pieds.

16.

Un jour ce peuple fanatique
Qui hait avec férocité,
Vous le verrez dans l'Amérique
Le fléau de l'humanité.

17.

Un culte austere, un sol agreste,
La soif de l'or.... un cœur cruel,
Pour guider son penchant funeste..
Il n'attend qu'un nouveau Cromvvel.

18.

Ami, c'est ici qu'une belle
N'offre qu'une fleur d'un moment,
Tout homme s'arroge auprès d'elle
Le droit du plus discret amant.

19.

Les caresses sont un pillage
Qui flétrit bientôt ses appas,
Les grossiers transports d'un sauvage
Qui subjugue & ne séduit pas.

20.

Par une douce résistance
Le desir n'est point excité,

C'est dans le sein de la jouissance
Qu'on trouve la satiété.

21.

Tendres refus, charmants caprices,
Font valoir la moindre faveur :
L'amant d'un rien fait ses délices ;
Voilà le triomphe des mœurs.

22.

A Boston d'une beauté neuve
L'épouseur n'est point entiché,
Ni fille, ni femme, ni veuve,
C'est tout ce qu'on trouve au marché.

23.

O mon pays, aimable France,
Objet de mes plus chers desirs,
Où d'accord avec l'abondance
Le goût préside à nos plaisirs !

24.

L'égalité, cette chimere,
Qu'exaltent nos fiers écrivains,
La nature que je révere
L'évite dans tous ses desseins.

25.

La force, la valeur, l'adresse,
Et le génie ont ici-bas
Sur la sottise & la foiblesse
Des droits que l'on ne prescrit pas.

26.

O François ! l'Hudson, la Tamise,
L'Ebre, le Tibre, ni le Rhin,

N'offrent rien qui ne t'autorise
A leur préférer ton destin.

27.

Est-il un peuple sur la terre
Plus content, plus heureux que toi ?
Ton maître n'est qu'un tendre pere,
Dont ton amour fait un vrai roi.

28.

Que le sort de sa main pesante
Accumule sur moi ses traits,
Je brave sa rage impuissante,
Je suis honnête homme & François.

29.

Entre nous ces fameux athlètes
Que vous accablez de lauriers,
Leurs vertus sont dans les gazettes
Les vices sont dans leurs foyers.

30.

La liberté, cette pucelle,
Qui fut seduite tant de fois,
Dans l'effervescence du zele
Fait taire ici jusques aux loix.

31.

Vous voyez leur mobile unique,
Ce vieux docteur in partibus,
Dont l'insidieuse rubrique
Vous échauffe de ses rebus.

32.

Sur l'Amérique consternée,
Plaçant le bout d'un conducteur,

De l'autre à l'Europe étonnée
Il lance le feu destructeur.

33.

Caméléon octogénaire,
Son esprit se ploie aisément ;
De la France & de l'Angleterre
Le fourbe rit également.

34.

La haine dans son cœur regorge,
Fait qu'en ses projets inouis,
Si Louis lui répond de George,
George lui répond de Louis.

35.

Ce Hankock (1) qu'il tient en tutelle,
Aux dehors plats, aux sens grossiers,
Peut fournir un riche modele
A nos délicats financiers.

36.

Francklin de l'or du fanatique
Ebaucha son hardi projet,
Et dans cette farce héroïque
Il en fit son milord Huzzet (2).

37.

Je vois dans ce qui m'environne
De tristes sots, d'ineptes fous :
Que l'univers me le pardonne,
Mais les bonnes gens sont chez nous.

---

(1) Président du Congrès.
(2) Personnage du François, à Londres.

38.

Déja j'entends d'un ton cauſtique
L'élégant Raynal crier.... Foin !
Défiez-vous du ſatirique ,
Meſſieurs, celui-ci vient de loin.

39.

Ah ! j'aurois dû mieux me défendre
Du vain deſir d'en bien juger :
L'aimable abbé pour en revendre
N'eut pas beſoin de voyager.

40.

Maintenant mon cœur me ſeconde :
Je vais peindre un vrai citoyen,
Le Fabius du nouveau-monde ,
Un héros , un homme de bien.

41.

Il eſt d'une figure heureuſe,
De beaux traits, de la dignité ,
Sous une forme avantageuſe
La plus noble ſimplicité.

42.

Senſible, valeureux , fidele,
Et révéré de l'ennemi ,
L'honnête homme en fait ſon modele,
Et l'homme aimable ſon ami,

43.

Contre l'orage qui murmure,
Son courage en impoſe au ſort,
C'eſt le calme d'une ame pure
Pour qui l'écueil même eſt un port.

44.

J'ai vu Washington fans armée,
Devant un ennemi vainqueur,
Et la cabale envenimée
Attaquer jufqu'à fon honneur.

45.

Du double coup qui le menace
Ce héros n'eft point abattu,
L'Anglois refpecte fon audace,
L'envieux cede à fa vertu.

46.

Il fait trop que pour entreprendre
L'art manque à fes braves enfants,
Ce qu'il n'oferoit en attendre,
La conftance l'obtient du temps.

47.

Jouet du fol, tréfor du fage,
O temps qui nourris notre efpoir,
Tu feras paffer d'âge en âge,
Celui qui connoît ton pouvoir!

48.

Ici la nature économe
N'irrite point les yeux jaloux :
Elle n'a produit qu'un grand homme,
Mais il eft le falut de tous.

49.

Ami, je vais, s'il eft poffible,
Effayer de nous réunir :
Je ne veux plus du foin pénible,
D'errer toujours fans parvenir.

50.

J'ai foulé la terre & les ondes,
J'ai franchi vingt climats divers,
Et n'ai trouvé dans les deux mondes
Que des dupes & des pervers.

51.

Mon front chauve & ridé par l'âge,
Chaque jour semble m'avertir,
Qu'il faut faire un autre voyage :
Eh bien ! je suis prêt à partir.

52.

Que la mort enleve sa proie,
Celui qui dédaignant tes traits,
Vécut sans remords & sans joie,
Finit sans crainte & sans regrets.

17 Novembre 1779. A quelque point de perfection que soit porté la danse à l'opéra, on y fait sans cesse recrue de sujets qui semblent enchérir sur les anciens : c'est ainsi que la demoiselle Zanuzzi, fille d'un acteur de ce nom de la comédie italienne, débuta hier seule dans le ballet du quatrieme acte d'*Iphigénie en Tauride*, avec le plus grand succès : elle se déploie, se présente & marche avec beaucoup d'assurance & de graces; elle joint à une grande légéreté une force supérieure pour son âge de treize ans ; elle est absolument dans les excellents principes de son maître Vestris, le pere, & c'est lui-même en femme. Coryphée du genre, Mlle. Heynel ayant paru après elle, & offrant sur le champ un objet de comparaison, ne fit pas la même senfation : fa froideur glaça tous les amateurs.

18 *Novembre* 1779. Mlle. Dubois de la comédie françoife, retirée avec penfion en 1773, vient de mourir de la petite vérole. Si elle n'a pas difpofé de fon bien avant fon trépas, on évalue que le domaine doit gagner après elle 20 à 25 mille livres de rentes. C'étoit une des courtifannes du jour les plus célebres pour fa cupidité & fon art d'efcroquer les dupes : du refte elle avoit toujours été médiocre au théatre & n'avoit pas fu tirer parti des heureux moyens que la nature lui avoit donnés.

19 *Novembre* 1779. On a joint hier à un acte françois & à un acte bouffon un ballet pantomime : l'acte bouffon nouveau a pour titre : *il vago difprezzato*, ou *le fat méprifé*. Ce qui revient affez à notre *fat puni*, mais n'en approche en rien. C'eft un poëme d'un ennui mortel à l'ordinaire, que cette fois ne rachete pas la mufique : cependant il y a eu du monde & la chambrée étoit nombreufe. C'eft le ballet intitulé *Mirza & Lindor*, qui avoit attiré la foule. Il eft de la compofition du Sr. Gardel & la mufique du Sr. Goffec. Il a plû généralement, quoique trop long au troifieme acte, où l'action eft finie.

19 *Novembre*. Extrait d'une lettre de Bruxelles, du 14 octobre. « Vous allez bien rire
» & faire rire M. d'Alembert & tout le parti
» à l'occafion d'une anecdote que j'ai à vous
» conter ; elle eft fûre, car je la tiens de
» fource. Il s'agit de Me. Linguet. Cet avocat
» devenu folliculaire, foit par fpéculation
» pour gagner plus d'argent, foit par diffi-

» culté de se concilier avec les imprimeurs de
» Bruxelles, s'étoit établi dans un joli châ-
» teau à quelque distance, & y avoit monté une
» imprimerie à ses frais : là il régnoit en des-
» pote sur ses suppôts ; il menoit un train de
» grand seigneur, roulant en carrosse à six
» chevaux, & ayant toujours quinze ou vingt
» couverts. Il ne voyoit pas sans doute la
» meilleure compagnie du pays ; mais beau-
» coup de filles, des comédiennes, des
» escrocs, des aventuriers françois, sur-tout
» ceux qui l'aduloient, qui colportoient son
» journal & lui fournissoient des matériaux,
» c'est-à-dire des méchancetés. Tout cela
» n'auroit été rien, si ce personnage très-in-
» conséquent, qui prend le ton hypocrite dans
» tous ses écrits, n'eut affiché la plus grande
» irréligion : il ne s'asservissoit à aucune des
» pratiques extérieures du christianisme si né-
» cessaires : il n'a point fait ses pâques, ne
» s'est point présenté à confesse : il affectoit
» de faire travailler les fêtes & dimanches,
» de n'aller jamais à la messe, &c. Le scan-
» dale est devenu si grand, que non-seulement
» le curé du lieu, mais les curés voisins,
» craignant que la contagion ne gagnât leurs
» ouailles, ont porté des plaintes à l'arche-
» vêque de Malines contre cet impie. Heu-
» reusement M. de Stharemberg, le ministre
» de l'impératrice-reine en cette cour, affec-
» tionne Me. Linguet ; il a prié le prélat de
» suspendre les censures, & obligé l'aristarque
» de venir exercer la sienne dans cette capi-
» tale, où ses actions seront moins remarquées :
» il a en conséquence loué un superbe hôtel.

» Je ne sais comment il s'arrangera pour son im-
» primerie; il a déja un procès avec un fameux
» imprimeur de la ville, car il lui faut toujours
» quelque petite querelle pour s'occuper & se
» réjouir. »

20 *Novembre* 1779. De Bordeaux, le 16 novembre. « Il y a environ quinze jours que
» Mlle. Sainval est partie; à mesure qu'on a
» été instruit de ses malheurs & de sa persé-
» cution, l'enthousiasme, foible d'abord, a
» redoublé : elle a joué successivement les rôles
» d'*Emilie*, *Hypermnestre*, *Sémiramis*, *Alzire*,
» *Amenaïde*, *Mérope*, *Iphigénie*, *Cléopâtre*,
» *Clitemnestre*, *Hermione*, *Didon*, *Phedre*, *Idamé*,
» *Athalie*, *Pauline*, & son triomphe s'est accru
» au point que jamais acteur ni actrice n'a fait
» une aussi vive sensation; quoiqu'on fut dans
» le temps le plus pressant des vendanges, on
» a quitté tout pour elle; & le dernier jour,
» comme elle finissoit *Mérope*, deux amours
» sortant d'un nuage, sont venus poser une cou-
» ronne sur sa tête, aux acclamations du public,
» qui lui a jeté à son tour d'autres couronnes
» & des pieces de vers, en demandant à grands
» cris une représentation à son profit; ce qui a
» été accordé. »

21 *Novembre* 1779. Messieurs les notaires aujourd'hui sont des petits maîtres très-agréables,
très-élégants, qui tranchent des gens de cour
ou des plus riches financiers & entretiennent des
filles d'opéra. Un nommé Armet s'étoit avisé
ainsi de vouloir coucher avec une Dlle. Sarron,
ancienne danseuse figurante de ce spectacle;
mais ayant de l'esprit & sur-tout du malin, elle

lui avoit emprunté 1,800 livres, dont elle lui avoit fait son billet, & comptoit bien être quitte. M. Armet le lendemain a trouvé le repentir acheté trop cher, & n'ayant pu se faire payer à l'échéance, a eu recours à M. le Noir, qui a chargé un exempt de la voir & d'arranger l'affaire. Elle n'a voulu y entendre, & voici la lettre qu'elle a écrite au suppôt de police, qui court Paris & fait tourner en ridicule le tabellion très-laid de figure, très-dégoûtant.

« Je voudrois bien déférer à votre conseil,
» j'en fais grand cas, mais cela m'est impossible,
» & mon *Adonis* qui est un homme de loi, sait
» la raison pourquoi.

» De tout ce que j'ai, rien ne m'appartient
» plus que mes faveurs; le roi retient une
» partie de mes rentes pour payer les impositions;
» des gens de mauvaise foi me disputent
» le reste : mais S. M. ne se réseve rien
» sur la premiere, & la chicane n'y peut mordre.
» J'ai le droit incontestable d'en disposer
» librement, & par conséquent de les donner
» ou de les vendre. On interdit ceux qui prodiguent
» leur bien au premier venu, on les
» traite de fous, & je ne suis pas folle. Vous
» conviendrez, après avoir vu le personnage,
» que rien ne pouvoit m'exciter à la générosité;
» au moins doit-on recueillir le plaisir du
» bienfait !

» J'ai donc vendu ce que je ne voulois pas
» accorder gratuitement; rien ne manque à la
» vente, & tous les notaires de Paris y auroient
» passé, qu'elle ne seroit pas mieux en regle.
» Ils m'ont appris qu'il y falloit trois points,

« la chose, le prix & le consentement. J'ai
„ livré la premiere, je retiens le second, &
„ quant au troisieme, son portrait, dont l'ac-
„ quéreur m'a gratifiée, en répond. Je suis prête
„ à le lui rendre s'il me croit dédommagée par
„ ce cadeau; je ne me suis pas trouvée satisfaite
„ même de sa personne, & l'image ne m'a jamais
„ tenu lieu de réalité.

„ Quand je voudrois être généreuse, je
„ choisirois mieux; ainsi, quoiqu'il soit humi-
„ liant dans tout autre cas d'avouer bonnement
„ que l'intérêt m'a seul guidé, je préfere ce-
„ pendant pour mon amour-propre que l'on
„ m'accuse plutôt de cupidité excessive que de
„ mauvais goût.

„ Je m'en rapporte à votre bon jugement,
„ Monsieur, & à la sagacité du magistrat que
„ je respecte & dont je réclame l'équité ; c'est
„ une dérision que la prétention de ce petit
„ notaire, une misérable chicane : j'espere
„ que ses confreres le remettront dans les bons
„ principes. „

Nota. Mlle. Sarron a envoyé à Me. Arnet
une sommation accompagnée d'offres réelles de
lui rendre son portrait.

22 *Novembre* 1779. La musique du *fat mé-
prisé* est de M. Piccini, & l'on y reconnoît peu
la main de ce maître.

Quant au ballet de *Mirza & Linder*, le
compositeur y a eu moins en vue sans doute
de former une intrigue intéressante, que d'a-
mener des événements qui pussent être agréables dans leur exécution & sur-tout d'offrir des
tableaux neufs & variés : en conséquence, il
a établi la scene en Amérique. Une jalousie

fait le fond du sujet, que saisit facilement le spectateur ; ce qui n'est pas un petit mérite dans la pantomime.

Le poëme est partagé en trois actes : au premier se forme le nœud, l'exposition en est très-heureuse & accompagnée de détails piquants, où le chorégraphe commence à déployer son intelligence & sa fécondité.

Le second est remarquable par un duel exécuté avec des graces, une légéreté, une précision, une vérité, une diversité d'attitudes, des voltes, des positions, qui intéressent singuliérement le spectateur pendant un espace de temps assez considérable qu'il dure. Le jeune Vestrallard & le Sr. Nivellon s'y font admirer des spadassins les plus consommés.

Le troisieme, purement de spectacle, consiste sur-tout en évolutions militaires & en danse Negres & Créoles, dont le mélange offre une multitude de scenes & de costumes qui contrastent avec beaucoup de succès, & soutiennent l'attention. On sent bien qu'il a fallu des soldats françois pour les premieres & pour un simulacre de combat qui a eu lieu aussi.

La Dlle. Guimard qui n'avoit pas paru depuis la mort de sa fille, qu'elle a pleurée long-temps, étoit trop nécessaire à ce spectacle pour s'y refuser : elle s'y est montrée encore plus actrice que danseuse. Les meilleurs sujets du genre, au reste, étoient réunis à cette fête & s'y sont distingués.

L'administration n'a rien épargné pour le décore & les habits. La dépense doit être considérable.

23 Novembre 1779. Extrait d'une lettre de

Ferney, du 15 novembre. " Les étrangers conti-
„ nuent à visiter cet ancien séjour de M. de
„ Voltaire avec la même affluence & la même
„ curiosité. Le marquis de Villette a fait con-
„ server sa chambre telle qu'elle étoit, jus-
„ qu'à son lit qui semble encore prêt à le rece-
„ voir. Mais ce qu'il y a de nouveau & qui
„ frappe d'un saisissement involontaire, c'est
„ un monument dont voici la description. „

" On voit une pyramide quadrangulaire,
„ contre laquelle est adossé un autel composé
„ d'un simple tronçon de colonne cannelée. Cette
„ pyramide est ceinte au tiers de sa hauteur
„ d'une corniche saillante, soutenue aux angles
„ par quatre consoles antiques, & porte une
„ urne sépulcrale. Sur chaque face, une cou-
„ ronne de laurier termine la pyramide tron-
„ quée : c'est le seul attribut caractéristique qui
„ y soit exprimé ; & sur l'autel est placé un
„ coussin de velours, où repose un cœur, sym-
„ bole de celui qui est dans l'intérieur du mo-
„ nument.

„ Cet ensemble, composé de trois marbres,
„ le blanc, le noir & le verd antique, de la
„ hauteur d'environ sept pieds sur trois & demi
„ de largeur de la base, est placé au fond d'une
„ niche drapée en-noir.

„ On ne sait comment l'évêque d'Annecy,
„ qui n'a pas voulu que le cœur de M. de
„ Voltaire fût dans l'église, prendra cette
„ espece d'idolâtrie, cette parodie du moins
„ des monuments religieux dans un lieu tout
„ profane.

„ On a décoré l'appartement de quelques
„ portraits rassemblés de diverses chambres du

„ château, portraits pour lesquels le grand
„ homme défunt avoit le plus de prédilection ;
„ savoir, ceux de l'impératrice de Russie, du
„ roi de Prusse, de la princesse de Bareuth,
„ de la marquise du Châtelet, de l'acteur le
„ Kain, de M. d'Alembert, du comte de Mau-
„ repas, de M. d'Argental, de M. le marquis
„ & madame la marquise de Villette. Il est à
„ observer que le comte de Maurepas n'a jamais
„ figuré entre les personnages chéris de M. de
„ Voltaire, qu'il en parloit avec assez d'irré-
„ vérence ; mais l'auteur du monument trop
„ sujet aux censures ecclésiastiques, a cherché
„ ainsi à se mettre sous la protection du mentor
„ du roi.

„ Enfin on y lit cette inscription : *mes mânes
„ sont consolés, puisque mon cœur est au milieu
„ de vous.* „

24 *Novembre* 1779. On prétend que le roi a signé ces jours derniers un plan qui lui a été présenté, pour construire sur l'emplacement du couvent des cordeliers des édifices destinés à contenir la jurisdiction du châtelet ; que ces religieux iront occuper le local des célestins supprimés avec pension, & que les antiques bâtiments appellés grand & petit châtelet, seront démolis & fondus dans des plans d'embellissement de Paris. Leurs prisons, que la sagesse du ministre envisage principalement, seront dans ce cas transportées sur le nouveau terrain. Le but est de les rendre plus saines que toutes celles qui existent, & d'y tenir les prisonniers pour dettes séparés de ceux qui sont accusés de forfaits. Comme l'emplacement de ce couvent, quoique très-spacieux, ne suffiroit pas encore, dans

cette supposition, pour l'accomplissement du projet, on y ajoute le terrein de l'église de St. Côme & de quelques maisons adjacentes; & la paroisse de St. Côme seroit partagée entre celles de St. Benoît, de St. Jacques & de St. Séverin.

25 *Novembre* 1779. Il paroît que sa compagnie regrette beaucoup la perte du chevalier d'Arcy, plus particuliérement connu sous le nom de comte d'Arcy. C'étoit un académicien d'un mérite rare, qui avoit un excellent esprit pour les sciences, & joignoit à beaucoup de sagacité une vigueur de raisonnement & une force de tête peu communes. Disciple de l'illustre Clairaut, il se fit connoître dès 1742 dans le monde savant; il n'avoit alors que dix-sept ans. Il entra à l'académie des sciences en 1749. Militaire par sa naissance, il s'occupoit sur-tout de l'artillerie; il avoit imaginé un fusil sans bayonnette, qui se charge par la culasse, dont la construction est très-solide, & le service sans danger, & cependant avec lequel on tire facilement six coups par minute, tandis que le soldat le plus exercé n'en peut pas tirer trois.

Il fit une expérience curieuse sur la sensation de la vue, & prouva sans replique que la durée de cette sensation opérée sur l'organe, après que l'objet a disparu, est encore de huit tierces.

Il comptoit recommencer ses expériences sur sa théorie de l'artillerie, lorsqu'il a été enlevé à ses amis & aux sciences.

26 *Novembre* 1779. M. de la Blancherie ne trouvant pas qu'il ait encore recueilli tout ce qu'il espéroit de son établissement, monte de nou-

veau sur ses treteaux, & crie plus fort pour vanter son zele courageux à former & entretenir une correspondance entre les savants & les artistes de toutes les nations.

Cette correspondance renferme deux objets principaux : l'assemblée ordinaire des savants & des artistes ; & l'ouvrage périodique ayant pour titre : *Nouvelles de la République des lettres & des arts.*

Son assemblée sert de rendez-vous, est un centre de ralliement & de communication à tous les savants, les gens de lettres, les artistes, les amateurs & les voyageurs distingués, nationaux ou étrangers, qui se trouvent à Paris.

2°. Est un point de réunion sous leurs yeux des livres, des tableaux, des pieces de mécanique, des morceaux d'histoire naturelle, des modeles de sculpture, & enfin de toutes sortes d'ouvrages anciens ou modernes, dont on voudra faire connoître ou apprendre promptement l'existence, la valeur ou l'auteur.

3°. Enfin procure les moyens d'étendre une correspondance & des relations dans toutes les parties du monde, & sur tous les objets des sciences & des arts.

Quant à ses *nouvelles de la république des lettres & des arts,* elles offrent d'abord la notice des différents ouvrages qui viennent d'être publiés, ou qui sont sur le point de l'être dans les différentes parties du monde ; ses découvertes intéressantes pour les arts, des jugements des académies sur ces découvertes, des séances de ces mêmes académies, des anecdotes sur la vie des savants & des artistes, &c.

C'est ce journal qui le touche spécialement,
puisque

puisque c'est lui qui doit l'indemniser de ses dépenses ; en conséquence il invite les savants à souscrire & à imiter le roi & la reine, monsieur, monseigneur le comte d'Artois, & madame sœur du roi, qui en ont pris plusieurs exemplaires.

27 *Novembre* 1779. Mlle. le Vasseur, veuve de Jean-Jacques Rousseau, qui de sa servante étoit devenue sa femme, vient de rentrer dans son premier état : elle a épousé le nommé Nicolas Montretout, un des laquais de M. le marquis de Girardin, seigneur d'Ermenonville, chez lequel le philosophe s'étoit retiré : c'est lui qui lui a élevé le monument dont on a parlé.

M. de Girardin est furieux de la bassesse de cette femme, & tous les partisans de Rousseau sont bien honteux de lui avoir vu placer son affection en une pareille compagne. Cet événement confirme l'idée qu'on avoit déja du triste intérieur du philosophe, & les soupçons que dans son désespoir il a accéléré sa mort.

28 *Novembre* 1779. Les quatre statues commandées pour 1781, sont celles des maréchaux de Tourvilles & Catinat, du duc de Montausier & de Pascal.

M. Houdon, a qui l'on rend enfin justice, est chargé de la premiere ; M. de Joux, nouvel académicien, doit exécuter la seconde ; la troisieme sortira des mains de M. de Mouchy, auteur déja du duc de Sully ; & le savant sculpteur de Bossuet, M. Pajou, fera revivre l'écrivain des *lettres provinciales*.

On doit placer incessamment dans une des salles du cabinet du roi au jardin des plantes, le buste de Bernard de Jussieu, le célebre botaniste.

28 *Novembre* 1779. Quoique les répétitions d'*Amadis des Gaules*, mis en musique par le fameux Bach, aient commencé depuis quelque temps, il est encore loin d'avoir son ensemble & sa perfection ; on espere pourtant qu'il sera joué avant la mi-décembre.

29 *Novembre* 1779. Madame la princesse héréditaire de Nassau Saarbruck, [tel est le titre qu'a pris à la cour Mlle. de Monbarey] de retour depuis la cérémonie du mariage faite, a été présentée en cette qualité. Elle avoit une robe superbe & du plus grand goût, garnie de plumes & de marcassites. La reine en a été éblouie & a voulu en avoir une pareille. Trois couriers sont venus successivement chez le Sr. Bourgeot, marchand de soie, où l'étoffe avoit été prise & qui en avoit donné le dessin, & S. M. n'a pas été contente que ses ordres n'aient été remplis. On ne doute pas que cette fantaisie ne soit un véhicule de plus au luxe déja énorme.

29 *Novembre.* Le mémoire du maréchal duc de Duras, auquel on travailloit en Bretagne, est enfin minuté & paroît, ainsi que celui du Sr. Mesnard de Conichard, qui se distribuoit depuis quelque temps dans la province. Tous deux se publient ici. Ces adversaires cherchent à répondre de leur mieux à celui du comte Desgrées.

30 *Novembre* 1779. *Observations pour Messire François Mesnard, chevalier, seigneur de Conichard, intendant général des postes, adjoint, secrétaire des commandements de madame la*

comtesse d'Artois, & premier commis de l'administration générale des finances pour les pays d'états.

Touchant ce qui le concerne dans un mémoire imprimé & publié au nom de M. Desgrées du Lou.

Tel est le titre ridiculement fastueux de cet écrit du Sr. Mesnard, qui en étalant toutes ses qualités nouvelles porte l'indécence jusqu'à ne pas même donner la qualité de comte à son adversaire, qui a eu l'honneur de présider la noblesse de Bretagne.

Quant au fond, ce mémoire qui n'est qu'un amas de dits & de redits, de contredits, est d'un ennui insoutenable malgré sa brièveté; il est en même temps d'une obscurité très-défavorable à son auteur, car la vérité est ordinairement simple & claire : il n'y a que le mensonge & l'artifice qui cherchent à s'envelopper. Il est signé du client seulement. A juger des talents de ce premier commis sur cet ouvrage, c'est un très-pauvre logicien & un écrivain détestable.

30 *Novembre* 1779. M. le maréchal de Duras, dans sa *réponse au mémoire de M. Desgrées du Lou*, affirme qu'un des derniers jours de la remise des états, M. Desgrées étant seul avec lui dans son cabinet, il lui remit en nature de gratification, une somme de 1,500 livres, qu'il emporta en deux voyages.

Qu'à son retour à Versailles, il déclara à M. le contrôleur-général qu'il avoit fait à ce gentilhomme l'avance de cette gratification, ainsi qu'il y étoit autorisé; qu'il lui en demanda le remplacement, & le pria d'y ajouter un supplément de 500 livres.

Que M. d'Invau approuva l'avance, mais parut se refuser au supplément, & lui dit que pour le remplacement dû au maréchal, *il feroit employer M. Desgrées pour une somme de* 1,500 *livres, dans la premiere distribution des fonds du Port-Louis.*

Que le travail pour la distribution de ces fonds s'étant fait au mois de novembre suivant, M. le contrôleur-général lui envoya alors dans la forme d'usage, un effet au porteur, de la valeur de 1,500 livres, en exécution du *bon* que le roi avoit bien voulu donner de pareille somme en faveur de M. Desgrées.

Enfin que M. d'Invau lui confirma dans sa lettre d'envoi, qu'il ne pouvoit accorder les 500 livres demandées de plus.

Tels sont les faits simples énoncés par le maréchal : quant au surplus du mémoire, il est tout aussi peu clair, aussi peu raisonné, il est tout aussi bavard & insipide que les *observations*. Il y a seulement une dose de plus d'amour-propre très-forte, & M. de Duras s'y prodigue des louanges qu'il devroit attendre de quelqu'autre plume : *Laus propria vilescit.*

Cet écrit n'est également signé que de la partie : tout cela ne sert qu'à embrouiller davantage l'affaire.

1 *Décembre* 1779. La tragédie de *Pierre le Grand* de M. Dorat, en cinq actes & en vers, doit se jouer enfin aujourd'hui. Les gens impartiaux, qui connoissent la piece, assurent que l'auteur est resté bien au-dessous de son héros ; que le caractere en est absolument manqué & qu'il n'en a fait qu'un prince très-ordinaire. On prétend d'ailleurs qu'elle n'est qu'un réchauffé

de *Zulica*, tragédie du même poëte, donnée en 1760.

2 Décembre 1779. Le mélange des intermedes bouffons avec des actes de musique françoise, & le ballet pantomime de *Mirza*, bien loin de produire l'effet heureux que s'en promettoit M. de Vismes, a occasioné dimanche une scene très-violente de la part de la cabale contraire; les partisans de la musique italienne étant en trop petit nombre pour balancer les huées de leurs adversaires, ceux-ci sont restés maîtres du champ de bataille, & les malheureux chanteurs ne pouvant plus se faire entendre, la signora Poggi s'est retirée avec eux, mais en marquant son humeur d'une maniere plus insultante pour le public. Le tumulte a continué & s'est accru; & pour le dissiper il a fallu baisser la toile, avant que la piece fût terminée, & exécuter le ballet desiré.

Il n'est guere possible après un tel scandale & une probation aussi générale & aussi marquée, que les bouffons reparoissent. On parle de substituer à leurs pieces, dénuées de sens commun, une espece de concert sans action, où l'on ne fera entrer que les beautés musicales & les ariettes des grands maîtres d'Italie.

3 Décembre 1779. On peut se rappeller qu'au combat d'Ouessant, M. de la Cardonnie, capitaine du *Diadême*, fut inculpé de n'avoir pas donné; qu'il étoit question de tenir un conseil de guerre pour le juger; mais qu'il n'eut pas lieu: le ministre s'est contenté de ne lui confier aucun commandement. Il paroît que son capitaine en second n'étoit pas de bonne intelligence avec lui, qu'il a tenu des propos injurieux à M. de la Cardonnie, & lui a imputé des torts qu'on ne faisoit que soupçonner. Quoi qu'il en soit, cette division a éclaté depuis quelques jours ; ces deux officiers se sont battus, & il est question d'un mémoire que ce capitaine en second se propose de répandre, où il dévoilera bien des choses qui éclairciront ce combat d'Ouessant très-embrouillé jusqu'à présent. On ajoute que le duc de Chartres comptant être lui-même disculpé par ces explications, protege l'officier & l'encourage à publier sa justification.

3 *Décembre* 1779. La premiere représentation d'une piece aujourd'hui n'étant qu'une répétition brillante, où l'auteur tente le goût du public, on ne peut encore asseoir aucun jugement, non sur le mérite de *Pierre le Grand*, fixé par les connoisseurs & réduit à peu de chose, mais sur le nombre des représentations que lui procurera l'adroite & prodigue industrie de M. Dorat : s'il peut réchauffer le public en sa faveur on en parlera plus amplement.

3 *Décembre.* La chûte de tant de feuilles périodiques naissant, mourant & renaissant pour mourir encore, ne rebute ni les auteurs, ni les libraires. On annonce aujourd'hui un *Manuel bibliographique des amateurs*, contenant l'état en général de tous les objets anciens & nouveaux qui sont relatifs aux lettres, aux sciences, aux arts, & qui se vendent journellement dans Paris, tels que les livres, les tableaux, les dessins, les estampes, les bronzes, les médailles, les pierres gravées, les curiosités naturelles & autres effets recherchés, rares & précieux,

avec les prix exactement recueillis & comparés entr'eux ; des descriptions, des éclaircissements, des notes sur les auteurs célebres & sur leurs ouvrages.

Il est certain que cette entreprise bien exécutée peut être utile aux professeurs de bibliotheques & de cabinets, & à ceux qui se proposent d'en former, aux gens de lettres qui veulent connoître tous les livres sur la matiere qui fait l'objet de leurs études, & aux personnes qui desirent être au cours de la littérature, & suivre les progressions des connoissances humaines.

4 *Décembre* 1779. Mercredi après la comédie, tous les conseils & amis de M. Dorat se sont rendus chez la Dlle. Fanier, où il les attendoit. Madame la comtesse de Beauharnois, & tout le monde en chorus, a trouvé que c'étoit superbe ; mais que, comme le parterre avoit eu quelque malveillance pour certains endroits de la piece, il falloit lui montrer de la docilité par des élaguements : à quoi l'on a travaillé sur le champ.

Le comité étoit composé de M. de la Bouillerie, aide-major du régiment des gardes, & amateur ; du président d'Héricourt, amateur & entreteneur de la maîtresse de la maison ; de M. Sanguin du Roulé, conseiller au parlement, & amateur ; de MM. de Saint-Marc, le Mierre & Dudoyer, auteurs.

Dès le soir les coupures ont été faites & les sutures arrangées : on a prétendu que l'ouvrage devoit aller ainsi & jouir d'un succès complet.

Cependant, comme il est bon d'opposer cabale à cabale, & que les jaloux de M. Dorat sont en grand nombre, on a pris les précautions nécessaires pour contrebalancer les efforts de ceux-ci. Outre les billets que l'auteur a droit de retenir, outre ceux que M. le lieutenant-général de police, qui le chétit, devoit lui procurer par son autorité, il a été convenu que les laquais de toute l'assemblée iroient faire le coup de poing, afin d'en accumuler le plus possible, & qu'on les distribueroit à des battoirs qui rempliroient leur devoir avec leur zele ordinaire. Le moyen que l'admiration publique ne soit pas entraînée par des ruses aussi bien combinées, & sur-tout par cette vigoureuse impulsion !

5 *Décembre* 1779. Jeudi dernier on jouoit le *Déserteur* à la comédie italienne : il y a un endroit où Montauciel dit : *buvons à la santé de nos guerriers* ; l'acteur a regardé en ce moment le capitaine Royer de Dunkerque, très-connu par des expéditions faites depuis la derniere guerre, dont les gazettes ont retenti, & qui lui ont valu des récompenses honorifiques du gouvernement. Le public s'est retourné vers ce corsaire & l'a applaudi : l'acteur voyant que son apostrophe prenoit bien, est allé plus loin, & a ajouté, & *du capitaine Royer* ; alors les battements de mains n'ont plus fini.

On a été surpris de ne pas voir l'anecdote consignée dans le *Journal de Paris*, ou dans les *petites affiches*, ou dans quelqu'autre feuilles, & l'on présume que M. de Sartines a donné des défenses de le faire par ménagement pour la marine royale, avec laquelle les *auxiliaires* sont de plus en plus mal : ce qui a même occafioné à Breft plufieurs affaires particulieres.

Le même capitaine a été applaudi beaucoup à l'opéra, mais fans aucune diftinction publique & par de fimples battements de mains du parterre.

5 *Décembre* 1779. Depuis long-temps on a élevé en plufieurs provinces de France des conteftations relatives à la jurifdiction épifcopale; que les évêques voudroient étendre & les curés reftreindre; la fermentation a été grande à ce fujet dans les dioceses de Lifieux, de Cahors, &c.: une femblable a eu lieu récemment à Chartres, entre M. de Fleuri & le curé de Digni. Celui-ci en avouant qu'il ne prétendoit en rien contefter au prélat le droit feul d'approuver les prêtres pour adminiftrer les facrements de fon diocefe, *hors les cas de néceffité*, a foutenu apparemment avoir été dans le cas de l'exception: quoi qu'il en foit, la caufe plaidée à la tournelle avec grand éclat, eft intervenu arrêt qui a condamné le prélat à payer 30,000 livres de frais; arrêt qui a mérité les fuffrages du nombreux auditoire qui fuivoit les audiences.

Le prélat a eu recours au confeil, où l'arrêt de la tournelle a été caffé. Les agents généraux du clergé n'ont pas manqué d'envoyer à tous les évêques cet arrêt, faifant loi fuivant eux, avec une lettre circulaire, où ils s'expriment d'une façon très-légere fur le compte du parlement.

Depuis la rentrée il en a été queftion aux chambres affemblées, où la lettre a été dénoncée; & l'on parloit, après les formalités requises, d'en décréter les auteurs. Plusieurs évêques ont eu recours à M. de Maurepas, qui n'aime pas l'éclat; il en a conféré avec S. M. On a assemblé un comité, où pour *mezzo termine*, on a imaginé de faire rendre un arrêt du conseil qui préviendroit celui du parlement, en supprimant ladite lettre, & lui donneroit d'ailleurs une satisfaction personnelle par des expressions conformes à sa dignité.

Cette résolution, qui dans d'autres temps n'auroit fait qu'exciter le zele de la compagnie à venger son injure d'une maniere digne d'elle, a été communiquée aux chefs & approuvée; en sorte que la dénonciation restera sans effet.

6 Décembre 1779. Ce que l'on a prévu dans le comité tenu chez Mlle. Fanier a eu lieu, & la piece a été samedi aux nues. Pour apprécier ce triomphe, il faut revenir sur cet ouvrage & ses diverses métamorphoses: on pourra juger ensuite de ce qu'il doit être. Il est très-certain que *Zulica*, jouée en 1760, qui eut sept ou huit représentations, n'étoit que le même sujet traité aujourd'hui; qu'elle fut imprimée depuis sous le nom *de Pierre le Grand*, avec de légers changements; & qu'enfin c'est la même qui a reparu mercredi, après avoir été *revue, corrigée & augmentée.* « L'auteur, pour se disculper, a
» dit dans son avertissement, qu'il n'avoit voulu
» montrer dans le Czar que le créateur d'une
» nation nouvelle, traversé, combattu par un
» défenseur de l'ancienne constitution; qu'il a
» écarté les nuances de pere, d'amant & d'époux,
» pour ne considérer en lui que le politique &
» le législateur. »

On lui répond qu'il valoit mieux conserver

à cette tragédie les noms Tartares qu'il avoit adoptés d'abord ; parce qu'en mettant sur la scene des princes aussi célebres, des faits aussi voisins de notre temps, il est difficile de se faire pardonner les atteintes qu'on porte à l'histoire.

Enfin on ne peut juger la piece de M. Dorat, qui, pêtrie & repêtrie en plusieurs manieres, à l'examen est cependant toujours la même, qu'en s'en rapportant à son aveu : il dit dans le compte qu'il en rend à la tête de sa seconde édition :

« Une premiere représentation ramene tout au vrai. Je vis distinctement que je n'étois pas aussi sublime que je me l'étois imaginé. L'indulgence du public, qui d'abord fut excessive, ne m'abandonna qu'aux derniers actes, où il manqua de force pour m'applaudir, parce que je n'avois plus celle de l'intéresser. »

6 Décembre 1779. Beaucoup de curieux se disposent à se rendre au parlement de Rouen, pour y entendre M. d'Esprémesnil, conseiller du parlement de Paris, qui doit y plaider lui-même en faveur de M. Leyrit, son oncle, inculpé dans l'affaire de M. de Lally, contre M. de Tollendal, fils de ce dernier, & devant repliquer aussi lui-même.

6 Décembre. La reine a beaucoup plaisanté l'ambassadeur de Naples sur les disgraces que les bouffons ont éprouvé de la part du public, & il paroît qu'on sera obligé de les renvoyer : ils n'ont pas osé remonter depuis.

7 Décembre 1779. On court avec empressement à un ouvrage nouveau, dont le titre est imposant & propre à exciter la curiosité des lecteurs.

Ce font, *mémoires de M. le comte de Saint-Germain, ministre & secretaire d'état de la guerre, lieutenant-général des armées de France, Feld-maréchal au service de S. M. le roi de Danemarck, chevalier commandeur de l'ordre de l'éléphant, écrits par lui-même.* Le petit nombre de colporteurs qui restent, & les vexations les plus fréquentes & plus vives qu'ils éprouvent, permettent difficilement de se procurer cet écrit clandestin, quoiqu'il paroisse depuis plusieurs mois.

Si l'on en croit l'éditeur, ces mémoires très-intéressants par leur objet & par la célébrité de leur auteur, ne sont pas de ces productions de pure imagination, tels que les testaments politiques de différens grands ministres; on ne peut douter qu'ils ne soient le fruit des réflexions de M. le comte de Saint-Germain pendant sa retraite, puisqu'il n'y a pas un mot dans les papiers dont on les a extraits qui ne soit de sa main. D'ailleurs, les mémoires militaires qui en forment la seconde partie, avoient été envoyés avant son exaltation, au maréchal de Muy & au comte de Maurepas; il est aisé de les compter.

Ce ministre avoit conservé une liaison intime avec un homme de qualité d'Allemagne, parent de madame la comtesse de Saint-Germain, qui jouissoit à un tel degré de sa confiance & de son amitié, que dans toutes les situations où il s'est trouvé, il lui a constamment ouvert son ame. M. de St. Germain, dès qu'il s'est vu en danger de mourir, a rassemblé tous ses papiers, eu projets d'administration, & les lui a envoyés, avec la liberté d'en faire, après son décès, tel usage qu'il croiroit utile à sa réputation. C'est ce dépositaire qui les a remis à l'éditeur ; il a refusé de livrer la correspondance de son ami avec M. de Crémille, pour que cette publicité ne compromît personne. Par la même raison, il n'a pas voulu qu'on insérât dans le recueil les conditions prescrites au comte de Saint-Germain, lorsqu'il fut appellé au ministere, ni les lettres de Louis XVI. Malgré tous ces détails, on a beaucoup de peine à croire que la rédaction de ces mémoires, quoique imparfaite encore, soit du ministre auquel on les attribue ; il y a une marche & style, qui ne s'accordent guere avec ce qu'on a vu composé par lui avant & depuis son élévation.

8 *Décembre* 1779. La lettre de MM. les agents généraux du clergé à M. l'archevêque de Tours, a été arguée en effet par arrêt du conseil du 27 novembre. Il est appuyé sur ce que dans cet imprimé l'on donne à celui du 2 octobre dernier une interprétation & des motifs opposés aux intentions du roi, & que l'on attribue aux magistrats qui ont rendu l'arrêt du 4 septembre, un dessein de détruire la jurisdiction épiscopale, dont ils ne purent jamais être soupçonnés. En conséquence, ladite lettre est supprimée, comme contenant des assertions inexactes, contraires à la volonté de S. M. & d'ailleurs, pour maintenir le respect dû à ses cours.

Les prélats pacifiques sont furieux contre l'abbé de la Rochefoucault, le premier des deux agents, boute-feu qui vient d'attirer à l'ordre épiscopal cette petite mortification.

8 *Décembre*. Lassone, ou *la séance de la société royale de médecine*. Tel est le titre

d'une comédie nouvelle en trois actes en vers. C'est encore une facétie sur la querelle élevée entre les facultaires & les sociétaires. On assure que cette production est toujours due à la plume inépuisable en méchancetés du docteur le Preux.

9 *Décembre* 1779. M. de Champcenes est sorti du château de Ham & rentré en grace plutôt qu'on ne comptoit : les entrailles paternelles se sont émues, & ce jeune officier aux gardes a paru hier au concert spirituel.

9 *Décembre*. Quoique le public ait témoigné son dégoût très-marqué des bouffons ; quoique la reine les déteste ; quoique le roi dit à l'occasion des huées qu'ils ont reçues : « ma foi, » cela ne me surprend pas ; si j'avois été au » parterre de l'opéra, j'aurois aussi cabalé con-» tr'eux ; car je ne sais rien de si insipide que » des bouffons qui ne savent pas faire rire. » On cherche à les garder, & l'on parle d'un autre arrangement, suivant lequel ils seroient incorporés à la troupe des comédiens italiens.

10 *Décembre* 1779. On parle beaucoup d'une brochure nouvelle, intitulée *les Jammabos, ou les moines Japonois*. C'est une tragédie qui concerne la destruction des jésuites, mais regardée plus du côté de la politique que de la religion. L'ouvrage est en vers : on n'en peut parler encore que sur rapport. L'auteur en a fait parvenir à toutes les personnes en place des exemplaires magnifiquement reliés ; ce qui annonce qu'il ne craint point d'être connu à un certain point : cependant on ne le nomme pas.

10 *Décembre*. M. de la Cardonnie s'est plaint que son second ne s'étoit pas comporté loyale-

ment dans le duel qu'ils ont eu : qu'après lui avoir cassé son épée, ce traître s'étoit porté sur lui sans défense pour le poignarder avec la sienne ; mais qu'il avoit heureusement éludé le coup & empoigné la lame de côté, & tellement contourné qu'il la lui avoit aussi rompu ; que désespéré de n'avoir pu commettre son assassinat, son adversaire avoit eu recours aux coups de poing & à toutes les ressources de la brutalité, & qu'il n'avoit cessé cette lutte ignoble qu'en voyant venir du monde. C'est à l'occasion de ces griefs surtout, que l'affaire est portée au tribunal des maréchaux de France.

10 *Décembre* 1779. Il paroît enfin un *mémoire à consulter & consultation pour le Sr. Parent, président en la cour des monnoies*, qui jette un grand jour sur cette incroyable affaire. Il en résulte que la dame Rogé lui a véritablement escroqué plus d'un million d'acquisitions, faites des deniers de ce premier commis sous le nom de cette femme ; que loin qu'il y ait une collusion infame entr'elle & lui pour en frustrer ses créanciers, il exhorte ceux-ci à s'unir à lui & à poursuivre cette receleuse infidelle. La consultation en date du 10 novembre, signée de Courbeville, le justifie, & donne les moyens de parvenir à la vérité, ainsi qu'à faire rendre gorge à la dame Rogé. Il suit de ce mémoire, qu'afin de ne pas passer pour un fripon, M. Parent s'avoue un sot.

11 *Décembre* 1779. La comédie contre la société royale est une piece sans art, sans goût, sans intrigue, sans femme & sans actions ; c'est une suite de scenes en dialogues où l'on a fait revenir toutes les anecdotes méchantes déja répan-

dues dans les libelles précédents. Il y a sur la totalité des vers très-heureux; mais en général, ils sont très-mauvais & très-plats. Cet ouvrage, qui ne peut avoir un peu de sel que pour les docteurs intéressés à la querelle, ne vaut pas la peine qu'on en parle plus au long. On ne peut se persuader qu'il soit en effet du docteur le Preux.

11 *Décembre* 1779. Extrait d'une lettre de Brest, du 6 décembre. En continuant mes recherches sur ce qu'il falloit penser de la campagne de M. d'Orvilliers, j'ai éclairci une anecdote qui y jette un grand jour. Vous vous souvenez qu'on a beaucoup parlé d'un étranger mystérieux, ou même de plusieurs qui s'étoient embarqués à son bord; de ce nombre étoit un M. de Parades, Espagnol d'origine: il a été obligé de s'expatrier de bonne heure; il a beaucoup voyagé, il parle toutes les langues de l'Europe avec la plus grande facilité; il paroît que c'est un espion d'importance, qui se vend à la cour qui le paie le mieux. Il a eu de très-grandes liaisons avec le cabinet de St. James; il s'étoit embarqué comme volontaire dans l'escadre de l'amiral Keppel. Depuis passé en France, il est allé avec un ingénieur françois lever les plans dont il a été question dans le temps pour la descente. M. de Sartines a été si content de sa découverte & des renseignements qu'il lui a donnés, qu'il l'a fait embarquer avec M. d'Orvilliers, & que ce général avoit ordre, dès qu'il seroit entré dans la manche, de ne rien faire que sous la direction de ce mentor de vingt-quatre ans; car M. de Parades n'a pas davantage. Vous jugez combien cet asservissement a dû mécontenter le

général; d'autant que l'aventurier en question est en même temps très-instruit & très-crâne, & qu'il s'exprimoit avec une discrétion extrême, & tantôt exaltoit les manœuvres de M. d'Orvilliers, tantôt l'accusoit d'indolence & d'ineptie. Vingt fois M. d'Aubeterre a été à la veille de de le faire arrêter à Brest, mais n'a osé. Quoi qu'il en soit, il étoit impossible qu'avec le génie du corps de la marine royale, une entreprise dirigée sous de semblables auspices, pût réussir.

12 *Décembre* 1779. Des députés du commerce de la ville de Lyon envoyés ici, ont fait des représentations sur le dépérissement des manufactures, depuis que leurs majestés ne donnoient point l'exemple des vêtements riches, & en or & argent. Le roi y a eu égard; en conséquence la reine a défendu qu'on parût devant elle en polonoise, & il a été commandé des étoffes en or & argent pour la cour. On ne doute pas que cet exemple ne ranime le goût de ce genre de magnificence, auquel avoit succédé celui des étoffes simples & unies.

12 *Décembre*. L'académie royale des peinture, &c. vient de perdre M. Chardin, peintre du roi, conseiller & ancien trésorier de cette compagnie : il étoit membre aussi de l'académie des sciences, belles-lettres & arts de Rouen. Cet artiste, excellent dans les petits sujets, avoit toujours été goûté du public, & quoique vieux il ne manquoit pas de payer son tribut à chaque sallon; cette année encore il avoit exposé des têtes d'un excellent caractere & pleines de vigueur.

12 *Décembre*. On a fait hier une répétition de

l'*Amadis des Gaules* de M. Bach : quoiqu'on doive en donner la premiere représentation mardi, elle a été très-mal exécutée, & les acteurs n'ont pas semblé bien au fait de leurs rôles. A en juger par cette représentation imparfaite, il n'y a aucun coup de force, aucun morceau de génie; mais une musique agréable, d'un excellent goût, & sentant l'homme qui possede le talent de la bien fondre : du reste, beaucoup de danse & des airs de ballets délicieux; ce qui doit plaire au gros des spectateurs avides de cette partie, & regrettant qu'elle ait été trop négligée du chevalier Gluck. C'est un frere de M. de Visines qui a rajusté le poëme de Quinault & l'a réduit à trois actes, & l'on juge que l'ancien auteur n'a pas dû gagner à cette refonte.

13 *Décembre* 1779. M. l'abbé de la Porte se meurt d'une phthisie pulmonaire. On prétend que cet individu formé très-chétif par la nature, s'est épuisé pour finir ses deux derniers volumes du *Voyageur François*, le seul de ses ouvrages qui pourra lui conserver quelque réputation : ce qui fait présumer qu'il est hors d'espérance, c'est qu'il a fait appeller un confesseur, a reçu le viatique, s'est réconcilié avec ses ennemis, & a abjuré ce qu'il pourroit y avoir de condamnable dans ses œuvres.

13 *Décembre*. Un M. le Roi, frere des le Roi très-connus dans les sciences, médecin de Montpellier, que sa réputation avoit attiré à Paris depuis quelques années, vient de mourir de consomption. Son mérite l'avoit fait recevoir de la faculté, & son ambition passer à la société royale de médecine.

13 *Décembre.* M. le comte de Saint-Germain dans ses mémoires, rend compte d'abord de son administration, des contradictions qu'il eut à éprouver lorsqu'il voulut exécuter son plan, & il ne dissimule pas sa faute de l'avoir laissé morceler. Suivant lui cependant, par la comparaison qu'il fait de l'état militaire de France en 1775, non compris l'artillerie, la maison de S. M. à cheval & les régiments des gardes françoises & suisses, avec la nouvelle constitution, celle-ci est encore la meilleure & la plus avantageuse.

A la mort du maréchal de Muy, le roi avoit 127,715 hommes, dont 25,952 de cavalerie, mais dont il n'y en avoit que 18,328 de montés; & à la retraite du comte de Saint-Germain, ce nombre étoit de 147,236 hommes, dont 26,660 de cavalerie, desquels il y a 18,410, qui sont montés : donc l'augmentation étoit alors de 19,521 hommes & de 72 chevaux.

Il y avoit dans l'ancienne constitution 242 débouchés de colonels; il y en a dans la nouvelle 309 : ils sont donc accrus de 67 places.

Il fait valoir avec raison l'avantage de la proscription de la peine de mort pour les déserteurs, & d'avoir trouvé dans son économie le moyen de donner une augmentation d'appointements aux officiers, & une augmentation de solde aux cavaliers, dragons, hussards & soldats : il a en outre éteint les dettes de ses prédécesseurs; il n'étoit pas dû un sou dans son département à sa retraite, & il avoit près de six millions dans les caisses des trésoriers.

Suivant ses projets, ses mémoires militaires, &

enfin quelques lettres d'un officier général à ce ministre & ses réponses. On voit par-tout que M. de Saint-Germain connoissoit parfaitement son métier, qu'il avoit d'excellentes vues, mais encore plus de foiblesse : & il est une preuve nouvelle que ce n'est pas à soixante-huit ans, âge auquel il étoit parvenu lors de sa nomination, qu'on peut opérer une révolution quelconque, & sur-tout extirper les maux d'un état corrompu & réparer ses désordres.

13 *Décembre.* Il paroît un nouveau factum du Sr. le Bel, où l'on assure que M. Bastard est encore inculpé plus directement & mal-mené avec plus de force.

14 *Décembre* 1779. Au concert spirituel du mercredi 8 de ce mois, il a débuté deux virtuoses dans un genre différent. La Dlle. Stekler, jeune personne qui entre à peine dans sa treizieme année, a exécuté un concerto de harpe au grand étonnement de tous les spectateurs : elle possède cet instrument de maniere à n'être arrêtée par aucune difficulté : l'accord de ses mains, la netteté & le brillant de ses trils, la sûreté & la hardiesse de son jeu, auroient exigé seulement une composition moins savante, moins dure, moins longue & une meilleure harpe. En général, ce n'est pas un instrument propre à briller dans un aussi vaste vaisseau.

M. Ozi a joué un concerto de basson : sa maniere est libre & décidée ; la belle qualité de ses sons sur un instrument aussi ingrat & la justesse parfaite de son intonation, l'ont fait placer par les connoisseurs au rang des meilleurs artistes.

Enfin madame Todi a reparu & produit l'enthousiasme qu'elle excite toujours. Cette charmante Italienne chante avec l'aisance dont une autre parle ; elle surmonte sans effort & avec grace les plus grandes difficultés : elle sera à jamais le modele & le désespoir de celles qui la suivront.

14 *Décembre* 1779. Il y a un pere Romain capucin, auteur qui avoit critiqué durement l'abbé de la Porte; c'est lui précisément que le mourant a choisi pour son confesseur ; & ce qui prouve combien il l'aime & est véritablement converti, c'est qu'il lui a dit : « Mon pere, j'ai
„ grand besoin de vos consolations dans ces
„ derniers moments ; je vous prie de me les
„ donner le plus que vous pourrez, de me ve-
„ nir voir souvent : le mauvais temps ou l'éloi-
„ gnement ne doivent pas vous arrêter ; pre-
„ nez des voitures & je vous les paierai. „
Un pareil excès de générosité de la part de cet abbé très-ladre, surprend tous ceux qui le connoissent.

Du reste, il a envoyé chercher l'abbé de Fontenai, auteur des *affiches de province*, ex-jésuite comme lui, mais avec lequel il n'avoit pas moins eu des querelles vives. Il lui a dit, en lui tendant la main : Jesus-Christ a pardonné
„ à ses ennemis, mon cher confrere; j'espere
„ que vous me pardonnerez. „ Il a fait dire à Mde. Freron, à son fils, & à toute sa famille, qu'il se repentoit de la haine qu'il avoit eu pour le pere, & qu'il les prioit de tout oublier : autant au poëte d'Arnaud : enfin c'est au prône qu'il a chargé le curé de St. André-des-Arts, sa paroisse, de publier son désaveu de ce que ses ouvrages pouvoient avoir de contraire, soit

à la religion, soit aux mœurs, soit à la charité chrétienne.

15 *Décembre* 1779. La cour de Londres, dans le *mémoire justificatif pour servir de réponse à l'exposé des griefs de la cour de France*, a fait l'honneur au Sr. de Beaumarchais de le nommer, comme un des agents les plus cupides, les plus actifs & les plus intrigants du commerce de France avec les colonies révoltées, occupé sans relâche à leur porter non-seulement des marchandises, mais des munitions de guerre, des armes & des officiers. Cet aventurier, qui aime à faire parler de lui, est parti de-là pour intenter un procès au roi d'Angleterre, & répandre son *factum* contre cette majesté; sous le titre d'*Observations sur le mémoire justificatif de la cour de Londres, par Pierre-Augustin Caron de Beaumarchais, armateur & citoyen François, dédiées à la patrie*; avec cette épigraphe : *facit indignatio versum*.

On est surpris que le gouvernement lui eût permis de répandre cet écrit très-indécent, non-seulement contre le vicomte de Stormont, mais encore injurieux aux ministres de France, en ce qu'à force de vouloir exagérer leur bonhommie, il les peint d'abord comme des benêts, ignorant ce qui se passe dans les ports, dont ils n'étoient avertis que par l'ambassadeur d'Angleterre; ensuite comme des fourbes bas, qui par une collusion honteuse avec les contrebandiers, fermoient les yeux sur l'infraction aux défenses qu'ils avoient signifiées; & enfin comme des politiques mal-adroits, qui, prévenus de nouveau par cet étranger, laissoient impuni cet attentat à leur autorité & au droit des gens, & avouoient indirectement ainsi la même perfidie dont il cherche à les défendre.

Par ces conséquences, à tirer inévitablement de l'écrit du Sr. de Beaumarchais, on juge combien sa logique y est en défaut : son style n'est pas moins vicieux, il est pesant, entortillé, sans noblesse. On voit, au reste, que l'auteur n'est pas dans son élément en traitant une si grande matiere ; il frise perpétuellement le quolibet & le calembour ; c'est un scapin sorti de son sac, qu'il faut y faire rentrer.

16 *Décembre* 1779. Le Sr. le Bel, dans sa nouvelle requête au parlement, la grande chambre assemblée, établit en effet mieux que jamais :

1°. Que les falsifications qu'on lui impute, ne sont que des corrections.

2°. Qu'elles ont été ordonnées par M. le chancelier du comte d'Artois (M. Bastard.)

3°. Que ce magistrat en a touché le produit.

4°. Qu'on ne peut à cet égard lui opposer l'invraisemblance d'un fait constaté par des pieces liées entr'elles, de maniere à former le corps de preuves les plus lumineuses.

Il demande en conséquence sa liberté provisoire, sous les réserves expresses de se pourvoir par le suppliant contre les dénonciateurs, ainsi qu'il appartiendra.

16 *Décembre.* La reine, Madame, madame la comtesse d'Artois & madame Elisabeth, ont honoré avant-hier de leur présence le spectacle de l'opéra. On y donnoit la premiere représentation d'*Amadis des Gaules* : il n'a pas produit plus d'effet qu'à la répétition du côté des grands

mouvements & de l'énergie, de l'expression musicale ; mais on n'a pu s'empêcher d'en goûter la mélodie légere & continue, le chant tendre & facile ; *l'andante* de l'ouverture a sur-tout été fort applaudie, ainsi que plusieurs airs de ballet. Quant au poëme, on l'a trouvé étrangement mutilé. Le rédacteur, sans se donner beaucoup de peine, en a tout bonnement retranché non-seulement le prologue, mais le premier acte & le cinquieme ; c'est comme si, jugeant les proportions d'une statue trop forte, on lui coupoit la tête & les pieds. Voilà une nouvelle façon de raccourcir, dont on ne s'étoit pas douté jusqu'à présent, une découverte rare, bien digne de l'invention du Sr. Alphonse de Vismes.

17 *Décembre* 1779. Le mariage de la veuve de Jean-Jacques Rousseau est très-vrai, & M. le marquis de Girardin a expulsé de chez lui cette femme, à laquelle il avoit conservé la retraite donnée à son mari.

17 *Décembre*. La faculté de médecine, toujours contrariée par sa rivale plus puissante, n'avoit pu tenir sa séance publique à la même époque de l'année derniere. Elle a vaincu enfin les obstacles qu'y mettoit la société royale, & cette séance a eu lieu le 9 de ce mois dans les écoles extérieures de Sorbonne.

Ce qui a frappé le plus dans cette circonstance, ç'a été le discours du nouveau doyen, M. le Vacher de la Feutrie, contenant un exposé de l'état où est réduite actuellement la faculté : il est si déplorable, que faute de lieu, elle se trouve dans l'impossibilité de faire aucun de ses exercices, soit de son enseignement,

ment, soit de sa licence. Cet exposé, quoique succinct, a soulevé l'indignation de toute l'assemblée.

On a, du reste, goûté l'éloge de feu M. de Jussieu par M. le Preux; l'année dernière il avoit déja prononcé celui de M. Bernard, & a pris pour celui-ci une manière toute différente : la première étoit brillante, la seconde beaucoup plus austère.

M. Desessarts, l'ex-doyen, a prononcé ceux des docteurs Hazon & Michel, & a reçu des applaudissements mérités.

Le surplus de la séance a été rempli par des mémoires scientifiques.

17 *Décembre* 1779. C'est à M. Fenouillot de Falbaire, baron de Kingé aujourd'hui, qu'on attribue la tragédie des *Jammabos* ou *les moines Japonois*.

18 *Décembre* 1779. L'académie françoise a enfin élu jeudi 16 M. Chabanon pour remplacer M. de Foncemagne : elle a différé quelque temps son assemblée à cet effet & remué beaucoup dans l'espoir de faire faire le service de Voltaire avant celui du confrere dernier mort; mais cette tentative n'a pas réussi.

18 *Décembre*. Les *Jammabos* ou *les moines Japonois*, sont une tragédie en cinq actes & en vers, avec cette épigraphe, qui est la réponse du général des jésuites, lorsque le gouvernement lui proposa la réforme de l'ordre : *sint ut sunt, aut non sint*, dit-il; *& respondit terra, non sint*, ajoute l'auteur.

Il dédie l'ouvrage aux manes de Henri IV, tournure adroite pour se concilier le trône en annonçant son but sous son vrai point de vue, celui d'attaquer seulement la superstition, le fanatisme & l'intolérance : du reste, on voit clairement que la destruction des jésuites est la grande catastrophe qu'il a voulu peindre dans ce tableau dramatique. Il a eu l'art d'y rassembler les traits principaux des horreurs reprochées à cet ordre fameux, consignées dans l'histoire, & de les faire servir de base, de nœud & d'intrigue à sa piece. Sans doute on pouvoit y mettre plus d'art, y jeter plus d'intérêt & l'enrichir de moyens mieux combinés, de plus beaux développements ; mais son plan tel qu'il soit, excite au moins la curiosité, & elle se soutient jusqu'au bout. Il est fâcheux encore qu'une poésie brillante ne réponde pas à la grandeur du sujet ; elle est lâche, traînante, prosaïque & trop semblable à celle de *l'honnête criminel* pour pouvoir méconnoître la main de l'écrivain, sur lequel on n'a plus d'incertitude. Il y a cependant des vers de génie & qui se setiennent.

Dans les notes qui suivent, l'auteur se met encore mieux à couvert des reproches d'irréligion ou d'irrévérences pour le clergé : il fait l'éloge de plusieurs prélats, & exalte leurs vertus, leur zele & leur patriotisme ; il désigne non moins avantageusement nos ministres, dont il capte la bienveillance & mérite ainsi la protection : M. Necker est sur-tout cité & divinisé.

Point de personnalités enfin, que contre l'abbé de Fontenay, auteur des *petites affiches de province*, qu'il traite avec une dureté qu'on sent être le résultat d'un amour-propre très-ulcéré contre la critique.

Cet ouvrage eſtimable, auquel on ne peut reprocher que trop de violence, caractere diſtinctif d'une ame fortement émue des maux que les prêtres ont cauſé à l'humanité, eſt très-propre à lui mériter un rang parmi les philoſophes du jour : il s'en montre le digne imitateur & l'enthouſiaſte ; il les nomme comme des coryphées, & l'on croit entrevoir qu'il ſe ménage d'avance leurs ſuffrages pour s'ouvrir à la premiere occaſion les portes de l'académie ; car c'eſt ſur-tout ceux de cette compagnie auxquels il adreſſe ſes hommages & ſon encens.

18 *Décembre* 1779. M. Barbeu Dubourg, docteur de la faculté de médecine de Paris, vient de mourir : après avoir déclamé beaucoup contre la formation de la ſociété royale, il s'en étoit rapproché & venoit de s'y agréger, c'eſtà-dire, de ſe déshonorer ſur le bord de la tombe. Du reſte, c'étoit un homme de lettres, qui a beaucoup écrit ſur les matieres médicales & ſur d'autres objets.

19 *Décembre* 1779. *De l'adminiſtration provinciale & de la réforme de l'impôt*; tel eſt le titre exact du gros in-4°. annoncé, ayant 661 pages. Il paroît imprimé à Baſle & eſt précédé d'un avertiſſement de M. Hirzel, paſteur à Zurich, éditeur. On y apprend comment cet étranger eſt parvenu à avoir en janvier 1779 le manuſcrit, qu'il avoit d'abord intention d'inſérer par morceaux dans les *Ephémérides de l'humanité*, nouveau journal qui circule dans toute l'Allemagne, & qui contient le dépôt des connoiſſances morales & politiques; mais il a vu qu'un des principaux mérites de cet ouvrage étant de former un enſemble parfaitement lié

dans tous fes points, il perdroit trop à paroître en détail. C'eft ce qui a déterminé l'éditeur à le publier en entier.

Suit une préface de l'auteur, où il rend compte à fon tour de fes intentions, de fes vues & de la formation de cet ouvrage, qui d'abord ne devoit être qu'un fimple mémoire, & groffi infenfiblement, eft devenu un billet énorme. Du refte, il fe flatte de n'avoir pas enfanté des chimeres, ainfi que tant d'autres fpéculateurs. La réforme qu'il propofe, s'exécute actuellement avec le plus grand fuccès en Tofcane, où elle eft prefque terminée, & dans les états de fon alteffe féréniffime monfeigneur le margrave régnant de Bade.

Outre les raifons qu'on a données pour croire que l'ouvrage eft terminé, imprimé & fe diftribue fous les aufpices de M. Necker, c'eft qu'on y trouve parfaitement fes principes.

1°. On fuppofe la fuppreffion des impôts de la France & les moyens de remplacement.

2°. La réforme de la taille & l'établiffement d'un impôt réel & proportionnel au revenu.

3°. L'adminiftration provinciale eft le moyen effentiel pour parvenir à ce but.

C'eft M. le Trône, grand économifte & connu par divers écrits fur la fcience, un des coopérateurs du livre, qui en eft décidément le prête-nom. Après avoir excité la curiofité du public par une diftribution d'exemplaires gratuite adroitement faite, on commence à fe refferrer & l'on le vend, mais toujours clandeftinement & cher, afin d'entretenir le goût des amateurs & l'empreffement des gens avides des nouveautés.

19 *Décembre* 1779. On a enfin hasardé de remontrer les bouffons au public : ils ont joué jeudi *la Frascatana*, mais seule & sans autre pièce ou ballet. Ils ont été reçus avec des transports de joie par leurs amateurs, qui s'étoient rassemblés, & ne formoient malheureusement qu'un très-petit auditoire.

20 *Décembre* 1779. M. le prince de Condé ayant obligé M. d'Agou, l'un de ses officiers, de lui donner sa démission pour mauvais propos tenus contre une femme de sa cour, celui-ci s'est trouvé offensé de cette expulsion, & en a demandé satisfaction à son altesse. Ils se sont battus samedi matin de très-bonne heure en chemise, en présence de témoins. Le prince de Condé a été légérement blessé au bras, il s'est fait panser & est parti sur le champ pour Versailles, afin de demander la grace du coupable. On ne peut concevoir cette extravagance de M. d'Agou, & l'on la met sur le compte d'une jalousie effrénée. On admire fort le prince, qui auroit pu ne pas accepter ; mais c'est sur-tout sa générosité qui lui concilie les suffrages.

11 *Décembre* 1779. L'ouvrage de M. le Trône est si immense, qu'on ne peut suivre l'auteur dans tous les détails de son systême : en voici les points principaux.

1°. Des principes de l'impôt en général, des effets de l'impôt indirect sur le revenu territorial & sur le revenu public, & du préjudice qu'il porte au souverain & à la nation.

2°. De la nécessité de la réforme de l'impôt & des obstacles qui s'y rencontrent.

3°. Des impôts de la ferme générale & de

ce que coûtent, tant directement qu'indirectement, les principaux d'entr'eux.

4°. Des moyens de remplacer le produit des impôts par la ferme générale & des autres impôts de même nature.

5°. De la forme d'une administration provinciale.

6°. De la maniere d'asseoir d'abord les impôts de remplacement.

7°. De l'établissement de l'impôt réel.

8°. De la perception de l'impôt, des moyens de conserver l'ordre établi dans son assiette, de la maniere de tenir les registres, &c. Réponses aux diverses objections contre le plan proposé.

9°. De plusieurs opérations concomitantes & subséquentes à la réforme.

10°. Fixation de la dépense publique, distribution de la dette entre les provinces, de la maniere d'asseoir l'impôt après l'estimation de la dette, de la comptabilité.

11°. Enfin les différents services qu'on peut tirer de l'administration provinciale.

A la suite de ce vaste traité est une *dissertation sur la féodalité*, dans laquelle on discute son origine, son état actuel, les inconvénients & les moyens de les supprimer.

On se rappelle la tempête qu'a excité contre son auteur, sous M. Turgot, un ouvrage semblable, dont le parlement fut alarmé singuliérement : c'est vraisemblablement une nouvelle cause du mystere avec lequel le gros livre dont il s'agit se distribue. M. le Trône est dans les mêmes principes que l'autre écrivain & ne veut pas essuyer les mêmes persécutions.

21 *Décembre* 1779. Il paroît que la derniere requête du Sr. le Bel, dont on a parlé, a fait effet sur les magistrats; car M. Bastard a été décrété d'assigné pour être ouï la semaine derniere. Quelque léger que soit ce décret, qui ne l'a pas empêché de siéger au conseil des parties lundi, il est remarquable vis-à-vis d'un conseiller d'état. On se rappelle que celui-ci, ancien premier président du parlement de Toulouse, étoit fort mal avec sa compagnie, qui disoit ne vouloir *ni de bâtard ni de Bastard*; on se rappelle que depuis membre du conseil il est devenu un des agents du chancelier les plus ardents pour la destruction des cours: toutes ces raisons ne peuvent le rendre que très-désagréable au parlement de Paris, où est l'affaire.

21 *Décembre*. M. Chardin, dont on a annoncé la perte, étoit dans sa 81e. année quand il a expiré. Sa fin a été le soir d'un beau jour. Il étoit dans les principes de Rousseau, qu'un moribond doit chercher à ne point effrayer les spectateurs par un extérieur triste & dégoûtant; durant sa derniere maladie il n'a cessé de se faire raser à l'ordinaire.

Au sallon dernier il avoit exposé un *Jacquet*. Madame Victoire en fut si contente qu'elle lui fit remettre pour témoignage, par le comte d'Affry, une boîte d'or: ç'a été son dernier ouvrage: depuis cinquante-un ans qu'il étoit reçu de l'académie, il avoit toujours travaillé & toujours plu au public.

Il étoit doué d'un talent exquis pour la couleur. La plupart des sujets de la vie privée qu'il a traités, sont connus par les gravures; plusieurs sont chez le roi, dans les cabinets du roi de Suede & de l'impératrice de Russie. Ils ont l'avantage de se soutenir contre toutes écoles, même pour la couleur.

Il n'avoit point de maniere; il disoit, *on se sert pour peindre de la main & des couleurs, mais ce n'est point avec les couleurs & la main que l'on peint.*

M. Renou, plus poëte que peintre, étoit un de ses éleves, & a payé à la mémoire de ce maître dans le *Journal de Paris* le tribut de reconnoissance qu'il lui devoit.

22 *Décembre* 1779. L'abbé de la Porte, dont on a annoncé la fin prochaine, vient de mourir: il avoit environ soixante ans; il étoit né à Bedfort dans la haute Alsace, & avoit passé la plus grande partie de sa jeunesse chez les jésuites: sorti de cet ordre, il étoit devenu collaborateur de Freron, s'étoit brouillé avec lui, & avoit élevé autel contre autel par son *observateur littéraire*, ouvrage périodique qui ne put durer longtemps. C'étoit un compilateur infatigable, & il a gagné ainsi plus d'argent que de gloire, dont il ne se soucioit guere. Ses principales collections sont un recueil volumineux de *Contes & de Nouvelles*, un *Dictionnaire des théatres*, une *Ecole de littérature*, la *Bibliotheque d'un homme de goût*, &c. Sans compter des almanachs & des dictionnaires de toute espece, des *Esprits*, &c. &c.

22 *Décembre* 1779. Les ducs de Choiseul & de Praslin ont été indignés des *observations* du Sr. de Beaumarchais, en ce qu'il qualifie

la derniere paix des expressions les plus outrageantes pour ceux qui en étoient les auteurs, & qu'il ose avancer que par une stipulation secrete l'Angleterre avoit limité le nombre des vaisseaux que la France pourroit entretenir; en conséquence ils en ont porté des plaintes au comte de Vergennes. Ce ministre en a rendu compte au conseil dimanche, & il est intervenu arrêt qui le supprime, mais n'inflige aucune peine à l'écrivain connu; ce qui est fort surprenant & confirme le bruit que, malgré son impudence, il n'auroit pas osé publier un tel libelle sans en avoir donné communication aux ministres.

23 *Décembre* 1779. La derniere séance tenue à l'académie françoise concernant le service de M. de Voltaire, est très-curieuse & mérite de plus amples détails. Il s'y trouvoit trois prélats, dont les avis étoient attendus avec impatience: c'étoient le cardinal de Rohan-Guiméné, grand-aumônier; l'archevêque de Lyon & l'archevêque d'Aix. On poussa vivement le premier & l'on lui représenta qu'en qualité de grand-aumônier; & de premier curé des diverses maisons royales, il pouvoit lever toutes les difficultés, en demandant au roi à faire faire ce service dans la chapelle du Louvre, lieu le plus convenable pour une pareille cérémonie: il répondit qu'il le pensoit aussi & qu'il y prêteroit volontiers les mains, quand le service auroit été fait à St. Sulpice, paroisse sur laquelle est mort le défunt.

M. de Montazet s'en tira plus adroitement encore, & dit que vu la scission qu'occasionoit dans l'église le service de M. de Voltaire, il pourroit se faire qu'il en résultât contestation ; qu'ayant l'honneur d'être primat des Gaules, cette contestation pourroit ressortir à son tribunal, & qu'alors il étoit de son intégrité de ne pas s'expliquer.

Enfin l'archevêque d'Aix ne s'en tira pas moins finement, & opina pour réformer l'usage de faire faire un service à chaque académicien ; mais pour en établir un à perpétuité qui engloberoit indistinctement tous les morts de la compagnie.

Cet avis qui sauvoit l'honneur de Voltaire & celui de l'académie, entraîna tous les suffrages. Le marquis de Paulmy seul différa d'opinion, [il est goguenard] & prétendit qu'il ne s'étoit fait recevoir que dans l'espoir d'avoir un service pour lui seul ; qu'il ne consentiroit jamais à l'innovation adoptée.

Cependant l'arrêté fut formé & l'on convint que les députés chargés d'aller annoncer au roi la nomination de M. de Chabanon & lui en demander l'approbation, lui feroient part du nouvel arrangement sous le bon plaisir de S. M.

Le roi a répondu qu'il approuvoit le choix de l'académie, mais qu'il falloit à l'égard de la seconde demande que les choses se passassent comme ci-devant ; ce qui rejette la compagnie dans le même embarras.

23 *Décembre* 1779. Annoncer une piece nouvelle aux Italiens, c'est y annoncer une chûte : c'est ce qui vient d'arriver à une comédie en un acte en vers, intitulée : *le Lord Anglois & le Chevalier François*. La seconde représentation, malgré sa réprobation générale, est cependant annoncée pour dimanche.

24 *Décembre* 1779. On ne peut encore rien statuer de positif sur le duel du prince de Condé avec M. d'Agou, c'est-à-dire sur la maniere dont il s'est engagé. On sait seulement que madame de Courtebonne, attachée à madame la duchesse de Bourbon, dont M. d'Agou étoit fort amoureux, & aimée du prince ensuite, en a été le sujet; que le premier a tenu des propos outrageants sur le compte de cette dame, & a prétendu avoir lieu de les tenir : que S. A. les a trouvé mauvais & en a témoigné son mécontentement en termes peu mesurés à cet officier. Mais, quels étoient ce termes ? méritoient-ils qu'il s'oubliât au point d'en demander raison à son maître, auquel il venoit de remettre sa démission de capitaine de ses gardes ? C'est ce qu'il est impossible de fixer. Il est seulement à présumer qu'on ne se porte pas à une démarche de cette conséquence, & dont les suites ne peuvent être que très-funestes, sans le préjugé impérieux de l'honneur, ou sans l'impulsion violente d'une jalousie aveugle.

On ne sait rien de plus certain sur l'action même : on convient seulement qu'il avoit pour témoin son frere, officier des gardes-du-corps qui, de plus de sang-froid que le combattant, n'auroit pas accepté ce rôle s'il n'eût cru l'honneur de sa famille intéressé.

On convient encore que malgré la blessure du prince, l'adversaire de S. A. & son frere, non-seulement ne le jugerent pas satisfaits en ce moment, mais sur la demande du prince, sur l'observation de M. d'Autichamp du côté de son altesse, assurant que les loix de l'honneur n'en exigeoient pas davantage, resterent quelque temps indécis, & se firent répéter deux fois la même chose.

En général, sans entrer dans la discussion du fait, toute la haute noblesse est enchantée de l'action de M. d'Agou, qui la met ainsi de niveau avec les princes du sang, & rendra ceux-ci plus circonspects.

Au contraire, il y a une grande fermentation entre les princes, les ministres & leurs adhérents, intéressés à ce que les inférieurs ne puissent pas demander raison à leurs chefs de leurs mauvais propos ou autres griefs qu'ils pourroient avoir contr'eux. C'est une matiere d'importance qu'on traite aujourd'hui à Versailles, & sur laquelle il n'y a rien de statué.

L'agresseur provisoirement est en fuite.

24 Décembre 1779. Le tribunal des maréchaux de France a prononcé entre M. de la Cardonnie & M. de Schantz, son second, à l'occasion de leur combat singulier au bois de Boulogne : le premier a été déclaré homme d'honneur, & le second tenu de sortir de France ; défense à lui d'y rentrer. Il est à espérer que ce Suédois, libre désormais de publier le mémoire qu'on lui avoit défendu de faire paroître, ne trouvant plus d'obstacle, nous le fera parvenir par le secours des presses étrangeres.

25 Décembre 1779. La Sorbonne s'occupe toujours de la censure du livre nouveau de M. de Buffon ; mais M. Amelot ayant écrit que S. M. désiroit qu'on ne prononçât pas définitivement avant d'avoir entendu l'accusé, il se flatte que cette recommandation aura son effet,

& qu'on attendra son retour de Montbar, où il est allé.

Le comité des docteurs nommés pour exprimer les propositions condamnables, est présidé par M. Asseline, & l'abbé Paillard tient la plume, comme rédacteur.

26 *Décembre* 1779. Tous les passages pour les livres venant de chez l'étranger sont tellement obstrués, que ce n'est que depuis peu qu'on commence à voir ici les tomes 11 & 12 des *Mémoires secrets pour servir à l'histoire de la république des lettres en France*, &c. Ils embrassent seulement l'année 1778, où la matière a sans doute été plus abondante. Ils semblent d'ailleurs composés avec plus de soin & de recherches encore que les précédents. On y trouve sur-tout un journal exact, curieux & circonstancié du séjour, de la maladie, de la mort de M. de Voltaire & de ses suites. Ces mémoires sont enrichis en outre de lettres intéressantes sur le sallon de 1777; elles ne sentent nullement l'artiste, mais sont d'un amateur éclairé, plein de goût & qui sait féconder & varier une matière naturellement sèche & monotone. Il est fort à désirer qu'on continue à perfectionner ainsi d'année en année cette collection unique dans son genre.

[Cet article est extrait d'une gazette manuscrite, très-accréditée à Paris, dans les provinces & même chez l'étranger.]

26 *Décembre*. On voit une lettre du duc de Choiseul au comte de Vergennes, contenant ses plaintes contre le libelle du Sr. de Beaumarchais, dont on a parlé. On assure qu'il y en a une aussi du duc de Praslin, & que M. le

duc de Nivernois, ministre plénipotentiaire pour la derniere paix, s'est joint à eux. C'est à l'occasion de ces diverses requisitions que le 19 décembre est intervenu l'arrêt du conseil qui le supprime. La suppression est motivée sur ce qu'il renferme différentes assertions hasardées & qualifications trop peu ménagées; sur ce que l'auteur auroit établi en fait qu'il existoit dans le traité de paix de 1763 une stipulation, soit publique, soit secrete, qui limiteroit le nombre des vaisseaux que la France pourroit entretenir : assertion aussi fausse qu'absurde; enfin, sur ce que cet écrit a été public & répandu en contravention aux réglements de la librairie.

On dit que la lettre du duc Choiseul est diffuse & pleine de négligences : on trouve celle de son cousin beaucoup mieux traitée, précise, noble & ferme.

Le singulier de cette anecdote, & qui prouve la légéreté & l'inconséquence du ministere, c'est que l'auteur des *observations* connu, dont le nom est au titre de l'ouvrage, rappellé dans l'arrêt du conseil, accusé implicitement de calomnie envers les auteurs du traité de paix, au moins déclaré infracteur des loix de la librairie, ce qui a valu la captivité à tant d'autres, reste libre & impuni : mal-adresse qui ne laisse aucun lieu de douter que le sieur de Beaumarchais n'ait été autorisé à publier son écrit ; c'est un soufflet, disent les persifleurs de cour, que les ministres donnent sur la joue de ce vilain.

27 *Décembre* 1779. Un prince de Carignan, frere de madame la princesse de Lamballe,

colonel au service de France d'un régiment de son nom, est devenu amoureux à Saint-Malo d'une demoiselle Magou, niece des Magou renommés dans le commerce & la finance : elle n'est ni riche, ni jolie, mais a de l'esprit & de l'intrigue : elle a amené le prince fort borné à l'épouser. L'évêque de St. Malo satisfait d'une permission vague du roi de Sardaigne que lui a montrée le prince, de se marier en France, a donné les dispenses & la cérémonie s'est faite avant que la cour ait pu s'y opposer. On ne croit pas que cet hymen, bon quant au for intérieur, subsiste quant aux effets civils, & quoiqu'il soit consommé on va travailler à le faire casser; on dit que le roi de Sardaigne a rappellé en conséquence le prince à Turin.

28 Décembre 1779. Il y a douze ans que M. Dutens étant à Londres acheta les livres de J. J. Rousseau au nombre d'environ mille volumes : ce qui le détermina sur-tout à cette acquisition, ce fut un exemplaire du livre de *l'Esprit*, avec des remarques à la marge de la propre main du philosophe. Rousseau, de son côté, ne consentit à la vente qu'à condition que pendant sa vie le possesseur ne publieroit point les notes qu'il pourroit trouver sur les livres vendus, & que sur-tout il ne laisseroit pas sortir de ses mains le premier : il paroît qu'il avoit entrepris de réfuter l'ouvrage de M. Helvétius; mais que le voyant persécuté il avoit renoncé à son projet. Celui-ci instruit que M. Dutens étoit acquéreur de l'exemplaire en question lui fit proposer par M. Hume de le lui envoyer : lié par sa promesse il n'y put con-

sentir, mais crut ne pas y manquer en faisant part à l'auteur des remarques principales. Monsieur Helvétius y répondit par une lettre, & il en promettoit une autre qu'il n'eut pas le temps de finir; la mort l'enleva huit ou dix jours après.

Cette anecdote est la seule chose précieuse à extraire d'un pamphlet intitulé : *Lettres à M. de B. sur la réfutation du livre de l'Esprit d'Helvétius, par J. J. Rousseau, avec quelques lettres de ces deux amateurs* : tout le reste ne valoit pas les frais de l'impression; les notes mêmes du critique & la réfutation de l'auteur, isolées & sans suite, ne sont ni instructives, ni intéressantes.

29 Décembre 1779. On délivre à l'hôtel de Condé une espece de récit de ce qui s'est passé entre le prince & M. d'Agou. Il en résulte que S. A. s'est parfaitement bien conduite, & que le seul grief apparent du dernier est le mot de *calomniateur*, dont elle s'est servie.

C'est à Seve, comme le prince changeoit de chevaux, que M. d'Agou est monté à la portiere de sa chaise, & lui a témoigné la nécessité où il se jugeoit de lui demander satisfaction, ainsi que le lieu, l'heure du combat & le choix des armes : S. A. en lui déclarant qu'elle n'avoit point eu intention de l'offenser, lui a dit que cependant en considération du corps dont il avoit l'honneur d'être membre, elle vouloit bien accéder à son désir : « au champ de Mars, a-t-elle ajouté, à huit heures, à l'épée; » & sur le champ a relevé sa glace.

M. le prince de Condé, après s'être fait panser est allé à Versailles, non pour demander au roi la grace du coupable; mais pour, au contraire, prouver l'*alibi*, au cas que S. M. lui en parlât: c'est la médiation du comte de Maurepas que S. A. a interposée, & ce ministre, tout considéré, a en effet déterminé le roi à ne se point mêler de la querelle & à l'ignorer.

En conséquence les deux d'Agou continuent leur service respectif; l'un dans les gardes du corps, & l'autre dans les gardes françoises. Madame de Courtebonne reste auprès de madame la duchesse de Bourbon, & depuis a fait au palais les honneurs de la table.

Cette dame est une veuve laide, de plus de quarante ans, qui fait cependant encore des enfants & inspire, comme l'on voit, les passions les plus fortes. La princesse de Monaco est furieuse, & regarde cet esclandre comme un congé que lui donne le prince de Condé.

29 *Décembre* 1779. C'est M. Imbert qui est l'auteur de la derniere piece nouvelle jouée aux Italiens. On ne peut concevoir que ce jeune homme, qui avoit annoncé du talent, ait pu faire quelque chose d'aussi mauvais; il faut cependant se rappeller qu'il donna, il y a quelques années, aux François, *le gâteau des rois*, comédie plus détestable encore: toutes les espérances fondées sur lui doivent s'évanouir aujourd'hui.

30 *Décembre* 1779. *L'Observateur Anglois*, si couru en France & plus encore chez l'étranger, paroît aujourd'hui sous le titre plus convenable de *l'Espion Anglois*. C'est une édition très-augmentée. Il est dit dans un avis que les hostilités entre la Grande-Bretagne & la France ont engagé l'auteur à faire de nouvelles décou-

vettes, principalement sur ce qui concerne la marine françoise & celle d'Espagne. On attend avec impatience la suite de cet ouvrage qui ne va encore que jusqu'à la fin de l'année 1776, & consiste seulement en quatre volumes.

30 *Décembre* 1779. Le Sr. Volange, plus connu sous le nom de *Jeannot*, continue à faire les beaux jours du théatre de l'Ecluse. Les directeurs sont convenus qu'il leur avoit valu de quoi payer leurs dettes, montant à 100,000 livres, & en outre un bénéfice de plus de 300,000 livres. Il avoit un ordre de début pour la comédie italienne, très-abandonnée depuis long-temps. Il auroit pu y ramener la foule; mais ces histrions ayant voulu prendre avec lui un air de dignité, il leur a déclaré qu'il les abandonnoit à leur malheureux sort, & que semblable à César, il aimoit mieux être le premier dans un village, que le second dans Rome.

Il amuse le public non-seulement en scene, mais encore dans les sociétés : il n'est pas de bonne fête où l'on ne l'appelle & dont il ne fasse les délices. Derniérement il a eu un petit rhume : sa porte le lendemain est devenue inaccessible par les carrosses; les femmes de qualité envoyoient savoir de ses nouvelles, & les plus grands seigneurs venoient en chercher eux-mêmes; on ne sait jusqu'à quand durera ce délire : il doit être long en ce que c'est véritablement un grand acteur, qui par son naturel exquis donne du relief aux plus grosses balourdises dans ces farces foraines : indépendamment de *les Battus paient l'amende*, qu'on joue très-fréquemment, & qui sont peut-être à la deux centieme représentation, il y en a plusieurs autres où il excelle même davantage, entr'autres encore il remplit huit rôles différents.

On a modelé *Jeannot* en porcelaine de Seve & son buste, de cette matiere, est en ce moment l'étrenne à la mode : la reine en a pris plusieurs pour distribuer à ses favoris & favorites.

31 *Décembre* 1779. M. Dillon, colonel, un de ceux qui se sont distingués en amérique, même un des blessés, revenu depuis peu, a paru au lever du roi, où il devoit être présenté. S'étant rendu plus tard qu'il ne falloit, au lieu de l'accueil gracieux qu'il attendoit, il n'a reçu d'autres mots de S. M. que ceux ci : M. Dillon, *la tête vous a tenu long-temps sur le chevet ce matin.* A quoi l'on veut qu'il ait repliqué douloureusement : *Sire, quand il s'agit de votre service il n'en est pas de même.*

31 *Décembre.* M. Barbeu Dubourg étoit né à Mayenne en 1709 : à quinze ans il avoit fini son cours de philosophie, il avoit étudié en théologie ; mais les mathématiques le firent renoncer à cette science occulte & vuide. Il apprit les langues, & s'initia dans l'hébreu avec tant de succès, que son professeur au college royal le consultoit sur les passages les plus difficiles. Il préféra l'anglois & l'italien. Il traduisit d'abord de la premiere de ces deux langues les *Lettres sur l'histoire de Bolingbroke.* En 1761 & 1762, il fit sa gazette de médecine, sous le nom *de gazette d'Epidaure.* Il étoit fort lié avec M. Franklin, qui le chargea, il y a plusieurs années, de faire une édition &

une traduction françoise de ses œuvres. Il est auteur d'un *Code de la raison humaine*, d'une *Carte cronographique, avec une introduction à l'histoire abrégée des différents peuples anciens & modernes*; il a fait le *Botaniste françois*: enfin, son dernier ouvrage imprimé a été le *Calendrier de Philadelphie*. Il en avoit plusieurs sur le métier quand la mort l'a enlevé; il n'exerçoit presque plus la médecine que pour ses amis & pour les pauvres.

31 *Décembre* 1779. Un Sr. Pariseau, directeur des éleves de l'opéra, acteur & auteur de ce théatre, avoit composé une piece intitulée *veni vidi vici*, ou *la prise de la Grenade* : c'est une imitation suivie de cette conquête, où figure M. d'Estaing. Quand il a su que ce général revenoit, il a suspendu pour ne remettre sa piece qu'à son arrivée, dans l'espoir qu'il l'honoreroit de sa présence, & y donneroit un véhicule extraordinaire. Malheureusement le vice-amiral, mécontent de la fin de sa campagne, ne veut pas se montrer en public, même rester à Paris; il s'est retiré à Passy, & son état d'ailleurs ne lui permettroit pas de venir à ce spectacle forain.

Le Sr. Pariseau, comme de raison, n'a pas moins cru devoir aller rendre ses hommages au comte d'Estaing, & lui demander son agrément pour le mettre ainsi en scene; car il faut savoir que c'est lui qui joue le rôle du général. Il n'a pu parvenir à lui, & a fait à cette occasion les vers suivants, qui valent mieux que son drame héroïque.

Foin de votre portier mauſſade !
Brave d'Eſtaing, je crois qu'il faut
Dans votre hôtel entrer d'aſſaut,
Ainſi que vous à la Grenade.
Je ſuis jaloux de voir vos traits ;
J'accours en hâte, & l'on me chaſſe.
Les Anglois vous ont vu de près,
Accordez-moi la même grace:
C'eſt moi qui tous les jours du mois,
Auteur, acteur tout à la fois,
Aux yeux des dames amuſées
Mets la Grenade ſous mes loix,
Avec du guet & des fuſées,
Nous recueillons pareillement
Un très-juſte tribut d'éloges,
Nous avons l'applaudiſſement
Vous de l'Europe, & moi des loges :
Ainſi donc daignez recevoir
Mon foible, mais ſincere hommage :
Daignez conſentir à me voir ;
Car enfin je voudrois ſavoir
Comment j'ai ſaiſi votre image :
Si l'on attaque mon maintien
Et le langage de mon zele,
Votre copiſte eſt infidele ;
C'eſt ma faute ; car je ſais bien
Que rien ne manque à mon modele.

31 *Décembre* 1779. On a parlé de cabinets d'aiſance, ſubſtitués dans le jardin des Tuileries aux vaſtes cabinets de verdure plantés par le fameux le Nôtre pour receptacles des beſoins de l'humanité; la cupidité a été le principe des

cette plus grande commodité offerte au public, car on paie pour entrer dans ces lieux, & c'est une petite ferme au profit du gouverneur du château.

Un chevalier de Modene, aventurier, qui, fans appartenir en rien à l'illuftre maifon dont il porte le nom, s'eft impatronifé chez *Monfieur*, & s'eft fait établir par fon alteffe royale, gouverneur du Luxembourg, n'a pas manqué d'adopter, pour le jardin de ce palais, la méthode imaginée aux Tuileries. Mais pouffé par un amour de l'argent plus fordide encore, il fait faire des patrouilles féveres, & ne veut pas que perfonne puiffe fe fouftraire à cette efpece d'impôt fur les ventres trop relâchés. Lorfqu'on furprend quelqu'un dans une attitude qu'on fait n'en être pas une de défenfe, on s'empare de fon épée, de fa canne ou de fon chapeau pofé à terre, & on le force ainfi à payer une amende beaucoup plus forte que le tribut ordinaire.

Un M. Pierre, fubftitut du procureur général du parlement, ignorant la commodité offerte en pareil cas, a été rançonné : il s'eft refufé à ce qu'on exigeoit de lui ; il a été traduit devant le gouverneur, qui le trouvant infolent, & ignorant qui il étoit, l'a fait conftituer prifonnier au château. C'eft devenu la matiere d'un procès, qu'on dit avoir tourné à l'humiliation du chevalier de Modene, qui a reçu une injonction du parlement d'être plus circonfpect, de faire des excufes au magiftrat maltraité, & a été condamné aux dépens, dommages & intérêts, &c.

31 *Décembre* 1779. La facétie suivante, très-rare, court risque de rester long-temps dans les ténèbres par l'inquisition littéraire établie en France; sa nouveauté & son mérite consistant sur-tout dans l'à-propos pour les amateurs, nous ont déterminé à leur en faire part sur le champ.

Annonces, affiches & avis divers, ou Journal général de France, du vendredi 31 *décembre* 1779.

TERRES ET BIENS SEIGNEURIAUX A VENDRE.

Terre & grand fief dans l'isle Maquerelle, (1) partie en bois taillis, partie en terre labourable, appartenant à Mlles. *Misis, Doucet* & *Montauban*, à vendre en totalité ou par portion. S'adresser aux propriétaires, rue des Cordeliers, & en leur absence, à madame *Gourdan* (2).

Fief & château des deux portes à vendre par licitation, payable en monnoie de France & monnoie de l'Empire; on recevra de l'argent de toutes mains. S'adresser à Mlle. *Rosalie*, dite le Vasseur (3).

---

(1) Isle du côté du gros Cailloux, qui porte en effet ce nom.
(2) Mere abbesse.
(3) Elle est maîtresse de M. le comte de Mercy-Argenteau, ambassadeur de l'empereur.

Biens en Roture à vendre ou à louer.

Quatre grands quartiers d'héritages à vendre, avec une très-grande entrée, fort fréquentée sur le devant, & une porte bâtarde sur le derriere, qui l'est presque autant. S'adresser à Dlle. *Porsin*, à toute heure du jour, en sa maison rue Troussevaches, excepté depuis six heures du soir jusqu'à huit, qu'elle travaille aux Tuileries.

Grand & magnifique terrein, dit *le trou d'Enfer*, propre à faire un haras de jeunes chevaux. S'adresser à madame *de Mollet*, rue Jean-Pain-Mollet, aux Vaches suisses, qui le fera voir avec la plus grande facilité.

Plusieurs arpents de marais propres à faire des pâturages, sans garantie d'hommes & d'animaux, à cause des fondrieres. S'adresser à Mlles. *Crépeaux*, *Bigothini*, *Coulon*, & *Puisieux*, à l'académie royale de musique.

Maisons ou appartements à louer.

Plusieurs beaux & grands appartements à l'hôpital général, vacants par la retraite des Dlles. *Grauville*, *Souck* & *Raucourt*. S'adresser aux anciennes locataires, rue Vuide-gousset, à la Levrette, & au besoin un peu plus haut.

Portion de lit à louer pour le premier du mois prochain. S'adresser à Mlle. *Violette*, ou à sa femme de chambre, rue Verte à la Pantoufle, & dans peu l'hôtel-Dieu.

Petit appartement au cinquieme en siamoise, à troquer contre un appartement au premier en damas de trois couleurs. S'adresser à madame *Sainte-Marie*, ouvriere en tours de lit, rue de
la

la nouvelle halle, ou chez madame *de Launay*, (1) rue des Petits-champs, où elle travaille à la journée.

Paſſage public, dit *le Paſſage du Saumon*, ouvert à tout le monde, à louer. S'adreſſer à madame *Thevenin*, rue du Haſard à l'As de pique.

Vente de meubles, tableaux & effets.

Une Vénus aux belles feſſes en marbre blanc, repréſentant Mlle. *Contat* (2), d'un beau genre, & pouvant ſervir de modele, ſi les pieds & les mains étoient du même auteur.

Tableau repréſentant Mlle. Colombe (3) en Pomone, grand comme nature, ſur deux pieds quatre pouces de large; elle eſt peinte offrant ſes prémices au dieu des jardins. La taille du dieu, quoique coloſſale, ne paroît pas encore proportionnée.

Beau tableau repréſentant Danaé, recevant une pluie d'or dans le tonneau des Danaïdes. S'adreſſer à Mlle. *Duthé*.

Modele d'antique, d'après Mlle. *Beauvoiſin*. Cette figure a pu repréſenter autrefois une aſſez jolie nymphe, mais les outrages du temps & des plâtres l'ont preſque entiérement défigurée.

Les ſept péchés mortels du Pouſſin, fameux

---

(1) Fameuſe abbeſſe qui a ſupplanté Made. Gourdan, & a la vogue aujourd'hui.

(2) Actrice de la comédie françoiſe, belle fille qui a les mains & les pieds vilains.

(3) De la comédie italienne, belle fille, mais prodigieuſement groſſe & grande.

tableau copié par un bon maître ; savoir, l'Avarice, représentée par Mlle. *Amenaïde* ; la Paresse, par Mlle. de Beaupré (1) ; la Colere, par mademoiselle *Luzzy* (2) ; la Luxure, par Mlle. *Laguerre* (3) ; la Gourmandise, par Mlle. *Urbin* (4) ; l'Orgueil, par Mlle. *Thevenet* ; l'Envie, par la Dlle. *Dugazon* (5). Ce tableau est frappant pour les ressemblances.

Meubles & effets de Mde. *la Borde*, à vendre par autorité de justice ; savoir, un lit avec sa courte-pointe fort usée, sur le devant un canapé en cuir du levant, entiérement élimé : un bidet garni de plusieurs seringues à injection ; quelques boëtes de pillules & plusieurs pots de pommade astringente.

Très-jolie serinette à vendre chez la dame *Trial* (6), rue du Perroquet, à l'enseigne des Prétentions.

Cinq mille livres de rente en mille parties, de cinq livres chacune, sur différents particuliers très-solvables. S'adresser à Mlle. *Demarcq* (7).

―――――――――

(1) De la comédie italienne.

(2) De la comédie françoise.

(3) De l'opéra.

(4) Courtisanne fameuse par son luxe, & sans talent connu.

(5) De la comédie françoise.

(6) La premiere cantatrice de la comédie italienne, à qui l'on reproche de ne pas être actrice.

(7) Fameuse pour les détails, & ne refusant pas les petits profits.

Vente de chevaux, voitures & autres effets.

Berline angloise, chevaux & équipage, après le départ de Mlle. *Dufayel* (1) pour la salpétriere.

Deux jolis poulains égaux, parvenus à leur croissance. S'adresser, pour les voir, à mademoiselle *Trecourt* (2), & pour le prix à Mde. sa mere, au cinquieme arbre dans la grande allée du Palais royal.

Très-beau perroquet vert chez Mlle. *Felix*, qui ne sait encore dire que : " montez, Mon-
,, sieur, payez, baisez mon cœur, & allez-vous-
,, en. ,, Mais l'on espere qu'il en apprendra davantage par la suite. Prix un louis.

Livres nouveaux.

L'art de faire de l'esprit & d'y mêler celui des autres, par Mlle. *Arnoult* (3), rue des deux Portes, à la ménagerie.

Nota. On voit aussi au même endroit un morceau d'histoire naturelle à vendre ou à troquer; c'est une mâchoire de requin d'une grandeur effroyable, mais les dents parfaitement bien conservées.

───────────

(1) De la comédie italienne, accusée d'avoir voulu empoisonner sa sœur par jalousie.

(2) Renommée pour distribuer le mal immonde.

(3) Emérite de l'opéra, fameuse pour ses méchancetés & ses bons mots; elle passe aussi pour tribade, elle a de fort vilaines dents, & put de la bouche. Un jour qu'elle disoit qu'elle avoit le cœur sur les levres : *je ne suis pas surpris*, lui repartit quelqu'un qu'elle plaisantoit, *que vous ayez l'haleine si mauvaise.*

L'art de composer sa figure & de rétrécir sa bouche aux dépens du reste. Un volume petit in-12, papier d'Hollande. S'adresser à Mlle. *Bouton de Rose*, rue Bétizi, à la Grimace.

Traité d'ostéologie, ou le Squelette des graces, par Mlle. *Guimard* (1), rue de la Planche, à l'Arbre sec.

Traité du renoncement des passions, par madame *Justine*, rue de Sodome, au Bien-venu.

Demandes particulieres.

Un locataire qui occupe un très-grand appartement sur le devant, chez madame *Fourcy*, desireroit y faire faire par entreprise un retranchement ou des cloisons pour y être moins à son aise ; il se tiendra sur le derriere pendant les réparations.

Un particulier, possesseur de la demoiselle *Ste. Marie* l'aînée, desireroit trouver un maître qui lui apprît à parler & à ne rien prendre.

Le Sr. *Agironi*, traitant les maladies vénériennes, offre pour preuve de son talent de faire visiter la dame *Rosten*, qui mange & agit actuellement comme si elle n'avoit jamais été attaquée de ce mal.

La Dlle. *la Forest* (2) offre de donner pour un morceau de pain les ruines de Palmyre, épreuve retouchée.

---

(1) La premiere danseuse de l'opéra, seche & maigre.

(2) Vieille courtisanne très-renommée jadis, aujourd'hui laide & ruinée.

La Dlle. *Balthazar*, desireroit emprunter six francs ; elle donnera une galanterie pour les intérêts, & son pere & sa mere en nantissement pour le principal.

La dame *Vestris* (1) prévient le public, qu'elle achetera tous les sifflets à quelque prix qu'ils soient ; elle demeure toujours rue du Champ-plâtreux (2).

La Dlle. *Renard* propose de mettre ses faveurs en loterie, la délicatesse de son ame répugnant à ruiner tous ses amants pour soutenir son état de fille du monde. La quinzaine de ses faveurs sera divisée en cinq lots, qui écherront aux cinq numéros sortant à chacun des tirages de la loterie royale de France. Le porteur de chacun des numéros sortis de la roue de fortune, gagnera un tetne nocturne, & aura de plus à souper, & pourra donner ou céder des coupons à qui bon lui semblera : les billets seront de douze livres, & seront garantis par le Sr. *Agironi* (3) : la Dlle. *Renard* les délivrera elle-même rue du Puits qui parle, au Buisson ardent (4) ; & dans la grande allée du Palais-Royal, depuis une heure jusqu'à deux heures après midi & après minuit.

---

(1) De la comédie françoise ; il faut se ressouvenir que le public lui en veut beaucoup, & la siffle souvent depuis qu'elle a fait renvoyer Mlle. Sainval.

(2) elle est accusée de mettre beaucoup de blanc dans sa figure.

(3) Empirique renommé pour le mal vénérien, cité ci-dessus.

(4) Elle passe pour être rousse.

(342)

Charges & Offices à vendre.

Charge de maquereau suivant la cour, à vendre ou à troquer contre un bénéfice. S'adresser à MM. les abbés *Chotard* (1) & *Guigony*.

Annonces diverses.

La société royale de médecine propose pour prix de l'année prochaine deux médailles d'or de la valeur de 1,200 livres chacune. La premiere sera adjugée au meilleur mémoire sur les maladies des Dlles. *Cléophile* & *Dervieux* (2) ; & la seconde, au meilleur mémoire sur une épizootie, nommée par les savants *Furor amoris antiphisici*, dont les Dlles. *Raucourt*, *Souck*, *Sophie*, *Agnès Denise* & *Colombe* (3), ont infecté la capitale. Ces deux mémoires devront contenir les remedes nécessaires, & attendu la nature extraordinaire & opiniâtre de ces maladies, tous les savants, tant regnicoles qu'étrangers, sont invités à concourir.

La Dlle. *Gonorrhée* l'aînée, dite *Colombe*, & la *Gonorrhée* la jeune, dite *Adeline*, ont ouvert un cours d'expérience priapique, tant masculin que féminin, en leur demeure, rue de l'Egoût, à l'enseigne de Messaline ; elles se proposent d'y résoudre tous les problêmes de l'*Arétin* ; il

_____

(1) Abbé qui fournissoit autrefois des filles au prince de Conti.
(2) Deux danseuses de l'opéra, retirées pour cause de maladies.
(3) Fameuses tribades.

y aura deux séances par jour, les dames entreront sans payer & la livrée en payant.

La Dlle. *Durancy* (1), continue de montrer sans succès un ours africain. Cet animal est couvert depuis les pieds jusqu'à la tête d'un poil extraordinairement long ; il ne se nourrit que de chair humaine ; il en fait une prodigieuse consommation tous les jours.

On peut voir chez la Dlle. *Bianchi*, dite *Argentine* (2), rue de l'Amant jaloux (3), un squelette, qui marche, mange, digere & couche comme une personne naturelle ; il n'y a que la tête & le cœur qui ne fassent point de fonctions ; il parle italien, bégaie le françois, machonne l'anglois & n'écorche personne.

Enterrements.

Enterrement de Jean *l'Arétin*, mort d'éthisie hier entre les bras de la Dlle. *Laguerre* (4), son écoliere : il a institué pour son héritiere la Dlle. *Bellecourt* (5), qui lui succede ; elle donnera des répétitions tous les jours rue du Tonneau (6), au double Crochet (7).

---

(1) Actrice de l'opéra, laide, mais renommée pour sa luxure.

(2) Actrice des Italiens, fort maigre.

(3) Elle est maitresse de M. d'Helé, auteur de l'*Amant jaloux*.

(4) De l'opéra, déja citée.

(5) De la comédie françoise.

(6) Elle est grosse comme un muid.

(7) Elle couche avec un musicien.

Traits de bienfaisance.

Un journaliste doit se faire une loi sévere de publier avec exactitude les traits de bienfaisance & de vertu qui viennent à sa connoissance : il y trouve deux avantages, celui d'exciter par-là l'émulation de ses lecteurs, & celui de répondre aux détracteurs des mœurs de ce siécle caractérisé par la générosité, la tolérance & l'encyclopédie : M. D***. fermier des attraits de la D^{lle}. *Michelot* (1), arrive un jour chez elle en sortant de la paume, épuisé de fatigue & de chaleur ; il demande un verre d'eau & de vin : la beauté sonne, & bientôt un laquais balourd apporte ce rafraîchissement ; mais en le présentant à M. D***. qui étoit assis, il lui marche sur le pied. M. D*** qui a eu autrefois un fort joli pied, a aujourd'hui des cors. Dans sa douleur, il dit à la danseuse : " que ne renvoies-tu ce brutal-là, il est d'une mal-adresse effroyable. Tu vas voir que je renverrai mon frere pour te faire plaisir, " lui repartit la D^{lle}. Michelot. Et le laquais ne fut renvoyé ; il en fut quitte pour une leçon de la part de sa sœur & pour quelques menaces. Ce triomphe charmant de la tendresse fraternelle sur la vanité, nous a paru digne d'être transmis à la postérité la plus reculée.

Anecdote.

Malgré la rigueur des loix contre les duels,

---

(1) Danseuse de l'opéra.

l'amour qui ne connoît point de loix, alloit enfanglanter les boulevards, & quel qu'eût été le
vainqueur, la France étoit à la veille de faire
une perte irréparable fans le dévouement de la
Dlle. *Montauban* (1). Voici le fait.

Le *Pierrot* de *Nicolet*, dont les talents font
depuis long-temps les délices de la capitale,
étoit depuis long-temps en poffeffion du cœur
& du lit de la Dlle. *Laguerre*, lorfque cette chan-
teufe s'eft fubitement éprife du célebre *Jeannot*,
le *Pâris* des boulevards. Les deux rivaux étoient
prêts d'en venir aux mains, lorfque la Dlle. *Montauban* eft venue généreufement offrir de fe charger de la confolation de *Pierrot*. Le baladin,
après avoir un peu balancé, s'eft enfin réfigné:
il a embraffé fon rival, la paix s'eft rétablie, &
l'on affure que les deux couples amoureux ne fe
quittent plus.

Spectacles.

Les comédiens françois donneront aujourd'hui
la Fat puni & l'Impertinent. Le St. *Larive* (2)
remplira les deux rôles.

Les comédiens italiens donneront aujourd'hui
la premiere repréfentation de *la Courtifanne
amoureufe*, au profit du St. *Julien* (3) qui va
quitter le fpectacle.

---

(1) Figurante à l'opéra.
(2) Acteur de la comédie françoife, accufé injuf-
tement ici d'être fat & impertinent.
(3) Acteur de la comédie italienne, qu'une fille
riche veut époufer, à condition qu'il quittera le
fpectacle.

Aux boulevards les différentes troupes donneront aujourd'hui relâche pour le service de la cour (1).

Cette feuille paroît tous les jours : le bureau pour l'abonnement est au foyer de l'opéra.

---

(1) Autrefois ces farceurs n'alloient jamais à la cour. Ce n'est que depuis Mad. Dubarri.

Fin du quatorzieme Volume.

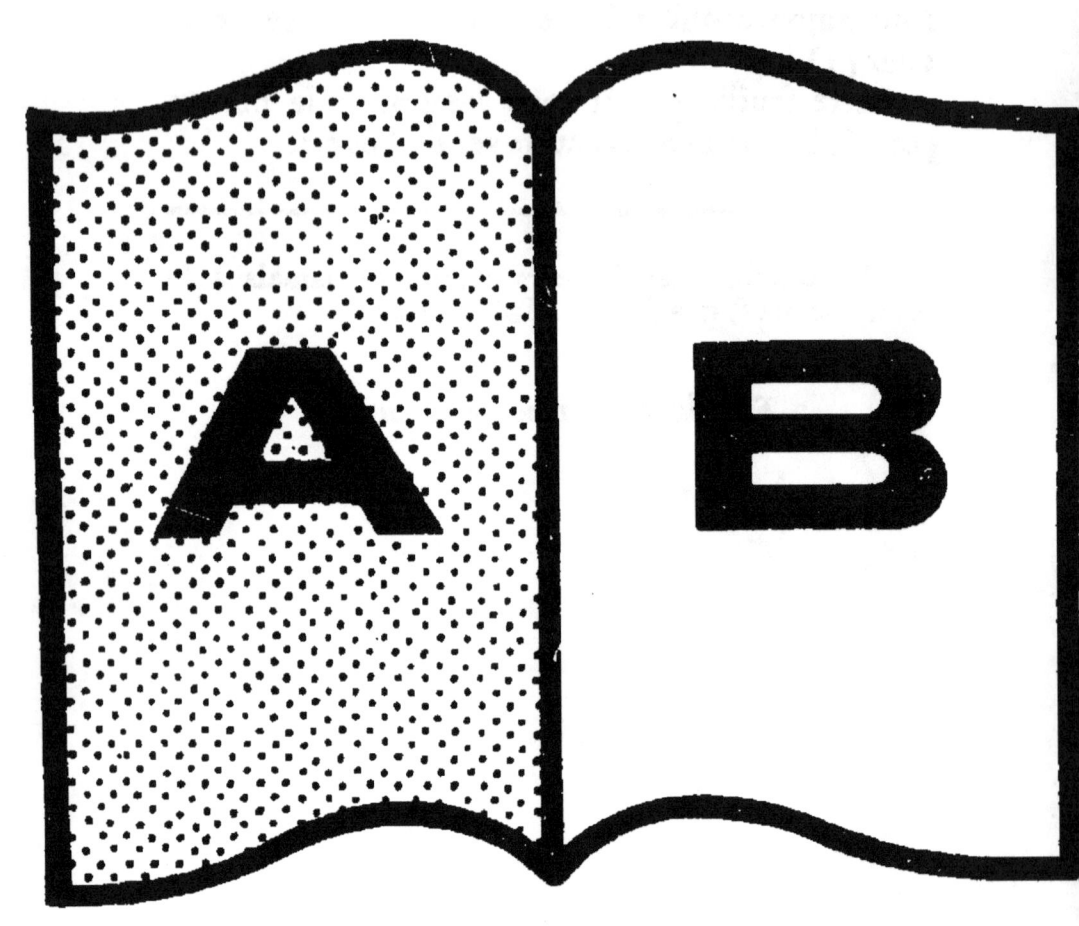

Contraste insuffisant

NF Z 43-120-14

www.ingramcontent.com/pod-product-compliance
Lightning Source LLC
Chambersburg PA
CBHW060457170426
43199CB00011B/1235